できる®

Jw_cad

8

Jw_cad Version 8.25a/
Windows 11, Windows 10 対応

ObraClub & できるシリーズ編集部

インプレス

ご購入・ご利用の前に必ずお読みください

本書は、2022年11月現在の情報をもとに「Jw_cad Version 8.25a」の操作方法について解説しています。本書の発行後に「Jw_cad Version 8.25a」の機能や操作方法、画面などが変更された場合、本書の掲載内容通りに操作できなくなる可能性があります。本書発行後の情報については、弊社のWebページ（https://book.impress.co.jp/）などで可能な限りお知らせいたしますが、すべての情報の即時掲載ならびに、確実な解決をお約束することはできかねます。また本書の運用により生じる、直接的、または間接的な損害について、著者ならびに弊社では一切の責任を負いかねます。あらかじめご理解、ご了承ください。

本書で紹介している内容のご質問につきましては、できるシリーズの無償電話サポート「できるサポート」にて受け付けております。ただし、本書の発行後に発生した利用手順やサービスの変更に関しては、お答えしかねる場合があります。また、本書の奥付に記載されている初版発行日から3年が経過した場合、もしくは解説する製品やサービスの提供会社がサポートを終了した場合にも、ご質問にお答えしかねる場合があります。できるサポートのサービス内容については317ページの「できるサポートのご案内」をご覧ください。なお、都合により「できるサポート」のサービス内容の変更や「できるサポート」のサービスを終了させていただく場合があります。あらかじめご了承ください。

動画について

操作を確認できる動画をYouTube動画で参照できます。画面の動きがそのまま見られるので、より理解が深まります。QRが読めるスマートフォンなどからはレッスンタイトル横にあるQRを読むことで直接動画を見ることができます。パソコンなどQRが読めない場合は、以下の動画一覧ページからご覧ください。

▼動画一覧ページ

https://dekiru.net/jwcad8

●用語の使い方

本文中では、「Jw_cad Version 8.25a」のことを「Jw_cad」と記述しています。また、本文中で使用している用語は、基本的に実際の画面に表示される名称に則っています。

●本書の前提

本書では、「Windows 11」に「Jw_cad Version 8.25a」がインストールされているパソコンで、インターネットに常時接続されている環境を前提に画面を再現しています。お使いの環境と画面解像度が異なることもありますが、基本的に同じ要領で進めることができます。

まえがき

Jw_cadは、誰もがインターネットから入手でき、無料で使用できる汎用の2次元CADです。建築分野を中心とした多くの設計分野で広く利用されています。本書は、これからJw_cadを使う方に向けた入門書で、第1章〜5章の基本編と第6章〜10章の活用編で構成されています。

Jw_cadは、Windows以前のOSである「MS-DOS」の時代に生まれ、広く普及しました。そのため、最新版のJw_cadでも従来からの操作性を踏襲しており、クリックと右クリックの使い分けや、ドラッグ操作などが標準的なWindowsの操作と大きく異なります。本書の基本編では、Jw_cadのインストール、初期設定に始まり、Jw_cad独自のマウス操作に慣れながら、線を描く、消す、指定寸法の図形を作図する、文字や寸法を記入するなどの基本的な操作を学んでいきます。また、図面の各部を描き分けるための「レイヤ」についても学習します。

活用編の第6章・第7章では、基本編での学習内容をベースに、新しい機能も覚えながら、図面枠を作図し、アパートの一室の平面図を作図します。一度描いた図は、再び描かなくてよいのがCADです。第8章ではこの特性を活かして、作図済みの図面を流用する様々な方法を学習します。第9章では、図面の一部にハッチングをかけたり、塗りつぶしたりする方法や、画像を挿入してトリミングする方法など図面の見栄えを整えるテクニックを学習します。最後の第10章では、様々な条件の壁や開口部、建具を作図する方法や、立面図の屋根の作図、照明器具の配線の作図などの作図バリエーションを紹介します。

第8章以降は、入門書ではあまり扱われることのない内容も多く、たいへん欲張りなものになっています。本書が、皆さまがJw_cadを始める手助けになれば幸いです。

2022年12月　ObraClub

本書の読み方

練習用ファイル

レッスンで使用する練習用ファイルの名前です。ダウンロード方法などは6ページをご参照ください。

YouTube動画で見る

パソコンやスマートフォンなどで視聴できる無料の動画です。詳しくは2ページをご参照ください。

レッスンタイトル

やりたいことや知りたいことが探せるタイトルが付いています。

サブタイトル

機能名やサービス名などで調べやすくなっています。

レッスン **20** 寸法を指定して長方形を作ろう

長方形の寸法指定

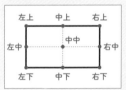

練習用ファイル L20_長方形の指定.jww

基本編 第2章

レッスン19に続けて、同じ図に横40mm、縦20mmの長方形を作図しましょう。[矩形] コマンドで、寸法を指定した長方形を作図する場合、長方形のどこを指示点に合わせるかを指示しますが、指示方法は円の場合とは異なります。

キーワード

基準点	P.310
コマンド	P.310
寸法	P.311

使いこなしのヒント

長方形の基点を覚えよう

指定寸法の長方形は、[矩形] コマンドで、[寸法] ボックスに横寸法と縦寸法を [,](カンマ) で区切って入力することで作図します。はじめに長方形の基準点を合わせる位置を指示し、マウスポインターを移動してプレビュー表示の長方形の下図9か所のいずれかを指示した点に合わせてクリックして確定します。

操作手順

実際のパソコンの画面を撮影して、操作を丁寧に解説しています。

●手順見出し

1 名前を付けて保存する

操作の内容ごとに見出しが付いています。目次で参照して探すことができます。

●操作説明

1 [ホーム] をクリック

実際の操作を1つずつ説明しています。番号順に操作することで、一通りの手順を体験できます。

●解説

[ホーム] をクリックしておく	ファイルが保存される

操作の前提や意味、操作結果について解説しています。

---

1 左下角に長方形を作図する

1 [矩形] をクリック **2** 「40,20」と入力

四角形の横が「40」、縦が「20」に設定された

3 基準点としてここの角を右クリック

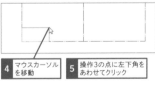

4 マウスカーソルを移動 **5** 操作3の点に左下角をあわせてクリック

（図：左上 中上 右上／左中 中中 右中／左下 中下 右下）

時短ワザ

「,」は「..」で代用できる

[寸法] ボックスに [40] のように1辺の長さを入力することで正方形の作図になります。また、2数を区切る [,](カンマ) は [..](ドット2つ) で、代用できます。

64　できる

レッスンで重要な用語の一覧です。
巻末の用語集のページも掲載してい
ます。

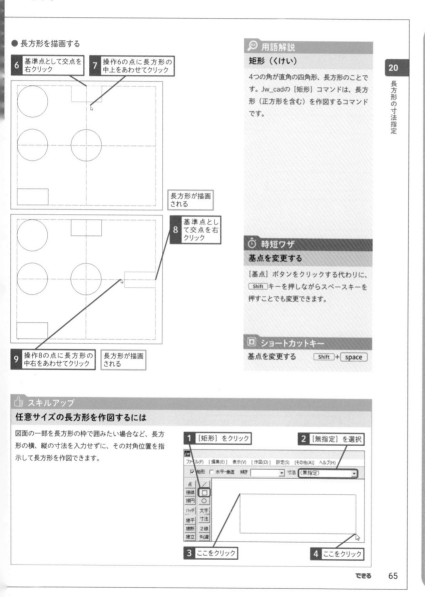

● 長方形を描画する

6 基準点として交点を
右クリック

7 操作6の点に長方形の
中上をあわせてクリック

長方形が描画
される

8 基準点とし
て交点を右
クリック

9 操作8の点に長方形の
中右をあわせてクリック

長方形が描画
される

用語解説
矩形（くけい）

4つの角が直角の四角形、長方形のことで
す。Jw_cadの［矩形］コマンドは、長方
形（正方形を含む）を作図するコマンド
です。

20
長方形の寸法指定

時短ワザ
基点を変更する

［基点］ボタンをクリックする代わりに、
Shift キーを押しながらスペースキーを
押すことでも変更できます。

ショートカットキー
基点を変更する　Shift + space

スキルアップ
任意サイズの長方形を作図するには

図面の一部を長方形の枠で囲みたい場合など、長方
形の横、縦の寸法を入力せずに、その対角位置を指
示して長方形を作図できます。

1 ［矩形］をクリック

2 ［無指定］を選択

ファイル(F) ［編集(E)］ 表示(V) ［作図(D)］ 設定(S) ［その他(A)］ ヘルプ(H)

☑矩形　「 水平・垂直　続き　　　　　　　　▽ 寸法 [無指定]　　　　▽

点
接線
接円
ハッチ　文字
連平　寸法
連断　2線
連立　中心線

3 ここをクリック

4 ここをクリック

できる　65

関連情報

レッスンの操作内容を補足する要
素を種類ごとに色分けして掲載し
ています。

使いこなしのヒント

操作を進める上で役に立つヒント
を掲載しています。

ショートカットキー

キーの組み合わせだけで操作す
る方法を紹介しています。

時短ワザ

手順を短縮できる操作方法を紹
介しています。

スキルアップ

一歩進んだテクニックを紹介して
います。

用語解説

レッスンで覚えておきたい用語を
解説しています。

ここに注意

間違えがちな操作について注意
点を紹介しています。

※ここに掲載している紙面はイメージです。
実際のレッスンページとは異なります。

練習用ファイルの使い方

本書では、レッスンの操作をすぐに試せる無料の練習用ファイルとフリー素材を用意しています。ダウンロードした練習用ファイルは必ず展開して使ってください。ここではMicrosoft Edgeを使ったダウンロードの方法を紹介します。

▼練習用ファイルのダウンロードページ
https://book.impress.co.jp/books/1122101118

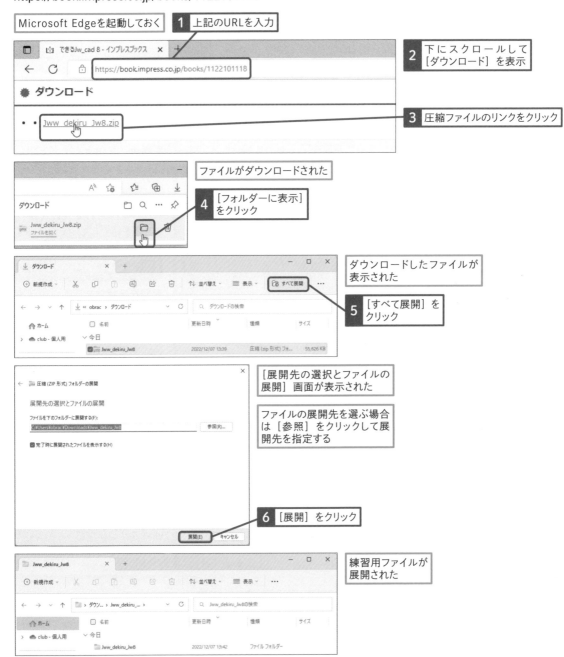

Microsoft Edgeを起動しておく

1 上記のURLを入力

2 下にスクロールして［ダウンロード］を表示

3 圧縮ファイルのリンクをクリック

ファイルがダウンロードされた

4 ［フォルダーに表示］をクリック

ダウンロードしたファイルが表示された

5 ［すべて展開］をクリック

［展開先の選択とファイルの展開］画面が表示された

ファイルの展開先を選ぶ場合は［参照］をクリックして展開先を指定する

6 ［展開］をクリック

練習用ファイルが展開された

●練習用ファイルを使えるようにする

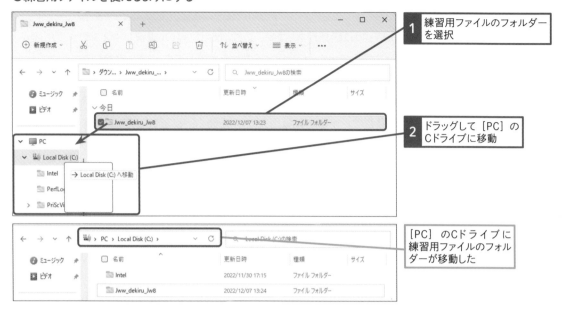

1 練習用ファイルのフォルダーを選択

2 ドラッグして [PC] のCドライブに移動

[PC] のCドライブに練習用ファイルのフォルダーが移動した

練習用ファイルの内容

ダウンロードしたファイルを展開すると、以下のような構成になります。練習用ファイルには章ごとにファイルが格納されており、ファイル先頭の「L」に続く数字がレッスン番号、次がレッスンの内容を表します。レッスンによって、練習用ファイルがなかったり、1つだけになっていたりします。手順実行後のファイルは、収録できるもののみ入っています。図形ファイルの使用方法は8ページおよび122ページ、Jw_cadのインストール方法は28ページを参照してください。

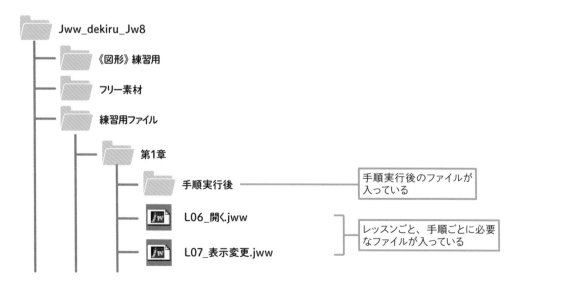

Jww_dekiru_Jw8
- 《図形》練習用
- フリー素材
- 練習用ファイル
  - 第1章
    - 手順実行後 ── 手順実行後のファイルが入っている
    - L06_開く.jww
    - L07_表示変更.jww ── レッスンごと、手順ごとに必要なファイルが入っている

［フリー素材］の図形ファイルを挿入するには

図形ファイルには、JWS形式とJWK形式の2種類があります。ここでは［ファイル選択］ダイアログボックスで表示する形式を切り替えて図形ファイルを選択する方法を解説します。なお［家具］［住設機器］以外のフォルダーにはJWW形式の図面ファイルが収録されています。通常の手順でファイルを開いて、レッスン48を参考にファイル内の図形を図形登録して使いましょう。ファイルを開いた際に画面の色などが変更された場合は、本書の練習用ファイルを開くと元に戻ります。

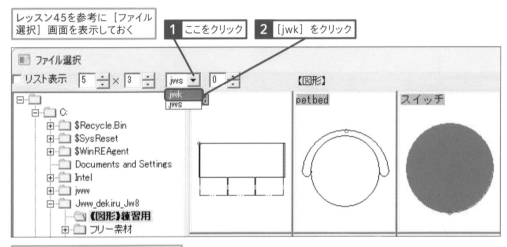

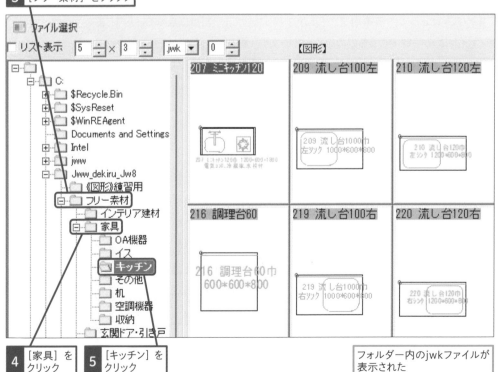

目次

基本編

第1章 Jw_cadの基礎を学ぼう 23

01 Jw_cadに触ってみよう Introduction 24

Jw_cadを使ってみよう
ファイル選択画面に慣れよう
ズーム操作も自由自在！
基本操作もマスターしよう

02 Jw_cadの特長を知ろう Jw_cadの特長 26

建築分野を中心に使用されている
フリーソフトなので誰でも使える
CADで作図するメリットとは

03 Jw_cadをインストールしよう インストール 28

インストーラーを起動する
インストールを確定する

04 各部の名称を確認しよう 各部名称 30

Jw_cadを起動する

05 初期設定をしよう 初期設定 32

Direct2Dの確認をする
基本設定を変更する

06 ファイルを開くには ファイルを開く 34

メニューから開く
ファイルを表示する

07 画面を拡大・縮小する 表示変更 36

画面を拡大する
表示位置を移動する
全体を表示する

基本編

第2章 長さや角度を指定して作図しよう   47

基本編

第**4**章 文字や寸法を書き入れよう 85

本書の構成

本書は手順を1つずつ学べる「基本編」、便利な操作をバリエーション豊かに揃えた「活用編」の2部で、Jw_cadの基礎から応用まで無理なく身に付くように構成されています。

基本編
第1章 〜 第8章

Jw_cadのインストールから基本的な操作まで解説します。最初から続けて読むことで、Jw_cadの操作が身に付きます。

活用編
第9章 〜 第12章

よく使われている図面を参照しながら、各種コマンドの便利な使い方や効率のよい作業方法を紹介します。

用語集・索引

重要なキーワードを解説した用語集、知りたいことから調べられる索引などを収録。本編と連動させることでJw_cadの理解がさらに深まります。

登場人物紹介

Jw_cadを皆さんと一緒に学ぶ生徒と先生を紹介します。各章の前後で重要なポイントを説明していますので、ぜひご参照ください。

北島タクミ（きたじまたくみ）
元気が取り柄の若手社会人。うっかりミスが多いが、憎めない性格。

南マヤ（みなみまや）
タクミの同期の若手社会人。しっかり者で周囲の信頼も厚い。

慈英（じえい）先生
Jw_cadのすべてをマスターし、その素晴らしさを広めている先生。基本から活用まで、幅広いJw_cadの質問に答える。好きなコマンドは［包絡］。

基本編

第1章

Jw_cadの基礎を学ぼう

Jw_cadをインストールし、この本での学習に合わせた入門者向けの設定にしましょう。練習用の図面ファイルを開き、CADでの作図操作に不可欠なズーム操作や線・円を描く、消すといった基本的な操作を学習しましょう。

01

Introduction この章で学ぶこと

Jw_cadに触ってみよう

Jw_cadをインストール・入門者向けに設定したうえで、練習用図面ファイルを開き、基本的な操作を学習します。Jw_cadでは、Windowsの標準とは異なる、独自の［ファイル選択］画面やマウスの使い方があります。

Jw_cadを使ってみよう

Jw_cadってなんだか難しいイメージなんだよね。操作しづらくない？

そう？　私は結構好きだけど。ひょっとして難しい設定とかにしてるんじゃないの？

Jw_cadは設定次第で操作感が大きく変わりますからね。この章ではJw_cadのインストールから始めて、使いやすい設定と基本操作を学んでいきますよ。

ファイル選択画面に慣れよう

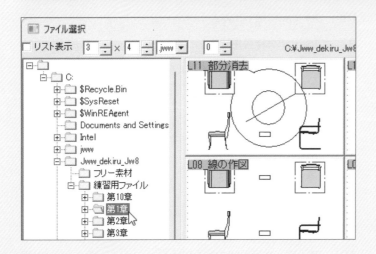

まずはファイルを開く画面から。エクスプローラーと大きく異なりますが、見方を覚えれば大丈夫です♪

ズーム操作も自由自在!

そして画面を拡大・縮小する操作。マウスの左右ボタンを同時に押してドラッグするんですが、すぐに慣れます。コツは、肩の力を抜くこと!

この操作、慣れると楽しくなります♪

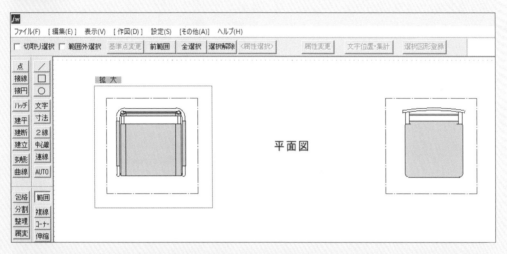

基本操作もマスターしよう

さらに基本操作もマスターしちゃいましょう。線や円を描いたり、消去したりして一通りの操作を試します。丁寧に紹介するので、ぜひやってみてくださいね。

面白そうですね!
早速やってみます!

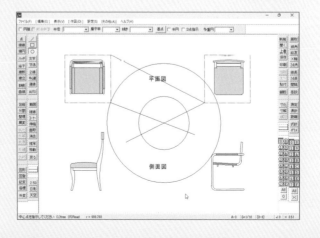

02 Jw_cadの特長を知ろう

Jw_cadの特長 | 練習用ファイル なし

1 建築分野を中心に使用されている

Jw_cadは、従来の紙と鉛筆などの道具に代わってコンピューター上で図面を作図する汎用の2次元CADです。特定の業種の図面に限らず、様々な図面を作図できますが、とりわけ、建築分野で広く利用されています。

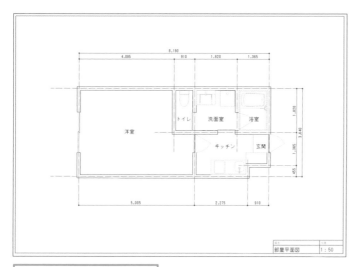

建築分野で使われることが多い

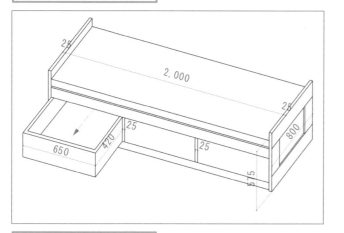

特定の業種に限らずさまざまな図面が作成できる

🔍 キーワード

CAD	P.309
寸法	P.311
バージョン	P.312

🔍 用語解説

CAD

Computer aided designの略で、コンピューターを使ってデザイン・設計をするためのツール（道具）です。

🔍 用語解説

2次元CAD

製図板での作図作業をパソコンに置き換えたもので、コンピューター上の用紙に図面を作図します。2次元というのは、X（横）とY（縦）の2つの軸がある次元を指します。これにZ軸（高さ）が加わると3次元になります。

💡 使いこなしのヒント

建築分野に適した機能もある

Jw_cadは汎用の2次元CADですが、計画している建物が周囲に及ぼす影の影響を確認するための［日影図］や［天空図］という、建築の計画・申請の段階で必要となる図面を作成する機能も有しています。座標データを読込み、敷地図を作図し、その面積を自動計算する機能などもあり、これらのことが、意匠設計分野ではやくから普及した一因と思われます。また、［連線］［記変］を用いることで配線・配管設備図が容易に作図できるので、電気や空調・給排水の図面作図でも広く利用されています。

2 フリーソフトなので誰でも使える

Jw_cadは誰もが無料で使える汎用の2次元CADソフトです。インターネット上にはJw_cadのノウハウを紹介したサイトや情報交換の場となる掲示板などがあり、Jw_cadの情報を得やすい環境が整っています。

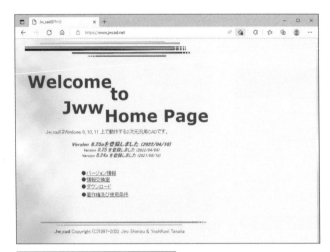

ソフトウェア作者のWebサイトで
最新版が公開されている

3 CADで作図するメリットとは

CAD以外の線や円を描くソフトウェアとの違いは、実寸法を指定することで正確な寸法の図を描けることです。作図した各部の長さや面積を正確に測定し、記入することもできます。

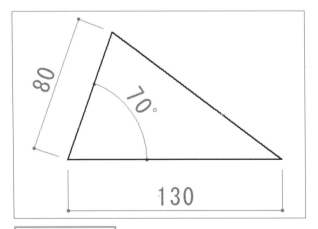

正確な寸法の図面が
簡単に作成できる

用語解説

フリーソフト

ダウンロードする時や利用する際に、対価を支払う必要が一切ないソフトウェアのことです。

使いこなしのヒント

安定したバージョンで作業しよう

Jw_cadのサイトには、最新版のJw_cadが公開されています。最新のJw_cadでは、この書籍で紹介した操作手順が変更されている可能性もあります。また、公開されたばかりの新しいJw_cadでは、不具合が生じる可能性もあります。不具合が生じたときにご自身で対処できるスキルをお持ちでない方は、安定したバージョンが公開されるのを待つことをお勧めします。ひとつの目安としては、書籍で解説しているバージョンは安定したバージョンと言えます。

使いこなしのヒント

他のソフトでは正確な寸法が伴わない

Wordでも線や円の図形を描くことが出来ますし、ペイント系のソフトウェアやお絵描きソフトなどでも線や円を描けます。しかし、実寸を指定して作図できるものではないため、絵や簡単な図は描けても、図面に要求される正確な寸法が伴いません。

03 Jw_cadを インストールしよう

インストール | 練習用ファイル　なし

Jw_cad Version 8.25aをインストールしましょう。6ページを参照し、練習用ファイルをダウンロードし、Cドライブに展開した［Jww_dekiru_Jw8］フォルダーを開いて、以下の操作を行います。

1 インストーラーを起動する

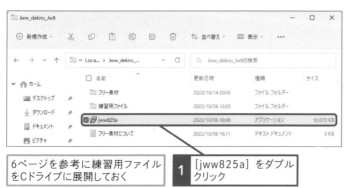

6ページを参考に練習用ファイルをCドライブに展開しておく

1 ［jww825a］をダブルクリック

インストーラーが起動した

2 使用許諾契約書を確認

3 ［同意する］をクリック

4 ［次へ］をクリック

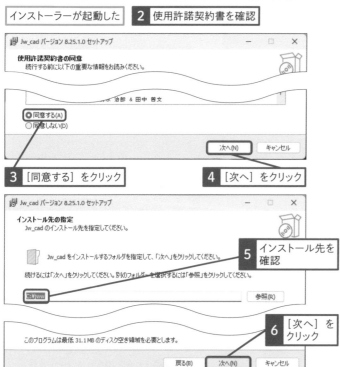

5 インストール先を確認

6 ［次へ］をクリック

🔑 キーワード

CAD	P.309
バージョン	P.312

⚠️ ここに注意

操作1の操作後に［ユーザー制御アカウント］ウィンドウが開いた場合は、[はい]ボタンをクリックします。

💡 使いこなしのヒント

**インストール前に他の
ソフトウェアを終了しておく**

他のソフトウェアが開いている場合には、それらをすべて終了したうえで、Jw_cadのインストールを行ってください。

⚠️ ここに注意

パソコンに既にJw_cadがインストールされている場合はバージョンを確認し、バージョンが8.25aまたはそれ以降の場合には、ここでJw_cadをインストールする必要はありません。レッスン04へ進んでください。

🔍 用語解説

バージョン

ソフトウェアに改良などを施した際、それ以前のものと区別するために付ける番号で、数字と末尾のアルファベットが後ろのものほど新しいことを示します。

2 インストールを確定する

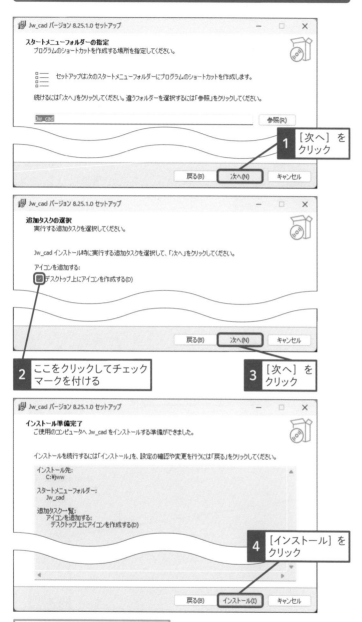

1 [次へ] をクリック

2 ここをクリックしてチェックマークを付ける

3 [次へ] をクリック

4 [インストール] をクリック

次に表示される画面で [完了] をクリックしておく

インストールが完了してデスクトップにアイコンが表示された

使いこなしのヒント

バージョンを確認するには

Jw_cadのバージョンは [ヘルプ] メニューの [バージョン情報] を選択して表示される [バージョン情報] 画面で確認できます。

[ヘルプ] - [バージョン情報] でバージョン番号を確認できる

使いこなしのヒント

メニューにも起動用のアイコンが登録される

デスクトップに出来たJw_cadアイコンをダブルクリックすることで、Jw_cadを起動します。Windows 11のスタートメニューから起動する場合は、[スタート] - [すべてのアプリ] - [Jw_cad] - [Jw_cad] をクリックで起動します。

スタートメニューにもアイコンが登録される

04 各部の名称を確認しよう

各部名称 | 練習用ファイル なし

Jw_cadを起動し、Jw_cad画面の各部の名称とその役割を確認しましょう。以下の画面はWindows 11にJw_cad Version 8.25aをインストールしたものです。Windowsのバージョンや設定、パソコン画面のサイズにより多少の違いがあります。

🔍 キーワード

コントロールバー	P.310
ステータスバー	P.311
ツールバー	P.312

1 Jw_cadを起動する

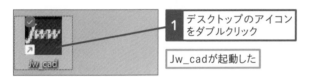

1 デスクトップのアイコンをダブルクリック

Jw_cadが起動した

● Jw_cadの各部名称

❶タイトルバー　　❷メニューバー　　❸コントロールバー

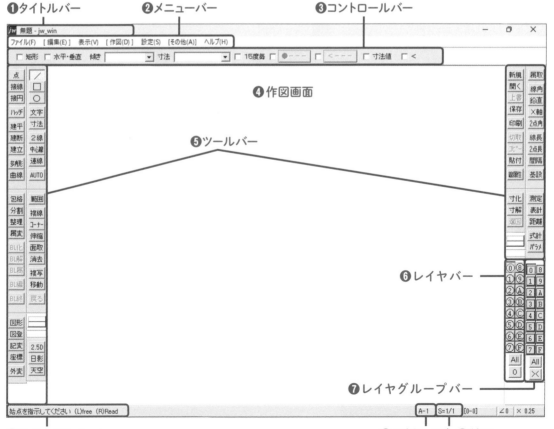

❹作図画面

❺ツールバー

❻レイヤバー

❼レイヤグループバー

❽ステータスバー　　　　❾用紙サイズ　❿縮尺

❶タイトルバー

［-jw_win］の前に作図中の図面ファイル名が表示されます。未保存の場合は［無題］と表示されます。

❷メニューバー

各コマンドがカテゴリー別に収録されています。クリックして開くプルダウンメニューからコマンドを選択します。

❸コントロールバー

選択コマンドの副次的なメニューが表示されます。項目にチェックマークを付けたり、数値を入力することで指定します。

❹作図画面

図面を作図する領域です。レッスン05の手順2の操作2 ～ 3を行うと、用紙範囲を示すピンクの点線の用紙枠が表示されます。

❺ツールバー

各コマンドの選択ボタンが配置されています。選択中のコマンドは凹で表示されます。

❻レイヤバー

レイヤの表示状態の確認やコントロールをします。詳しくは第5章のレッスン42で学習します。

❼レイヤグループバー

レイヤグループのコントロールをします。1枚の用紙に異なる縮尺の図をレイアウトして作図する際に利用します。

❽ステータスバー

選択中のコマンドで行う操作が表示されます。［(L)］はクリック、［(R)］は右クリックを表します。

❾用紙サイズ

用紙のサイズを示します。ボタンをクリックして表示されるリストから選択することで用紙サイズを変更できます。

❿縮尺

現在の縮尺（実際の長さの何分の1の長さで表現するか）を示します。縮尺は作図途中でも変更可能です。

⚠ ここに注意

作図画面内でのマウスのクリック、右クリックなどの操作は、すべて何らかの作図・編集操作になります。誤って表示したプルダウンメニューを閉じるときは、作図画面内でクリックするなどの操作は避け、再度、プルダウンメニューをクリックしてください。

🔍 用語解説

レイヤ

CADでは複数の透明なシートに図面の各部を描き分け、それらを重ねて1枚にすることができます。そのシートに該当するのがレイヤです。

💡 使いこなしのヒント

画面の見え方は環境によって異なる

本書では、ツールバー、コントロールバーなどの表示を大きく見せるため、画面の解像度を1024×768としています。各パソコンの画面の解像度設定によって、Jw_cad画面が本書の表示よりも横長に見えたり、ツールバーのボタンが小さく見えたりしますが、操作に支障はありません。

05 初期設定をしよう

初期設定

練習用ファイル　なし

これからJw_cadを学習するにあたり、表示上の設定など、いくつかの基本的な設定を入門者向けの設定に変更しましょう。ここで一度設定を行えば、次回からは同じ設定でJw_cadが起動します。

キーワード

ステータスバー	P.311
図面ファイル	P.311
メニューバー	P.313

使いこなしのヒント

Direct2Dとは

[Direct2D] は大容量の図面を扱うときに、再表示速度を速めるなどの働きをします。パソコンによって表示上の不具合が生じることがあるため、ここではチェックマークを外します。

1 Direct2Dの確認をする

Jw_cadを起動しておく　　**1** [表示] をクリック

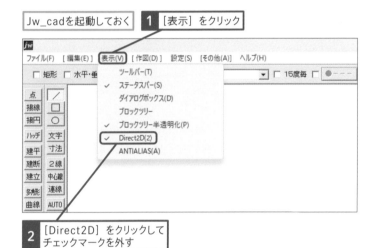

2 [Direct2D] をクリックしてチェックマークを外す

2 基本設定を変更する

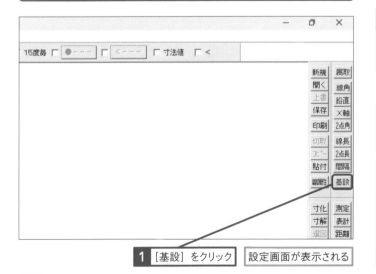

1 [基設] をクリック　　設定画面が表示される

使いこなしのヒント

基本設定はメニューバーからも行える

手順2の操作1は、メニューバーの [設定] をクリックし、プルダウンメニューの [基本設定] をクリックしても同じです。

[設定] - [基本設定] をクリックしても同じ設定画面を表示できる

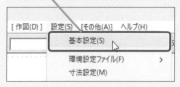

●［一般（1）］タブの設定

2 ［一般（1）］を
クリック

3 赤枠で囲んだ項目をクリック
してチェックマークを付ける

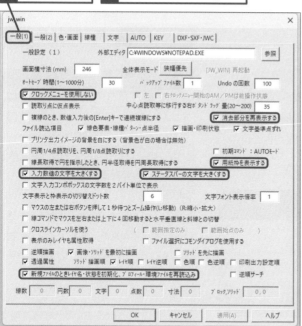

●［一般（2）］タブの設定

4 ［一般（2）］を
クリック

5 ここをクリックしてチェック
マークを付ける

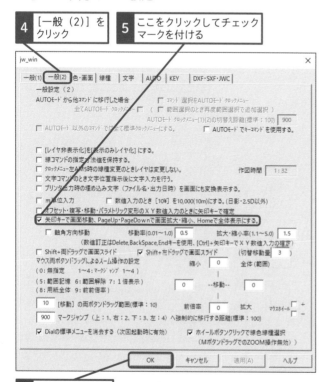

6 ［OK］をクリック

用語解説

クロックメニュー

ドラッグ操作で行うJw_cad独自のメ
ニュー選択方法です。Jw_cadでのマウス
操作に手慣れた上級者向け機能のため、
ここでは使用しない設定にします。

ここに注意

［ファイル読込項目］欄の［線色要素・線
種・パターン・点半径］［描画・印刷状
態］［文字基点ずれ］の3つには、初期状
態でチェックマークが付いています。この
チェックマークが外れていると開いた図面
の表示、印刷状態などに違いが生じるた
め、念のため、チェックマークが付いてい
ることを確認してください。

使いこなしのヒント

**マウスのホイールボタンを
使うこともできる**

［ホイールボタンクリックで線色線種選択］
には、初期段階でチェックマークが付い
ています。作図画面上でホイールボタン
をクリックすると、［線属性］画面が開き
ます。このチェックマークを外すと、この
機能が無効になる代わりに、レッスン07
で学習する画面の拡大・縮小操作でマウ
スの両ボタンの代わりにホイールボタン
を使えます。

レッスン 06 ファイルを開くには

ファイルを開く

練習用ファイル　L06_開く.jww

基本編

第1章

Jw_cadの基礎を学ぼう

Jw_cadの基本的な操作を学習するため、練習用の図面ファイルを開きます。ここでは、メニューバーの［ファイル］から、［開く］コマンドを選択して開きます。練習用ファイルの保存場所については、6ページの「練習用ファイルの使い方」を参考にしてください。

🔍 キーワード

ツールバー	P.312
メニューバー	P.313

💡 使いこなしのヒント

ファイル選択画面の表示に慣れよう

ファイルを開く際や保存する際に表示される［ファイル選択］画面は、Jw_cad独自のもので、その操作方法もJw_cad特有です。

1 メニューから開く

Jw_cadを起動しておく　　1 ［ファイル］をクリック

2 ［開く］をクリック

3 ここをクリック　　4 ここをクリック

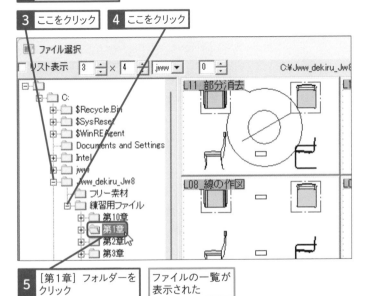

5 ［第1章］フォルダーをクリック　　ファイルの一覧が表示された

⏱ 時短ワザ

ツールバーからもファイルを開ける

操作1、2の代わりに、画面右側のツールバー［開く］をクリックすることでも開けます。

ツールバーの［開く］をクリックすると［ファイル選択］画面が表示される

⚠ ここに注意

手順1の操作6のダブルクリックは、ファイル名以外のところでダブルクリックしてください。ファイル名部分をクリックすると、ファイル名変更の機能が働きます。

● ファイルを選択する

ファイルの一覧から
選択する

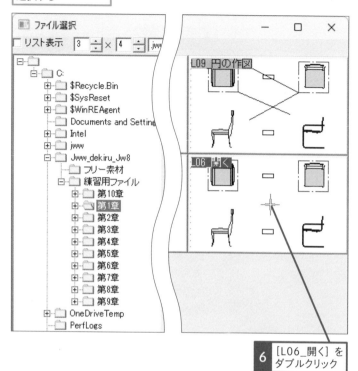

6 [L06_開く] を
ダブルクリック

2 ファイルを表示する

ファイルが表示された

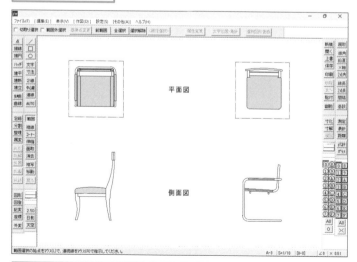

平面図

側面図

続けて次のレッスンに進む場合はファイルを
開いたままにしておく

Windows標準の［開く］画面を表示するには

設定画面の［一般(1)］タブの［ファイル
選択にコモンダイアログを使用する］に
チェックマークを付けることで、Jw_cad
独自の［ファイル選択］画面の代わりに
Windows標準の［開く］画面が表示され
ます。デスクトップ、ドキュメント、ネッ
トワーク上のフォルダーなどを利用したい
場合に利用するとよいでしょう。ただし、
Jw_cadには排他制御機能はありませんの
で、ネットワーク上の図面ファイルを複数
人で共有する場合には注意しましょう。

1 ここをクリックしてチェック
マークを付ける

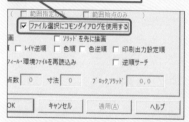

Windows標準の［開く］画面を
使うことができる

☀ 使いこなしのヒント

Jw_cadを終了するには

図面ファイルを開いた後、Jw_cadを終了
する場合は、右上の×（閉じる）ボタンを
クリックします。

1 ［閉じる］をクリック

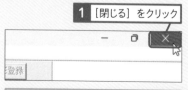

Jw_cadが終了してデスクトップ画面が
表示される

07 画面を拡大・縮小する

YouTube 動画で見る

詳細は2ページへ

表示変更　　　　　　　　　　　練習用ファイル　L07_表示変更.jww

基本編　第1章　Jw_cadの基礎を学ぼう

パソコンの画面で、大きい用紙サイズの図面を作図するため、画面上の図面の一部を拡大表示したり、元に戻したりを頻繁に行います。Jw_cad特有の両ボタンドラッグ操作による拡大・用紙全体表示を身に付けましょう。

🔍 キーワード

図面ファイル	P.311
線色	P.311
線種	P.311

💡 使いこなしのヒント

マウスの左右両方のボタンを押しながらドラッグする

拡大枠で囲むことで拡大範囲を指定します。拡大する範囲の左上からマウスの左右両方のボタンを押したまま右下方向にマウスを移動します（両ボタンドラッグ）。表示される拡大枠で拡大する範囲を囲んだら、ボタンから指をはなしてください。

1 画面を拡大する

練習用ファイルを開いておく

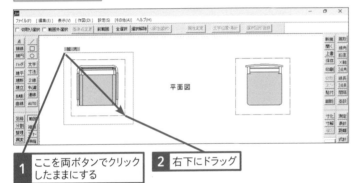

1 ここを両ボタンでクリックしたままにする

2 右下にドラッグ

左上に［拡大］と表示される

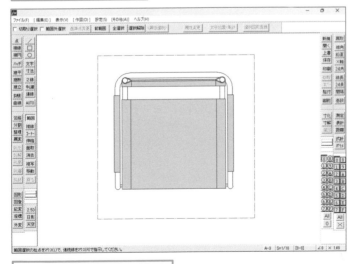

ドラッグした範囲が画面いっぱいに表示された

⚠️ ここに注意

拡大範囲を囲む前に指をはなしてしまうと何もない部分が拡大表示され、図が消えたようになる場合があります。その場合は、手順3を参照し、用紙全体表示に戻してください。

💡 使いこなしのヒント

マウスのホイールボタンで代用できる

設定画面の［一般(2)］タブの［ホイールボタンクリックで線色線種選択］のチェックマークを外すと、両ボタンドラッグによる操作をホイールボタンのドラッグでも行えます。

② 表示位置を移動する

1 →キーを数回押す

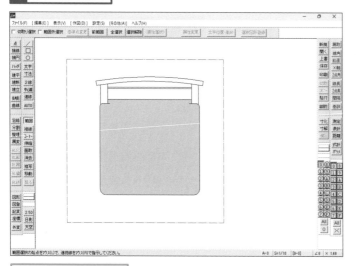

図面の右側が表示された

③ 全体を表示する

1 画面の一部を両ボタン
でクリックしたままにする　**2** 右上にドラッグ

［全体］と
表示される

画面全体が表示された

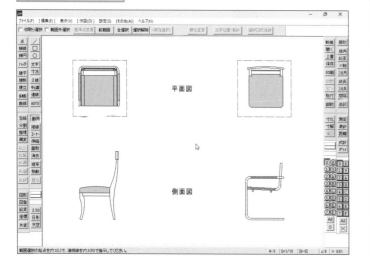

⚠ ここに注意

→キーを押しても画面がスライドしない場
合は、レッスン05で設定した［一般(2)］
タブの手順2の操作5の設定を確認してく
ださい。このチェックマークが付いていな
いとキーボードからの指示はできません。

💡 使いこなしのヒント

どの位置からクリックしてもよい

作図画面内で、マウスの左右両方のボタ
ン（またはホイールボタン）を押したまま
右上方向に移動し、［全体］と表示された
らボタンから指をはなします。ドラッグ開
始位置は、作図画面内であれば、どの位
置からでも構いません。

⌨ ショートカットキー

用紙全体を表示　　　　　　　　[Home]

💡 使いこなしのヒント

用紙全体を表示する

［全体］は、図面ファイルを開いたときの
用紙全体が画面に入る状態を指します。

08 線を描くには

線の作図

練習用ファイル　L08_線の作図.jww

[線] コマンドで線の両端点（始点と終点）の位置を指示することで線を作図します。始点・終点として何もない位置を指示する場合と作図されている線の端点や交点などを指示する場合でクリックと右クリックを使い分けます。

🔍 キーワード

交点	P.310
始点	P.310
終点	P.310

1 線を端点まで引く

1 [線] をクリック

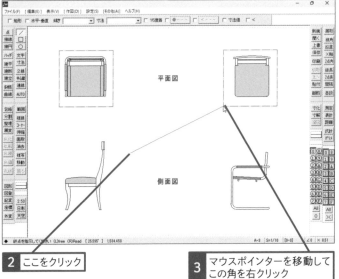

2 ここをクリック

3 マウスポインターを移動してこの角を右クリック

鎖線の四角形の角に合わせて線が引けた

💡 使いこなしのヒント

左右のクリックを使い分ける

[線] コマンドを選択すると、ステータスバーに [始点を指示してください（L）free（R）Read] と表示されます。始点として何もない位置を指示するにはクリックします。作図済みの線の端点や交点など図面上の点を指示するには右クリックしてその点を読み取ります。

⚠ ここに注意

仮表示の線が左右、上下にしか動かない場合は、コントロールバーの [水平・垂直] にチェックマークが付いています。クリックしてチェックマークを外してください。

📖 用語解説

端点

線の端部を「端点」と呼びます。2次元CADの線は、「X,Y」の座標を持つ両端点により成り立ちます。Jw_cadの右クリックで読取りできるのは、「X,Y」の座標を持っている点です。

2 端点から線を引く

1 この角を右クリック

2 ここをクリック

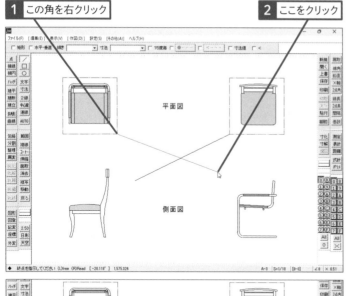

左側の鎖線の四角形の角から
線が引けた

3 端点から端点に線を引く

1 この角を右クリック

2 ここを右クリック

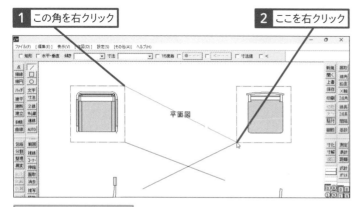

鎖線の四角形の角同士を
結ぶ線が引ける

◇ 使いこなしのヒント

［点がありません］と表示された場合は

線の始点または終点を指示するときに、図面上の端点や交点にマウスポインターを合わせ右クリックすることで、その点を読み取り、始点または終点とします。右クリックしたとき、［点がありません］と表示されるのは、近くに読み取れる点がないためです。マウスポインターを目的の点にさらに近づけて再度右クリックしてください。

何もないところを右クリックすると
マウスポインターのすぐ側に［点
がありません］と表示される

⚠ ここに注意

右クリックすべきところで、クリックすると正確に作図することができません。誤ってクリックした場合は、Esc キーを押すことで直前の操作を取り消せます。取り消した後、改めて右クリックしてください。

レッスン 09 円を描くには

円の作図　　　　　　　　　練習用ファイル　L09_円の作図.jww

基本編

第1章

Jw_cadの基礎を学ぼう

[円] コマンドで円の中心点と円周上の位置を指示することで円を作図します。クリックと右クリックの使い分けは線の作図と同じで、何もない位置を指示するにはクリック、図面上の端点や交点などを指示するには右クリックします。

🔍 キーワード

交点	P.310
端点	P.312

💡 使いこなしのヒント

自由な大きさの円を描こう

ここでは、2本の線の交点を中心点とした適当な大きさの円を作図します。[円] コマンドで中心点として2本の線の交点を右クリック（操作2）すると、交点を中心点とした円がマウスポインターまでプレビュー表示されます。それを目安に円周上の位置をクリック（操作3）することで円の半径が決まり、円が作図されます。

1 交点から円を描く

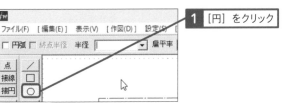

1 [円] をクリック

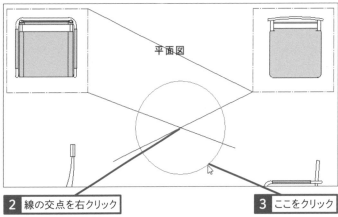

2 線の交点を右クリック

3 ここをクリック

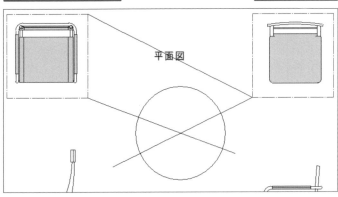

線の交点を中心とし、操作3で指定した点までの距離を半径とする円が描けた

💡 使いこなしのヒント

手順1の円は大まかな半径になる

操作3では円周上の位置として、適当な位置をクリックしました。結果として、操作2と操作3の距離がこの円の半径になります。操作3で適当な位置をクリックしたため、作図したこの円を消して、もう1度同じ円を描くということは、まずできません。

2 交点を中心点として端点に接する円を描く

1 線の交点を右クリック

手順1の円と同じ中心点を選択できる

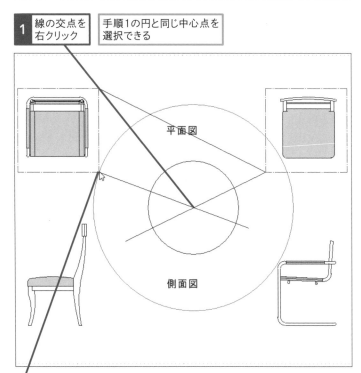

2 この角を右クリック

手順1の円と同じ中心点で左側の鎖線の四角形の角に接する円を描けた

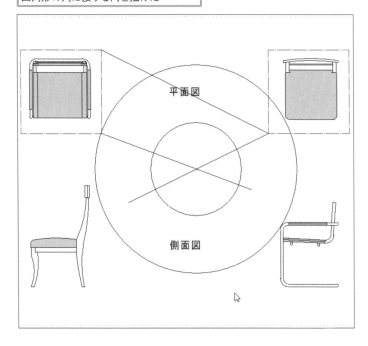

💡 使いこなしのヒント

半径寸法は下部に表示される

ステータスバーの操作指示［中心点を指示してください］の後ろには［r＝］に続けて、直前に作図した円の半径が表示されます。CADでは、適当に作図した円でも、その半径寸法が把握されています。

🔍 用語解説

交点

2つの線・円・円弧が交差する位置には「X,Y」の座標を持った「交点」と呼ぶ点ができます。

💡 使いこなしのヒント

手順2の円は一定の半径になる

手順2の操作2では円周上の位置として、作図済みの線の端点を右クリックしました。結果として、操作1と操作2の距離がこの円の半径になります。円周上の位置を右クリックで指示して作図したため、手順1で作図した円とは異なり、この円を消して、同じ円を描くことは容易にできます。

10 線・円・文字を消去するには

消去コマンド

練習用ファイル　L10_消去コマンド.jww

基本編

第1章

Jw_cadの基礎を学ぼう

[消去] コマンドを選択し、線や円、文字を右クリックして消します。[消去] コマンドには、[線] [円] コマンドとは違う、クリックと右クリックの使い分けがあります。一部分を消すにはクリック、丸ごと消すには右クリックです。

🔍 キーワード

コマンド	P.310
ステータスバー	P.311

1 線を消去する

1 [消去] をクリック

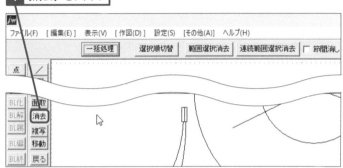

2 この線を右クリック

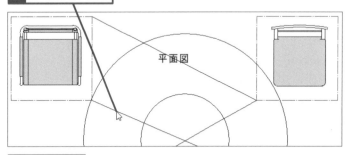

線が消去された

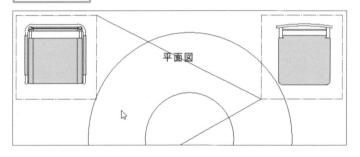

💡 使いこなしのヒント

図形を丸ごと消去する

[消去] コマンドを選択すると、ステータスバーに [線・円マウス (L) 部分消し 図形マウス (R)] と操作メッセージが表示されます。ここでは線や円の一部分を消すのではなく、線や円、文字を丸ごと消すため、消去対象の線や円、文字を右クリックします。

💡 使いこなしのヒント

交差している部分は避けよう

消去対象を右クリックする際は、他の線や円と交差している付近は避け、確実に対象を指示できる位置で右クリックしてください。

⚠️ ここに注意

消去対象の線や円を誤ってクリックした場合、線や円が部分消しの対象としてピンク（選択色）になります。その場合は Esc キーを押し、線や円を元の色に戻したうえで、改めて右クリックしましょう。

② 文字を消去する

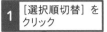

<table>
<tr><td>1</td><td>［選択順切替］を
クリック</td><td>［【文字】優先選択消去］
状態になった</td></tr>
</table>

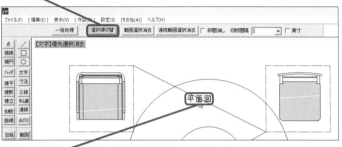

<table>
<tr><td>2</td><td>文字を右クリック</td><td>文字を優先して消去できる</td></tr>
</table>

③ 円を消去する

<table>
<tr><td>1</td><td>外側の円を右クリック</td></tr>
</table>

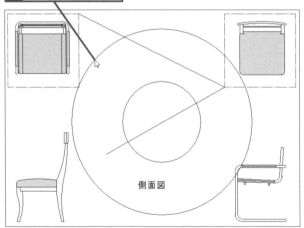

外側の円が消去された

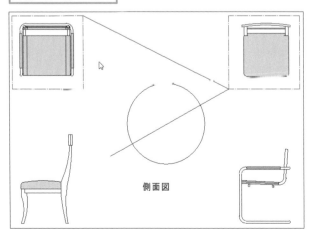

使いこなしのヒント

線と文字のどちらかを優先できる

線・円・文字すべて右クリックで消去します。そのため、文字を消すつもりで右クリックしても近くの線や円が消えてしまう場合があります。操作1の［選択順切替］をクリックすることで、文字を優先して消す［【文字】優先選択消去］と文字以外を優先して消す［線等優先選択消去］を切り替えできます。

使いこなしのヒント

長方形は一辺ずつ消去される

長方形の一辺を右クリックすると、その一辺のみが消去されます。長方形は4本のバラバラな線によって構成されているためです。

使いこなしのヒント

［戻る］で操作を元に戻せる

作図や編集操作を誤ったときには、［戻る］コマンドをクリックすることで、クリックした回数分の操作を取り消し、操作前の状態に戻すことができます。ここでは［戻る］コマンドを1回クリックし、円を消す前に戻してから次のレッスンに進みましょう。また、［戻る］コマンドを余分にクリックして戻しすぎた場合は、メニューバーの［編集］をクリックし、［進む］コマンドを選択することで、［戻る］コマンドをクリックする前の状態に復帰できます。

11 線や円の一部を消去するには

部分消去

練習用ファイル　L11_部分消去.jww

[消去] コマンドで、線や円をクリックすると、その一部分を消します。ここでは、既存の点間を部分消しする [節間消し] と部分消しの範囲2点を指示する方法の2通りの方法を学習しましょう。

キーワード

コマンド	P.310
コントロールバー	P.310

使いこなしのヒント

[節間消し] とは

[消去] コマンドのコントロールバー [節間消し] にチェックマークを付けて、線や円をクリックすると、そのクリック位置の両側の点間を部分的に消します。クリックした線や円の上に点がない場合は、線や円を丸ごと消去します。

[節間消し] にチェックマークが付いていることを確認する

1 クリックした部分を消す

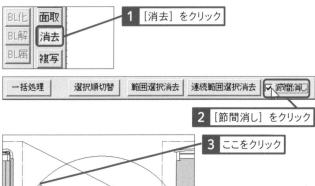

1 [消去] をクリック

2 [節間消し] をクリック

3 ここをクリック

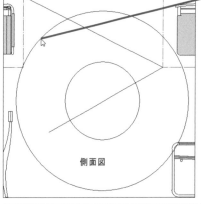

側面図

クリックした点によって区切られた円弧が部分消去できた

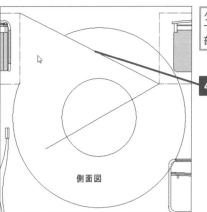

4 ここをクリック

側面図

ここに注意

操作結果が本書の画面と同じにならない場合は、どこかで手順を間違えています。[戻る] コマンドをクリックして、消去の操作をする前の状態に戻すか、あるいは、改めて練習用ファイルを開き、[消去] を選択するところからやり直してください。

● クリックした線が消える

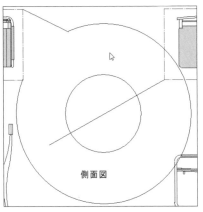

点によって区切られた
線が部分消去できた

2 円の一部を消す

[消去] をクリック
しておく

1 [節間消し] をクリックして
チェックマークを外す

| 一括処理 | 選択順切替 | 範囲選択消去 | 連続範囲選択消去 | ☐ 節間消 |

2 円をクリック

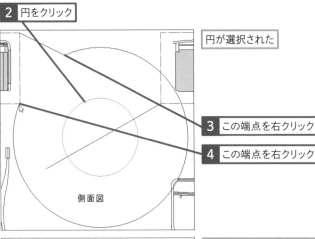

円が選択された

3 この端点を右クリック

4 この端点を右クリック

側面図

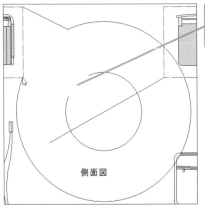

指定した点から鉛直に
線を下ろした部分の円弧
が消去できた

側面図

🔆 使いこなしのヒント

反時計回りで指定する

はじめに部分消しをする対象の線や円を
クリックします。クリックした線・円が部
分消しの対象として選択色（ピンク）で
表示されます。次に消し始めの点と消し
終わりの点を指示します。円の一部を消
す場合には、消し始めの点⇒消し終わり
の点は、必ず、左回り（反時計回り）で
指示してください。ここでは円の一部を消
去する例で解説していますが、線の一部
を消去する場合も手順は同じです。

🔆 使いこなしのヒント

指定した位置で部分消しができる

この方法での部分消しでは、部分消しす
る対象の線や円上に点がなくとも、この
例のように指定位置で部分消しできます。

🔆 使いこなしのヒント

図面は保存せずに閉じる

手順2の終了後にこの図面を保存する必
要はありません。[×]（閉じる）ボタンを
クリックしてJw_cadを終了してください。
その際に[（ファイル名）への変更を保存
しますか？]とメッセージウィンドウが表
示されますが、[いいえ] ボタンをクリッ
クして、保存せずに終了します。

この章のまとめ

独自のクリック操作に慣れよう

この章では、Jw_cadに不可欠な基本操作を学習しました。マウスの両ドラッグで図面の一部を拡大表示するズーム操作、選択コマンドによって異なるクリックと右クリックの使い分けは特に重要です。慣れるまでは、Jw_cadのステータスバーに表示される操作メッセージで、クリック（L）と右クリック（R）の使い分けを確認するようにしましょう。特に点を指示する際のクリックと右クリックの使い分けは、他の多くのコマンドで共通です。正確な図面を作図するには右クリックは欠かせません。

● 右クリックで読み取りできる点

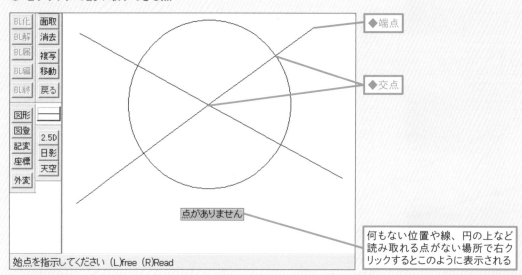

◆端点

◆交点

点がありません

何もない位置や線、円の上など読み取れる点がない場所で右クリックするとこのように表示される

始点を指示してください (L)free (R)Read

Jw_cadの操作って直感的ですね！

ツールが全部見えてますからね。自然と慣れていきますよ。

クリック操作もわかってきました。

右クリックがポイントです。上の図も参考にしてください♪

基本編

第2章

長さや角度を指定して作図しよう

正確な図面を作図するためには、長さ、間隔などの寸法の指定が不可欠です。この章では、寸法が指定された完成見本図と同じ図を作図する練習を通して、長さや角度を指定して作図する方法を学習しましょう。

12

長さや角度の指定方法を覚えよう

Jw_cadでは、図面の縮尺に関わらず、実際の寸法（実寸）をmm単位で指定して作図します。
ここでは、その指定方法とこれから作図する線の太さや実線、点線、鎖線などの線種を指定する
方法を習得しましょう。

図面を作成するソフトならではの操作

この章から作図の基礎を学んでいきましょう。
まずは線を指定通りに引くところからですね。

線を引くぐらい楽勝、楽勝♪　っと、あれれ？
なんだか上手くいかないな…。

Jw_cadは図面を作るソフトなので、線の長さや間隔、角度
を指定して作図します。ワープロソフトやデザイン用のソフ
トとも違うので、この章で操作に慣れましょう。

線の長さや間隔はすべて実寸

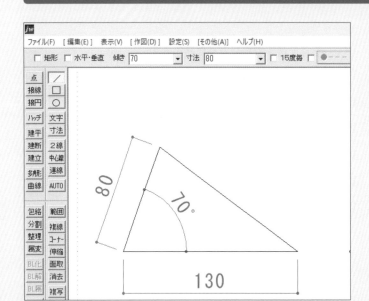

Jw_cadでは線の長さ、
間隔などをmm単位で
実寸で指定して作図しま
す。これにより、正確な
図面を素早く作成できる
ようになっています。

角度は「°」単位で指定する

角度は基本的に「°」単位で指定します。特に覚えておきたいポイントは、水平方向を「0°」として、「反時計回り」に角度が増えるところ。時計回りに指示する場合は、マイナスの数値で指定しますよ。

独特ですね！　間違えないようにしなくちゃ…！

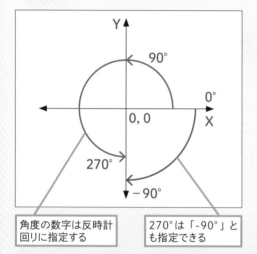

角度の数字は反時計回りに指定する

270°は「-90°」とも指定できる

［傾き］に数値を入力して指定する

線の色や太さは［線属性］で設定する

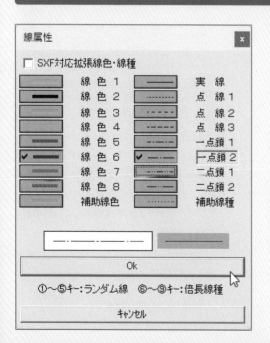

さらにもう1つ。Jw_cadでは線の太さを「色」を変えて表現します！　パソコンでは線の太さの細かい違いが表示できないためです。これもきちんと学んでいきましょう。

理由がわかって納得です！　この章でしっかり身につけます♪

13 長さと角度を指定した線を描こう

レッスン

寸法と角度

練習用ファイル　L13_寸法と角度.jww

練習用ファイルを開き、左上の図を拡大表示して、完成見本と同じ寸法の三角形を作図しましょう。作図する線の長さや角度は、[線]コマンドのコントロールバー [寸法] [傾き] ボックスに数値入力することで指定します。

基本編

第2章

長さや角度を指定して作図しよう

1 水平な線を引く

練習用ファイルの左上の図形を
拡大しておく

1 [線] をクリック

2 [水平・垂直] をクリックして
チェックマークを付ける

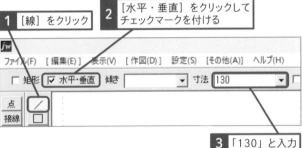

3 「130」と入力

4 仮点を右クリック

5 右側にマウスポインターを
移動してクリック

長さ「130」の水平線が
引けた

キーワード

仮点	P.310
コマンド	P.310
コントロールバー	P.310

使いこなしのヒント

必要な箇所を拡大表示して使う

このレッスンで開く練習用ファイルでは、用紙を区切って、4つの練習課題が用意されています。レッスン07で学習した両ドラッグ操作で、適宜必要な個所を拡大表示してください。

各レッスンに対応する図形を
拡大して使用する

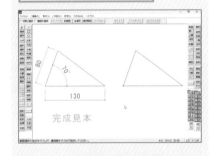

使いこなしのヒント

水平・垂直を指定できる

[線] コマンドのコントロールバーの[水平・垂直] にチェックマークを付けると、作図する線の角度が0、90、180、270°に固定されます。指示した始点から左右にマウスを移動すると水平線、上下に移動すると垂直線が作図できます。

ショートカットキー

[水平・垂直] のチェック
マークを付ける／はずす　　`space`

2 角度70°の斜線を引く

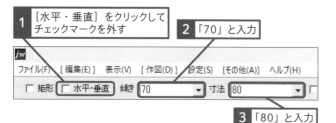

1 [水平・垂直] をクリックして
チェックマークを外す

2 「70」と入力

3 「80」と入力

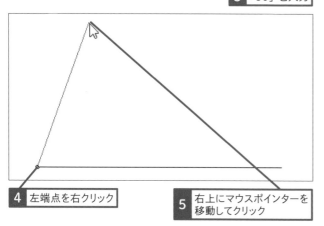

4 左端点を右クリック

5 右上にマウスポインターを
移動してクリック

傾き70°、長さ80の斜線が引ける

3 三角形を完成する

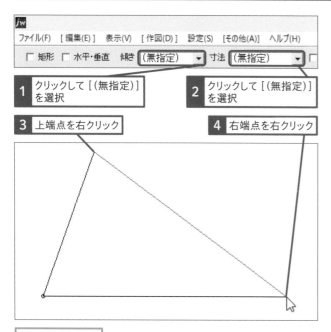

1 クリックして [(無指定)]
を選択

2 クリックして [(無指定)]
を選択

3 上端点を右クリック

4 右端点を右クリック

三角形が完成する

用語解説

仮点（かりてん）

印刷や編集の対象にならない点です。点指示に右クリックで読取りできますが、[消去] コマンドで消すことはできません。

使いこなしのヒント

指定した長さの線を作図できる

コントロールバーの [寸法] ボックスに線の長さを入力することで、指示した始点から指定長さの線を作図できます。線の長さは実寸のmm単位で入力します。

使いこなしのヒント

**[水平・垂直] と [傾き] は
組み合わせて使える**

コントロールバーの [水平・垂直] のチェックマークを外さずに [傾き] ボックスに角度を入力した場合は、始点から上下左右への水平・垂直の線とそれぞれ水平・垂直線からの指定角度の線を作図できます。

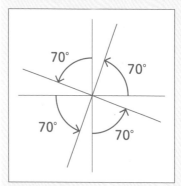

使いこなしのヒント

**[(無指定)] は長さや角度が
固定されない**

手順3では長さ、角度が固定されない自由な線を作図するため、操作1、2の操作でコントロールバーの [寸法] [傾き] ボックスの数値をクリアします。(無指定) は数値が入力されていない状態と同じ指定です。

14 線を平行複写しよう

YouTube
動画で
見る
詳細は2ページへ

平行複写 | 練習用ファイル L14_平行複写.jww

用紙右上の図を拡大表示し、底辺と左辺を指定間隔で平行複写しましょう。線・円の平行複写は、[複線]コマンドで間隔を指定して行います。図面作図では、頻繁に利用する機能ですので、確実に覚えてください。

🔍 キーワード

コマンド	P.310
コントロールバー	P.310
平行複写	P.313

1 水平線を平行複写する

練習用ファイルの右上の図形を拡大しておく

1 [複線]をクリック **2** 「50」と入力

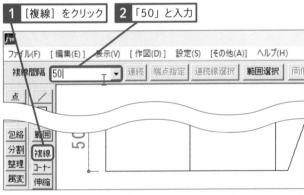

3 水平線を右クリック

複写される線が表示された

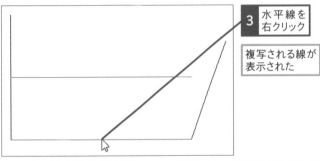

4 マウスポインターを上に移動してクリック

線が複写された

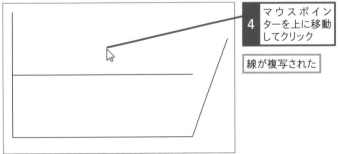

💡 使いこなしのヒント

作図したい方向にマウスポインターを移動する

[複線]コマンドでは、コントロールバー[複線間隔]ボックスに間隔を入力し、平行複写の基準線を右クリックします。基準線に対してマウスポインターを合わせた側に赤い複写線のプレビューが表示されるので、作図したい側にマウスポインターを移動し、プレビューが表示された状態でクリックして確定します。

⚠ ここに注意

誤って平行複写の基準線をクリックすると、[複線間隔]ボックスの数値が消えます。その場合は再度、数値を入力してください。基準線から入力した数値の距離だけ離れたマウスポインター側に赤い複写線のプレビューが表示されます。

● もう1本線を複写する

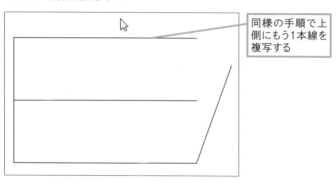

同様の手順で上側にもう1本線を複写する

使いこなしのヒント

[連続] で平行複写を
繰り返すことができる

手順2の操作4で [連続] ボタンをクリックすると、直前の平行複写と同間隔で同方向に、クリックした回数分の線を平行複写します。

2 垂直線を平行複写する

1 「35」と入力

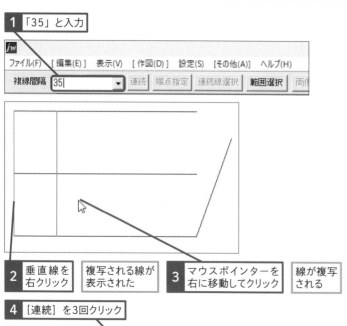

| **2** | 垂直線を右クリック | 複写される線が表示された | **3** | マウスポインターを右に移動してクリック | 線が複写される |

4 [連続] を3回クリック

垂直線が同間隔で3本複写された

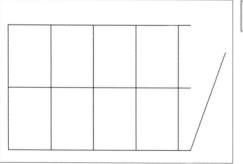

使いこなしのヒント

右クリックすると平行複写し続ける

[連続] を右クリックして押したままにするとマウスボタンを離すまで、同方向、同間隔に線を平行複写し続けます。複写し過ぎた場合は、[戻る] をクリックすることで1本ずつ取り消せます。

⚠ ここに注意

[連続] を3回クリックする途中で誤って作図画面をクリックしてしまうと、その段階で、同方向、同間隔への連続複写は無効になります。その場合は、最後に平行複写した線を35mm右へ平行複写し、必要に応じて [連続] をクリックして必要な数だけ平行複写してください。

15 線を伸縮しよう

YouTube
動画で
見る
詳細は2ページへ

線の伸縮 | 練習用ファイル L15_線の伸縮.jww

レッスン14で平行複写した線を伸縮して、完成見本の形にしましょう。線の伸縮は、[伸縮]コマンドを選択し、伸縮する位置と伸縮する線を指示します。基準線を決めて伸縮する方法と対象線を指示後に伸縮位置を指示する方法があります。

🔍 キーワード

コマンド	P.310
平行複写	P.313

💡 使いこなしのヒント

図面上の線まで伸縮する場合は

図面上の線まで伸縮する場合は、はじめに右ダブルクリックで伸縮の基準線を指示します。

1 斜線まで水平線を伸ばす

練習用ファイルの右上の図形を拡大しておく

1 [伸縮]をクリック

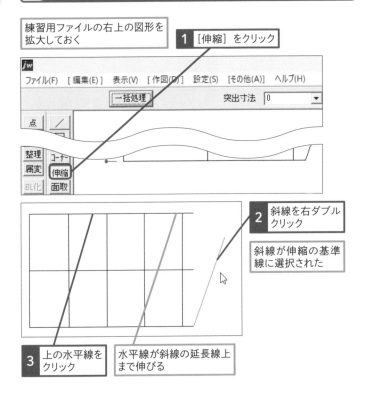

2 斜線を右ダブルクリック

斜線が伸縮の基準線に選択された

3 上の水平線をクリック

水平線が斜線の延長線上まで伸びる

⚠️ ここに注意

操作2の右ダブルクリックの際、右クリックと右クリックの間にマウスポインターを動かさないように注意してください。マウスポインターが動くと、右クリック（線切断）を2回したことになり、その位置で線が切断され、切断位置に赤い○が仮表示されます。その場合は[戻る]コマンドをクリックして、切断前の状態に戻してから操作2をやり直してください。

● 中央の線を伸ばす

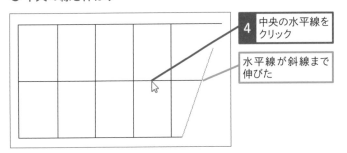

4 中央の水平線をクリック

水平線が斜線まで伸びた

💡 使いこなしのヒント

続けて伸縮できる

伸縮基準線を変更するか、他のコマンドを選択するまでは、伸縮する線をクリックすることで、続けて同じ基準線まで伸縮できます。

2 基準線を変更して垂直線を縮める

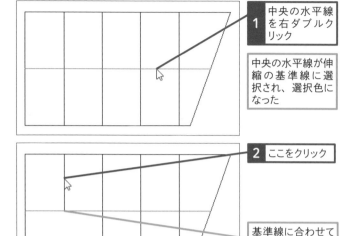

1 中央の水平線を右ダブルクリック

中央の水平線が伸縮の基準線に選択され、選択色になった

2 ここをクリック

基準線に合わせて垂直線が縮んだ

3 続けて縮めたい垂直線をクリック

クリックした垂直線を縮められる

3 斜線を上辺端点まで伸ばす

1 [伸縮] をクリック **2** 斜線をクリック

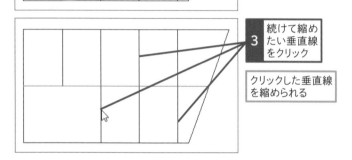

3 上の線の右端点を右クリック

斜線が上の線まで伸びる

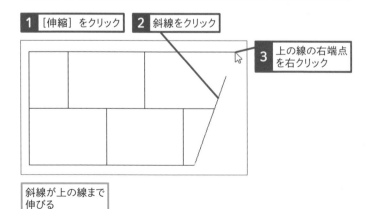

使いこなしのヒント

伸縮基準線を変更するには

伸縮基準線を変更するには、操作メッセージに [基準線変更 (RR)] とあるように、新しく伸縮基準線にする線を右ダブルクリックします。

画面左下の操作メッセージを確認しながら作業する

基準線までの伸縮線(L)　線切断(R)　基準線変更(RR)

使いこなしのヒント

縮める場合は残す側をクリックする

線を縮める場合には、その線をクリックする位置が重要です。選択色で表示されている伸縮基準線に対し、線をクリックした側を残して縮みます。伸縮線の指示は、必ず基準線に対して残す側をクリックしてください。

使いこなしのヒント

[伸縮] をもう一度実行する

基準線は伸縮基準線を変更するか、他のコマンドを選択するまで有効です。ここでは、現在の基準線は使わずに、別の方法で伸縮をするため、[伸縮] コマンドを選択し直します。

レッスン 16 作図する線の色と種類を変更しよう

線色と線種

練習用ファイル L16_線色と線種.jww

用紙左下の図を拡大表示し、一点鎖線の長方形を完成させましょう。ここまで作図した線は黒の実線です。これから青い一点鎖線で作図するため、作図前に［線属性］コマンドで書込線の線色と線種を変更しましょう。

キーワード

線色	P.311
線種	P.311
補助線色	P.313

用語解説

書込線（かきこみせん）

作図する線・円の線色と線種を指定したもので、ツールバーの［線属性］バーにその色と線種が表示されています。

1 線色と線種を変更する

練習用ファイルの左下の図形を拡大しておく

1 ［線属性］をクリック

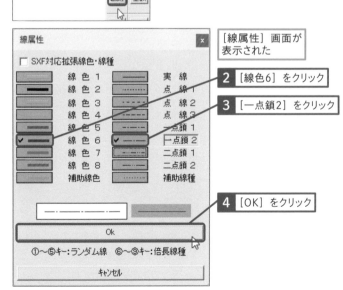

［線属性］画面が表示された

2 ［線色6］をクリック

3 ［一点鎖2］をクリック

4 ［OK］をクリック

描画する線の色と種類が変更された

使いこなしのヒント

［線属性］画面の見方

［線属性］画面で、ボタンが凹んで表示されているのが、現時点での書込線色と線種です。

選択された線色、線種が凹んだ形で表示される

使いこなしのヒント

線の太さは8種類設定できる

［線色1］から［線色8］までの8色を使いわけることで線の太さを描き分けます。線色ごとに印刷する太さ（印刷線幅）が設定されており、いつでも変更できます。次に作図する線の太さに合わせ、線色を指定します。［補助線色］は印刷されない色です。

2 下辺、右辺を平行複写する

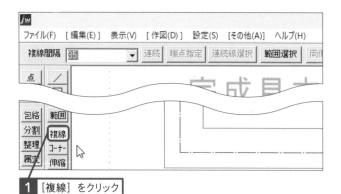

1 [複線] をクリック

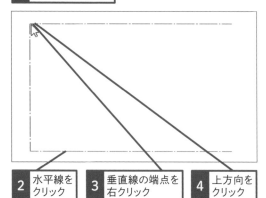

2 水平線を
クリック

3 垂直線の端点を
右クリック

4 上方向を
クリック

一点鎖2で操作
3の位置に線を
複製できた

同様の手順で垂
直線も平行複写
する

使いこなしのヒント

線の種類は9種類から設定できる

線種は、実線、点線（破線）3種、一点鎖線2種、二点鎖線2種と印刷されない補助線種の計9種類が用意されています。

用語解説

一点鎖（いってんさ）
二点鎖（にてんさ）

線種の [一点鎖1] と [一点鎖2] は、いずれも一点鎖線のことです。[一点鎖1] がピッチの細かい一点鎖線で、それよりピッチが粗い一点鎖線が [一点鎖2] です。同様に、ピッチの違う2種の二点鎖線 [二点鎖1] と [二点鎖2]、ピッチの違う破線3種 [点線1] [点線2] [点線3] が用意されています。

使いこなしのヒント

[複線間隔] は空白でも操作できる

[複線] コマンドでは、複写先までの間隔が分からなくとも、正確な位置に平行複写できます。複写する線をクリックすると、コントロールバー [複線間隔] ボックスが空白になります。操作メッセージは「間隔を入力するか、複写する位置 (L) free　(R) Readを指定してください」と表示されます。ここで間隔を入力せずに、図面上の点を右クリックすると、手順2の操作2でクリックした線から手順2の操作3で右クリックした点までの間隔を[複線間隔]ボックスに自動入力（取得）し、その位置に赤い複写線のプレビューが表示されます。

17 交差した線の角を作成しよう

交差コーナー

練習用ファイル　L17_交差コーナー.jww

続けて用紙左下の図の続きを作図します。[複線] コマンドで一点鎖線の長方形の各辺を内側に15mm平行複写し、角を作成して、長方形に整形しましょう。角の作成は [コーナー] コマンドで2本の線を指示します。

基本編　第2章　長さや角度を指定して作図しよう

🔍 キーワード

書込線	P.310
線色	P.311
線種	P.311

💡 使いこなしのヒント

ツールバーからも表示できる

[線属性] ダイアログボックスは、ツールバーの [線属性] バーをクリックすることでも表示されます。

線種と線色が表示されている箇所をクリックする

1 線色7の実線に変更する

レッスン16を参考に [線属性] 画面を表示しておく

1 [線色7] をクリック

2 [実線] をクリック

線属性

☐ SXF対応拡張線色・線種

線　色　1	✓ ——	実　　線
線　色　2	··········	点　線　1
線　色　3	- - - -	点　線　2
線　色　4	- · - ·	点　線　3
線　色　5	—— —	一点鎖1
線　色　6	— · — ·	一点鎖2
線　色　7	—— ——	二点鎖1
線　色　8	— ·· —	二点鎖2
補助線色	··········	補助線種

3 [OK] をクリック

Ok

①〜⑤キー:ランダム線　⑥〜⑨キー:倍長線種

キャンセル

2 垂直線、水平線を内側に複写する

レッスン14を参考に [複線間隔] を「15」にして垂直線、水平線を内側に複写する

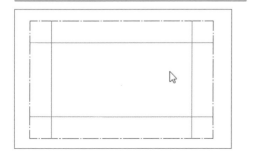

⏱ 時短ワザ

線色2の実線にすぐに変更するには

書込線を線色2の実線にする場合に限り、[線属性] バーを右クリックすることでも、線色2の実線に変更できます。

⚠ ここに注意

書込線の線色・線種の指定を間違えた場合、あるいは線色・線種を変更し忘れていることに気づいた場合は、[線属性] 画面を表示して、書込線の線色・線種を変更してください。違う線色・線種で作図した線は、[戻る] コマンドで取り消して作図し直してください。[線属性] 画面での書込線の変更は、作図・編集操作ではないため、[戻る] コマンドで取り消しされません。

3 コーナーを処理する

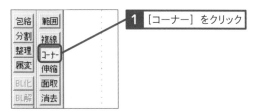

1 [コーナー] をクリック

2 上の水平線をクリック

3 左の垂直線をクリック

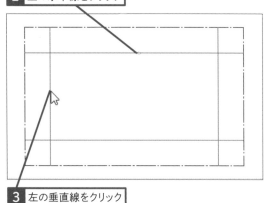

コーナー形状に
処理された

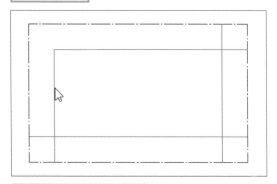

同様の手順で他の3つの角も
コーナーに変更する

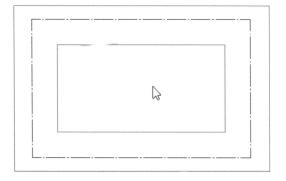

使いこなしのヒント

**[コーナー] はクリックした側の
線が残る**

[コーナー] コマンドでは、2本の線の交点に対し、クリックした側の線を残して角を作ります。交差する2本の線を指示するとき、その交点に対し、線を残す側でクリックしてください。

使いこなしのヒント

線はどちらからクリックしてもよい

2本の線をクリックする順序に決まりはありません。どちらを先にクリックしても結果は同じです。また、ここでは線と線をクリックして角を作成していますが、線と円弧、円弧と円弧をクリックして、角を作成することも可能です。

⚠ ここに注意

1本目の線をクリックすると、線が選択色に表示され、線のクリックした位置に水色の丸が仮表示されます。この丸が次にクリックする線との交点よりも残す側に表示されていることを確認してください。このクリック位置を間違えたことに途中で気づいた場合、あるいは残したい側が消えて角が作成された場合は、[戻る] をクリックして操作を取り消し、1本目をクリックするところからやり直してください。

18 外側にも長方形を作図しよう

分離コーナー

練習用ファイル　L18_分離コーナー.jww

続けて、一点鎖線の長方形から10mm外側にも長方形を作図します。レッスン17同様、[複線] コマンドと [コーナー] コマンドを使って作図しますが、[複線] コマンドの使い方で、レッスン17よりも手間を省いて作図できます。

基本編

第2章

長さや角度を指定して作図しよう

1 角を作成しながら平行複写する

レッスン14を参考に [複線] をクリックしておく

1 「10」と入力

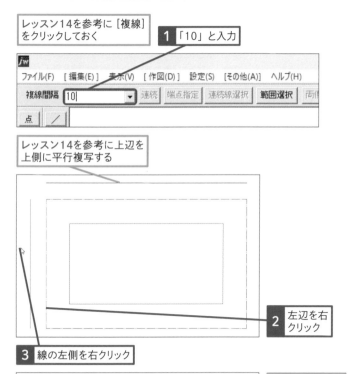

2 左辺を右クリック

3 線の左側を右クリック

レッスン14を参考に上辺を上側に平行複写する

1つ前に複写した線と角が作成された

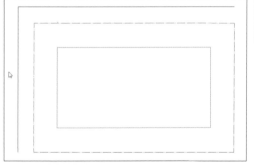

キーワード

一点鎖線	P.309
コマンド	P.310

使いこなしのヒント

操作メッセージを確認しよう

連続して複線を作図する場合、2本目以降の複線の作図方向を決めるときの操作メッセージには [前複線と連結　マウス(R)] が表示されます。作図方向の指定を右クリックで行うことで、1つ前の複線と今回の複線の交点に角を作成します。

画面右下の操作メッセージを確認する

複線方向を指示 マウス(L)、前複線と連結 マウス(R)	

ここに注意

作図方向指示時に誤ってクリックしたときは、[戻る] コマンドで取り消さずに、複線の作図完了後に [コーナー] コマンドで角を作ってください。[戻る] コマンドで取り消した場合、再度指示する次の複線は1本目の複線と見なされるため、作図方向指示を右クリックでしても、前に作図した複線との角を作ることはできません。

● 他の辺も複写する

同様の手順で下辺と右辺も
角を作成しながら複写する

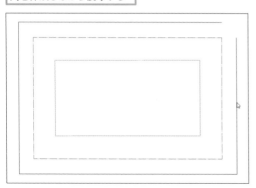

使いこなしのヒント

最初に複写した線には角が
作成されない

最初に複写した上辺と最後に複写した
右辺の角は自動的には作成されません。
[コーナー] コマンドを使って角を作りま
しょう。

最後の角は自動的に
作成されない

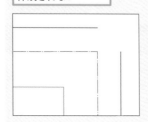

2 コーナーをつなげる

1 [コーナー] をクリック

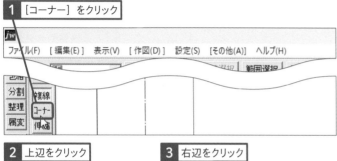

2 上辺をクリック   3 右辺をクリック

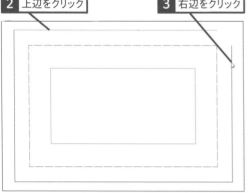

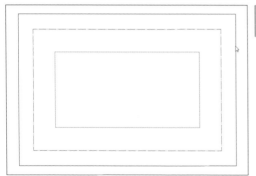

コーナーが
作成された

19 半径を指定して円を作ろう

半径の指定

練習用ファイル　L19_半径の指定.jww

用紙右下の図を拡大表示し、半径20mmの円を完成見本のように作図しましょう。指定半径の円は、［円］コマンドのコントロールバー［半径］ボックスに半径を指定することで作図します。

基本編

第2章

長さや角度を指定して作図しよう

1 線属性を変更する

1 ここを右クリック

線属性が［線色2］［実線］に切り替わった

中心点を指示してください (L)free (R)Read

🔍 **キーワード**

基準点	P.310
交点	P.310
コントロールバー	P.310

💡 **使いこなしのヒント**

［線色2］の［実線］にすぐに切り替えるには

［線属性］バーを右クリックすると、［線色2］の［実線］に切り替わります。

元の線種や線色に関わらず、右クリックすると［線色2］の［実線］になる

2 中央に半径20の円を描く

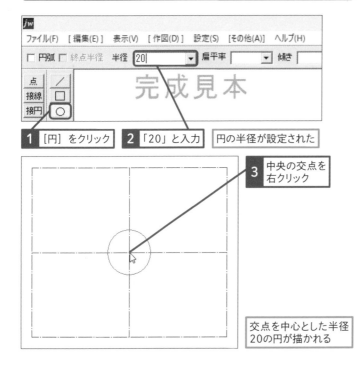

1 ［円］をクリック　2 「20」と入力　円の半径が設定された

3 中央の交点を右クリック

交点を中心とした半径20の円が描かれる

💡 **使いこなしのヒント**

半径は実寸mm単位で指定する

［円］コマンドのコントロールバー［半径］ボックスに実寸mm単位で半径を指定します。マウスポインターに指定半径の円がプレビュー表示されるので、円の作図位置をクリックまたは右クリックで指示して作図します。

3 基点を変更した円を描く

1 ここをクリック

半径 20 ▼ 扁平率 ▼ 傾き ▼ 左・上 ☐ 半円 ☐

円の基点が[左・上]に
変更された

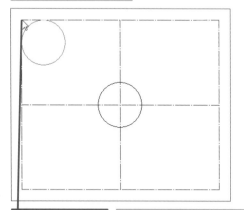

2 四角形の左上を
右クリック
四角形の上辺と左辺に接する
半径20の円が描かれる

3 ここをクリック

半径 20 ▼ 扁平率 ▼ 傾き ▼ 左・中 ☐ 半円 ☐

円の基点が[左・中]に
変更された

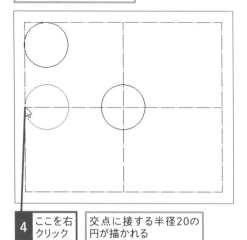

4 ここを右
クリック
交点に接する半径20の
円が描かれる

💡 使いこなしのヒント

円の基点の位置を覚えよう

プレビュー表示の円に対するマウスポインターの位置を[基点]と呼びます。コントロールバー[基点]ボタンをクリックする都度、左回りで下図の9カ所に基点が変更されます。右クリックすると右回りで変更されます。

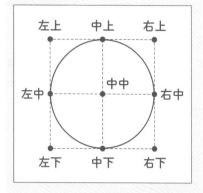

🔍 用語解説

基点

基準点と同じ意味で、基準となる点のことを指します。Jw_cadでは、[円]コマンドのほか、[文字]コマンドで文字を記入・移動する際の基準とする点や[移動][複写]コマンドで移動・複写する際の基準とする点などを「基点」と呼びます。

⏱ 時短ワザ

基点を変更する

[基点]ボタンをクリックする代わりに、Shift キーを押しながらスペースキーを押すことでも変更できます。

⌨ ショートカットキー

基点を変更する	Shift + space

レッスン 20

寸法を指定して長方形を作ろう

長方形の寸法指定

練習用ファイル　L20_長方形の指定.jww

基本編

第2章

長さや角度を指定して作図しよう

レッスン19に続けて、同じ図に横40mm、縦20mmの長方形を作図しましょう。[矩形]コマンドで、寸法を指定した長方形を作図する場合、長方形のどこを指示点に合わせるかを指示しますが、指示方法は円の場合とは異なります。

🔍 **キーワード**

基準点	P.310
コマンド	P.310
寸法	P.311

💡 **使いこなしのヒント**

長方形の基点を覚えよう

指定寸法の長方形は、[矩形]コマンドで、[寸法]ボックスに横寸法と縦寸法を[,](カンマ)で区切って入力することで作図します。はじめに長方形の基準点を合わせる位置を指示し、マウスポインターを移動してプレビュー表示の長方形の下図9か所のいずれかを指示した点に合わせてクリックして確定します。

1 左下角に長方形を作図する

1 [矩形]をクリック　　**2** 「40,20」と入力

四角形の横が「40」、縦が「20」に設定された

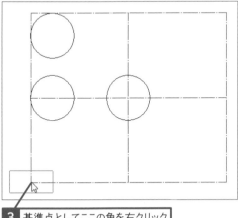

3 基準点としてここの角を右クリック

4 マウスカーソルを移動　　**5** 操作3の点に左下角をあわせてクリック

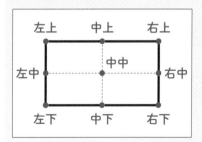

⏱ **時短ワザ**

「,」は「..」で代用できる

[寸法]ボックスに[40]のように1辺の長さを入力することで正方形の作図になります。また、2数を区切る[,](カンマ)は[..](ドット2つ)で、代用できます。

● 長方形を描画する

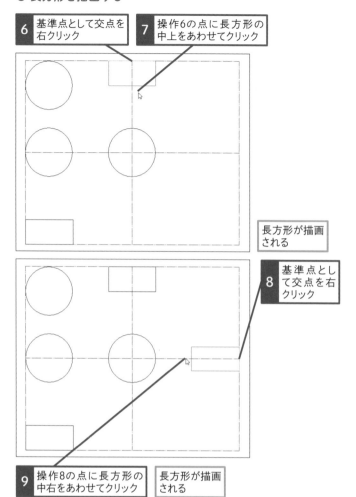

6 基準点として交点を右クリック

7 操作6の点に長方形の中上をあわせてクリック

長方形が描画される

8 基準点として交点を右クリック

9 操作8の点に長方形の中右をあわせてクリック

長方形が描画される

🔍 用語解説

矩形（くけい）

4つの角が直角の四角形、長方形のことです。Jw_cadの［矩形］コマンドは、長方形（正方形を含む）を作図するコマンドです。

👍 スキルアップ

任意サイズの長方形を作図するには

図面の一部を長方形の枠で囲みたい場合など、長方形の横、縦の寸法を入力せずに、その対角位置を指示して長方形を作図できます。

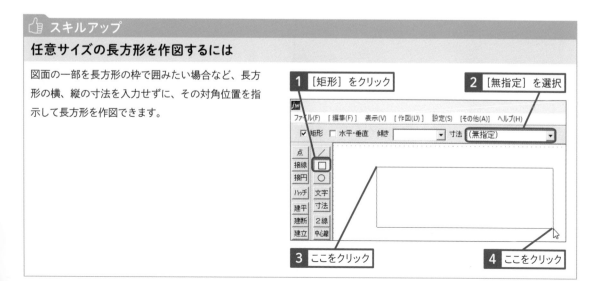

1 ［矩形］をクリック

2 ［無指定］を選択

3 ここをクリック

4 ここをクリック

レッスン
21 長さや幅を測定しよう

測定　　　　　　　　　　　　　　　　　　　練習用ファイル　L21_測定.jww

用紙左下の図を拡大し、作図した図の各部の長さや幅を測定してみましょう。図面上の長さや距離は、[測定] コマンドの [距離測定] で、2点を右クリックで指示することで測定できます。

1 長さを測定する

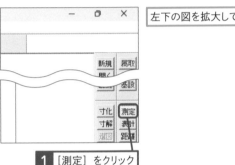

左下の図を拡大しておく

1 [測定] をクリック

2 ここをクリックして [【mm】/m] にする

3 [距離測定] をクリック

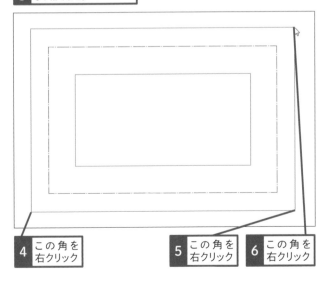

4 この角を右クリック

5 この角を右クリック

6 この角を右クリック

🔍 キーワード

コマンド	P.310
コントロールバー	P.310
ステータスバー	P.311

💡 使いこなしのヒント

測定単位を切り替えられる

コントロールバーの [mm/【m】] ボタンでは、測定の単位（mmとm）を切り替えます。【　】が付いている方が現在の測定単位です。

測定単位は画面上のステータスバーに「【　】」で囲んで表示される

⌨ ショートカットキー

[【mm】/m] を切り替える　　space

💡 使いこなしのヒント

測定結果はステータスバーに表示される

測定結果は、ステータスバーに表示されます。表示される測定単位はコントロールバーの [【mm】/m] ボタンで、小数点以下の桁数は、コントロールバー [小数桁] ボタンをクリックすることで切り替えできます。

● ステータスバーに表示された長さを確認する

左下角からの累計距離が表示された

次の点を指示してください (L)free (R)Read　S＝1／2 【 250.000mm 】 100mm

右下角から右上角までの距離が表示された

| 7 | [クリアー] をクリック |

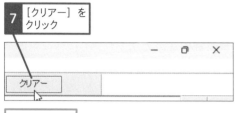

クリアー

測定モードが解除された

使いこなしのヒント

続けて右クリックして測定する

[距離測定]では、続けて点を右クリックすることで、直前の点からの距離と始めの点からの累計距離を測定します。他の個所を測定するには、コントロールバー[クリアー]ボタンをクリックします。

2 幅を測定する

jw
ファイル(F)　[編集(E)]　表示(V)　[作図(D)]　設定(S)　[その他(A)]　ヘルプ(H)

距離測定　面積測定　座標測定　角度測定　○単独円指定

| 1 | [座標測定] をクリック |

| 2 | この角を右クリック |

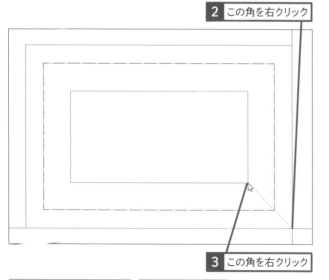

| 3 | この角を右クリック |

| 内側の長方形の右下角の相対座標が表示された | 数値が順に横と縦の幅を表している |

□　座標点を指示してください　(L)free (R)Read　S＝1／2 【 -25.000mm , 25.000mm 】

使いこなしのヒント

間隔を測定するには

[測定]コマンドには幅(間隔)を測定する機能はありませんが、この図面のように横(X方向)や縦(Y方向)の幅を知りたい場合は、[座標測定]で測定できます。

使いこなしのヒント

Jw_cadを終了するには

手順2の終了後にこの図面を保存する必要はありません。Jw_cadを終了するには、[×](閉じる)ボタンをクリックしてください。その際に[(ファイル名).jwwへの変更を保存しますか?]とメッセージウィンドウが表示されますが、[いいえ]ボタンをクリックすれば、保存せずに終了します。

この章のまとめ

［複線］［伸縮］をマスターしよう

この章では、指定寸法の図を作図するためには欠かせないコマンドや、長さ、角度の指定方法を学習しました。とりわけ、［複線］コマンドは、通り芯・壁芯などの基準線を作図する場合、基準線からの間隔を指定して壁や開口部の線を作図する場合など多用する機能ですので、確実に習得しましょう。また、線の太さを描き分けるための書込線の変更方法や作図した線の長さを揃える［伸縮］コマンド、角を作成する［コーナー］コマンドについても学習しました。どちらも線を残したい側でクリックするという約束事があることを覚えておいてください。

［複線］や［伸縮］などを使いこなすと複雑な図形を効率よく作図できる

図形の操作方法がたくさん出てきて、楽しかったです！

それは良かった♪どんどん操作に慣れていきましょう。

あっ！　大事な線が消えちゃった！

慌てなくても大丈夫です。［戻る］を使ってやり直せますよ。

基本編

第3章

家具の平面図を作図しよう

この章ではまず練習用図面ファイルを開き、これから作図する家具平面図の姿図部分を印刷します。この章では、これまでに学習した基本的な作図機能と新しく学習する機能を使って家具の平面図を作図しましょう。

選択と複写を使って平面図を作図しよう

実際に家具平面図を作図する過程で、これまでに学習した機能がどのように使われるのかを体験しましょう。CADでの作図では、同じ図を2度は描きません。1つ描いたら、複写して利用します。その方法についてもこの章で学習しましょう。

線と図形を組み合わせて平面図を作ろう

この章では平面図を作るんですね！
楽しみですー♪

ええーもう平面図って難しくないですか？
大丈夫かなあ…

大丈夫、第1章、第2章で学んだことの組み合わせでできますよ。
まずは印刷方法から学んでいきましょう。

図面の中から印刷範囲を選ぶ

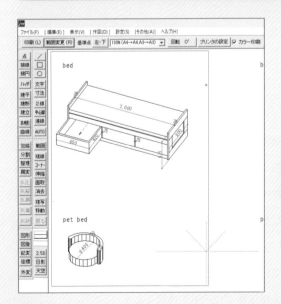

Jw_cadの画面では、1枚の紙の上に作図した内容を表現しています。「ページ」の概念はないので、一部を印刷したい場合は印刷範囲を選んで印刷します。

好きな部分だけ画面で選べるんですね！
わかりやすいかも♪

選択と複写をマスターしよう

CADの操作は「選択と複写」が大きなポイント！ 一度作った図は必ず複写して使います。正確に選択して、思ったとおりの場所に複写するコツを覚えましょう。

どんどん図面ができあがっていく…！
この操作、マスターしたいです！

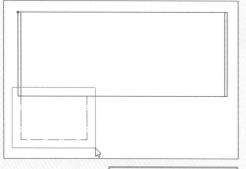

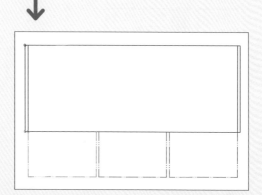

選択と複写を使いこなして
正確かつ素早く作図する

円弧の作図方法も覚えよう

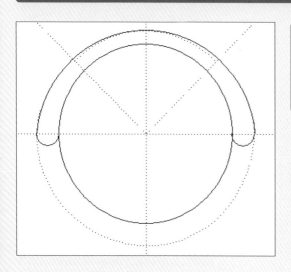

この章では円弧の描き方も学びます。いろいろな種類がありますので少しずつ学びましょう。

これ可愛いです！
円弧の組み合わせで
できるんですね♪

23 図面の左半分を印刷しよう

印刷 | 練習用ファイル L23_印刷.jww

このレッスンで使う練習用ファイルは、A3用紙サイズに作図されており、その左半分には、これから作図する家具の姿図と各部の寸法が作図されています。練習用ファイルを開き、その左半分を縦置きのA4用紙に印刷しましょう。

1 プリンターの設定をする

練習用ファイルを開いて全体を表示しておく

1 [ファイル] をクリック

2 [印刷] をクリック

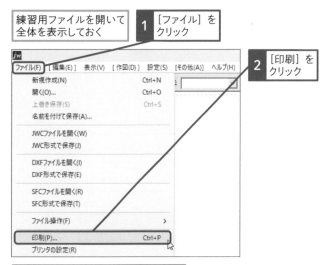

3 ここをクリックしてプリンターを選択

4 ここをクリックして [A4] を選択

5 ここをクリックして [縦] を選択

6 [OK] をクリック

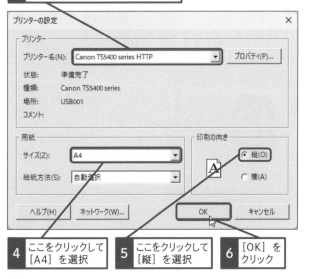

キーワード

印刷枠	P.309
コントロールバー	P.310
図面ファイル	P.311

使いこなしのヒント

印刷の設定情報は保存される

Jw_cadの図面ファイルには、図面保存時の印刷線幅の設定情報が収録されています。レッスン05で設定した [基本設定] 画面の [一般(1)] タブの [ファイル読込項目] 欄の [線色要素・線種パターン・点半径] にチェックマークが付いていれば、図面ファイルを開く際にその設定も読み込まれます。

時短ワザ

[印刷] をクリックしても実行できる

手順では [ファイル] メニューから操作していますが画面右のツールバーの [印刷] をクリックしても実行できます。

ツールバーの [印刷] をクリックすると [プリンターの設定] 画面が表示される

ショートカットキー

[プリンターの設定] 画面 Ctrl + P を表示する

2 印刷範囲を設定する

1 [カラー印刷] をクリックして
チェックマークを付ける

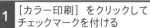

ルプ(H)

| 回転 0° | プリンタの設定 | ☑ カラー印刷 | 出力方法設定 | 枠書込 |

2 [範囲変更] をクリック

ファイル(F) [編集(E)] 表示(V) [作図(D)] 設定(S) [その他(A)] ヘルプ(H)

| 印刷 (L) | 範囲変更 (R) | 基準点 | 左・下 | 100%(A4→A4,A3→A3) ▼ | 回転 0 |

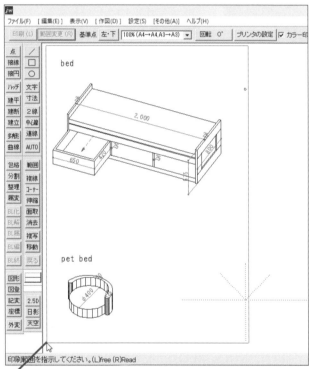

```
bed
2.000
pet bed
φ400
印刷範囲を指示してください。(L)free (R)Read
```

3 左側の姿図が印刷枠に
入る位置でクリック

4 [印刷] をクリック

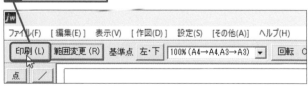

ファイル(F) [編集(E)] 表示(V) [作図(D)] 設定(S) [その他(A)] ヘルプ(H)

| 印刷 (L) | 範囲変更 (R) | 基準点 | 左・下 | 100%(A4→A4,A3→A3) ▼ | 回転 0 |
| 点 | / |

印刷が実行される

使いこなしのヒント

印刷枠は赤で表示される

手順1の操作6を実行すると縦置きのA4用紙の範囲を示す赤い印刷枠が表示されます。この印刷枠に入る範囲が印刷されます。印刷枠は、指定プリンターの印刷可能な範囲を示すため、プリンターの機種により大きさが異なります。このレッスンでは図面の左半分を印刷するため、コントロールバーの[範囲変更]ボタンをクリックして印刷枠を移動します。

使いこなしのヒント

印刷の線幅や色は変更できる

線色ごとの印刷線幅やカラー印刷時の印刷色は [基本設定] 画面の [色・画面] タブで変更できます。その方法については、レッスン56で学習します。

使いこなしのヒント

カラーで印刷する場合は
[カラー印刷] に設定する

[印刷] コマンド選択時には、作図画面の図面は印刷される色で表示されます。[カラー印刷] にチェックマークを付けていない場合はすべて黒で表示・印刷されます。ここでは、寸法部を赤で印刷したいため、[カラー印刷] にチェックマークを付けておきます。

⚠ ここに注意

コントロールバーに表示される [印刷 (L)] [範囲変更 (R)] の表記 (L) と (R) は、クリックと右クリックを示します。[印刷 (L)] ボタンをクリックせずに作図画面でクリックしても、図面が印刷されます。

24 ベッドの外形線を作図しよう

外形線　　　　　　　　　　　　　　　　　　練習用ファイル　L24_外形線.jww

用紙右上にベッド平面図の外形として、マットの長さ2000mmにヘッドボードの厚み25mmとフットボードの厚み25mmを足した長さ×幅800mmの長方形を作図し、そこからヘッドボードとフットボードの線を作図しましょう。

1 外形の長方形を作図する

レッスン16を参考に書込線を［線色2］［実線］にしておく

1 ［矩形］をクリック

2 「2000+25*2,800」と入力

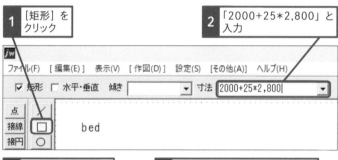

3 基準点として仮点を右クリック

4 プレビューの長方形の左上角が仮点に合う位置をクリック

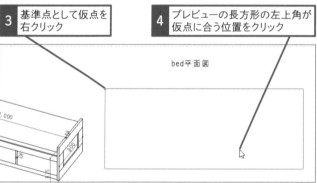

長方形が作成できた

キーワード

仮点	P.310
コントロールバー	P.310
ツールバー	P.312

使いこなしのヒント

数値入力ボックスに計算式を入力できる

コントロールバーの数値入力ボックスに計算式を入力することで、その計算結果を入力できます。ここでは、横寸法として、2000+25×2の計算結果を入力するため、［,］の前に［2000+25*2］を入力します。計算式の＋（プラス）と－（マイナス）はそのまま［+］と［－］を入力します。×（かける）は代わりに［*］（アスタリスク）を、÷（割る）は代わりに［/］（スラッシュ）を入力します。計算式の入力後、Enterキーを押す必要はありませんが、Enterキーを押した場合は、計算結果が表示されます。

Enterキーを押すと計算結果が表示される

寸法	2050 , 800

ここに注意

操作3の仮点が見えない場合はレッスン07を参考に、この周辺を拡大表示してください。

2 ヘッドボードとフットボードを作図する

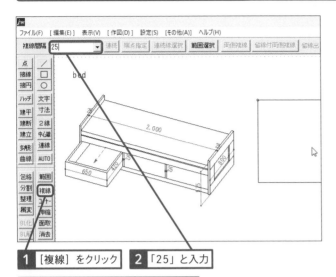

ファイルは適宜上書き保存しよう

ここで作図する家具平面図は、第5章で利用するため、この段階で一度、上書き保存します。以降、上書き保存の指示は記載しませんが、適宜上書き保存してください。上書き保存の方法は下の「スキルアップ」を参照してください。

1 [複線] をクリック   **2** 「25」と入力

3 レッスン14を参考に左辺と右辺を長方形の内側に複写

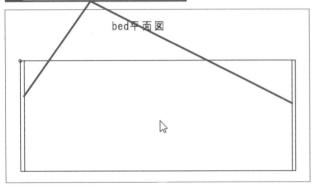

ベッドの外形線が作図できた

🔍 **用語解説**

上書き保存（うわがきほぞん）

既にあるファイルを開いて、変更を加えた後、同じ名前で保存することです。同じ名前で保存した場合、変更を加える前のファイルは上書きされて無くなります。

👍 **スキルアップ**

図面を上書き保存するには

ここまで作図した図面を上書き保存しましょう。上書き保存は、右側のツールバーの [上書] をクリックするか、あるいはメニューバー「ファイル」をクリックし、プルダウンメニューの [上書き保存] をクリックします。また、Ctrl キーを押したまま、S キーを押すことでも上書き保存できます。

1 [上書] をクリック

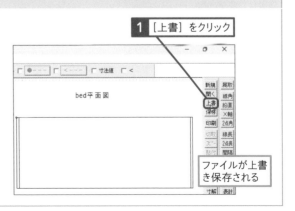

ファイルが上書き保存される

25 レッスン 引き出しを作図しよう

引き出しの作図 | 練習用ファイル L25_引き出し作図.jww

ベッド下には、引き出し収納があります。家具を部屋に配置する際、引き出しを最大限引き出した場合、どの程度のスペースが必要かを把握するため、引き出しを引き出した状態の外形線を［線色6］の［二点鎖線］で作図しましょう。

基本編 第3章 家具の平面図を作図しよう

1 書込線を設定する

レッスン16を参考に［線属性］画面を表示しておく

1 ［線色6］をクリック

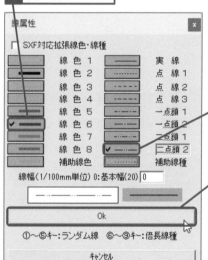

2 ［二点鎖2］をクリック

3 ［OK］をクリック

線属性が変更された

キーワード

印刷線幅	P.309
線色	P.311
線種	P.311

使いこなしのヒント

印刷する際の線幅はそれぞれ設定できる

［線色2］で作図したベッドの外形線よりも細い線で作図するため、［線色6］を選択します。線色ごとの印刷線幅は、［基本設定］画面の［色・画面］タブで指定・変更できます（レッスン56で紹介）。［線属性］画面でクリックした線色の印刷線幅は［線属性］画面の下部に表示された［線幅（1/100mm単位）0：基本幅］の後ろの（　）内の数値によって確認できます。この図面ファイルでは、［線色6］の基本幅は（20）と表示されるので、20÷100＝0.2mmに設定されていることが分かります。

使いこなしのヒント

線色、線種の使い分けを覚えよう

Jw_cadにおいて、線色は太線、中線、細線などの線の太さの区別で、加えてカラー印刷時の色の区別も兼ねます。線種の使い分けは、手描きの図面と同じです。形状や寸法線を描く実線、見えない部分の形状を表す隠れ線の破線（点線1・点線2・点線3）、中心線や基準線を示す一点鎖線（一点鎖1・一点鎖2）、想像線などに使う二点鎖線（二点鎖1・二点鎖2）が用意されています。

2 引き出しを作図する

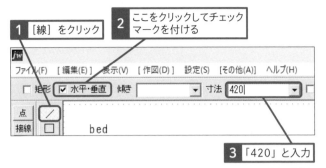

1 [線] をクリック

2 ここをクリックしてチェックマークを付ける

3 「420」と入力

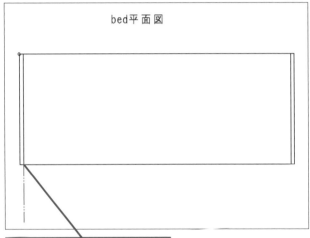

bed平面図

4 レッスン08を参考にこの端点を始点として垂直線を作成

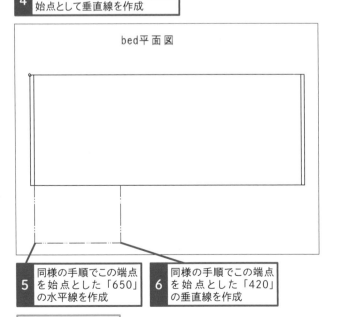

bed平面図

5 同様の手順でこの端点を始点とした「650」の水平線を作成

6 同様の手順でこの端点を始点とした「420」の垂直線を作成

引き出しが作図できた

使いこなしのヒント

入力した履歴が参照できる

前に入力した数値は、コントロールバー[寸法] ボックスの▼をクリックして表示される履歴リストからクリックで選択できます。

1 ここをクリック

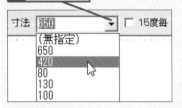

入力した履歴から選択できる

⚠ ここに注意

[寸法] に入力する長さを間違えたまま作図した場合は、[戻る] をクリックし、間違えて作図した線を取り消したうえで、[寸法] への入力からやり直してください。

使いこなしのヒント

3つある引き出しのうち1つだけ作図する

この章で作図するベッドには、同じ大きさの引き出しが3つあり、その1つ目をここで作図しました。残りの2つの引き出しは、次のレッスンで、ここで作図した引き出しを複写することで作図します。

26 引き出しを複写しよう

YouTube
動画で
見る
詳細は2ページへ

図の複写　　　　　　　　　　　　　　　　　練習用ファイル　L26_引き出し複写.jww

CADでの作図では、同じ図を2度描く必要はありません。残り2つの引き出しは、レッスン25で作図した引き出しを複写することで作図します。[範囲] コマンドで引き出しの線3本を操作対象として選択した後、[複写] コマンドで複写します。

🔍 キーワード

基準点	P.310
コマンド	P.310
終点	P.310

💡 使いこなしのヒント

選択枠からはみ出している線は除外される

[範囲]コマンドでは、選択枠で囲むことで、複写の対象を選択します。このとき終点は右クリックしてください。選択枠に全体が入る線が選択されて、選択色(ピンク)になります。ベッドの外形線のように、選択枠からはみ出している線は選択されません。

1 引き出しを選択する

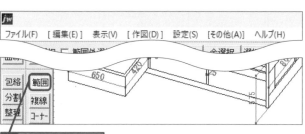

1 [範囲] をクリック

2 選択したい範囲の左上でクリック

3 表示される選択枠に3本の線が入るように囲み右クリック

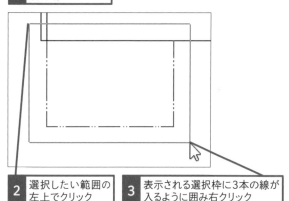

引き出しが選択され、自動的に決められた基準点に点が表示される

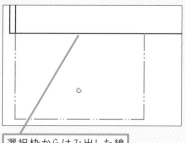

選択枠からはみ出した線は選択されない

💡 使いこなしのヒント

選択枠の終点は右クリックで指定する

選択枠の終点は、右クリックと覚えておきましょう。この図ではクリック、右クリックいずれでも同じですが、文字を対象に含む場合にはクリックでは文字を選択できません。

2 引き出しを複写する

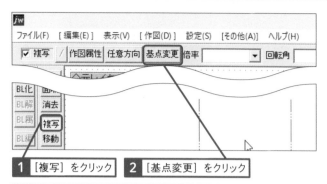

1 [複写] をクリック

2 [基点変更] をクリック

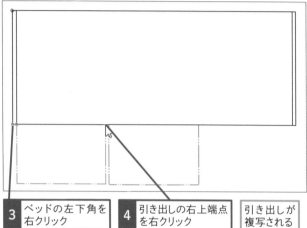

3 ベッドの左下角を右クリック

4 引き出しの右上端点を右クリック

引き出しが複写される

5 [連続] をクリック

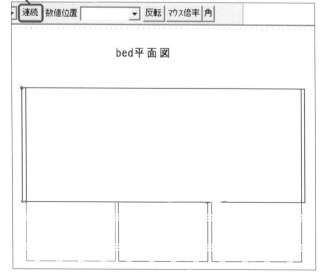

bed平面図

同じ間隔で右側に引き出しが複写された

使いこなしのヒント

基準点を変更する

[複写] コマンドを選択すると、自動的に決められた基準点にマウスポインターを合わせ、引き出しが赤でプレビュー表示されます。この自動的に決められた基準点では正確な位置に複写できないため、手順2の操作2〜3を行い、基準点を変更します。ここでは、ヘッドボードの厚みと引き出し間の間隔が同じ25mmのため、基準点をベッドの左下角にします。

使いこなしのヒント

連続して複写できる

他のコマンドを選択するまでは、次の複写先を指示することで同じ複写対象（選択色で表示）を続けて複写できます。また、コントロールバーの [連続] ボタンをクリックすると、同じ複写対象を同方向、同距離にクリックした回数分、連続して複写できます。複写が完了したら、[線] コマンドを選択して [複写] コマンドを終了しましょう。

[線] をクリックして [複写] を終了する

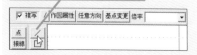

レッスン 27 補助線で円弧を作成しよう

補助線

練習用ファイル　L27_補助線.jww

このレッスンではペット用ベッドを作図します。はじめに中心の半径200mmの円を作図します。続けて、外側の円弧を作図するために必要な点を作成するための補助として、印刷されない補助線種で2つの円弧を作図しましょう。

基本編
第3章　家具の平面図を作図しよう

🔍 キーワード

始点	P.310
終点	P.310
補助線種	P.313

💡 使いこなしのヒント

補助線種は印刷されない

[線属性]画面の補助線種は、印刷されない線種です。作図補助のための線や円を作図する際に利用します。

1 実線で円を作図する

レッスン16を参考に書込線を線色2の実線に変更しておく

1 [円]をクリック　　2 「200」と入力

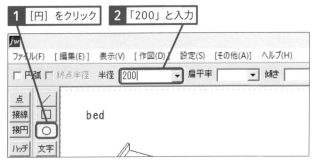

3 補助線の交点をクリック

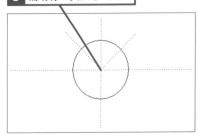

半径200の円が作図できた

2 書込線を補助線種にする

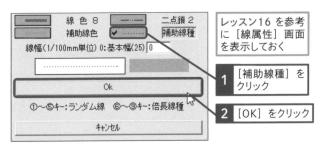

レッスン16を参考に[線属性]画面を表示しておく

1 [補助線種]をクリック

2 [OK]をクリック

💡 使いこなしのヒント

円弧は「中心点」「始点」「終点」の順に指示する

手順3でコントロールバーの[円弧]にチェックマークを付けると円弧の作図になります。[半径]ボックスに半径を入力すると、マウスポインターに指定半径の円がプレビュー表示されるので、作図位置(ここでは円弧の中心点)を指示し、その後で円弧の始点と終点を指示します。

3 補助線で円弧を作図する

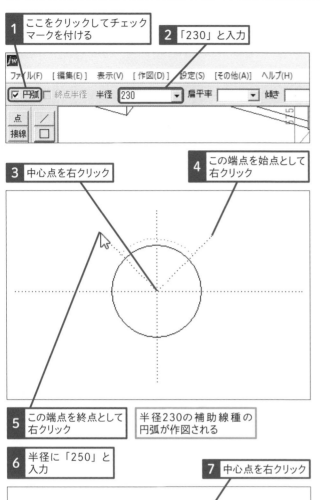

| 1 | ここをクリックしてチェックマークを付ける |

| 2 | 「230」と入力 |

ファイル(F) [編集(E)] 表示(V) [作図(D)] 設定(S) [その他(A)] ヘルプ(H)

☑円弧 □終点半径 半径 230 ▼ 扁平率 ▼ 傾き

点 / 接線 □

| 3 | 中心点を右クリック |

| 4 | この端点を始点として右クリック |

| 5 | この端点を終点として右クリック |

半径230の補助線種の円弧が作図される

| 6 | 半径に「250」と入力 |

| 7 | 中心点を右クリック |

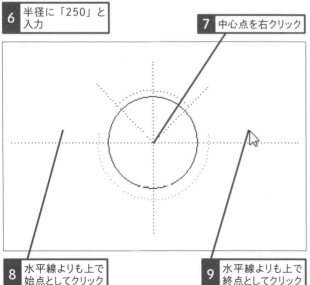

| 8 | 水平線よりも上で始点としてクリック |

| 9 | 水平線よりも上で終点としてクリック |

同じ中心点の半径250の補助線種の円弧が作図された

⏱ 時短ワザ

[円弧]のチェックマークを素早く切り替える

コントロールバー[円弧]のチェックマークの有無は、space キーを押すことでも切り替えできます。

💡 使いこなしのヒント

数値を入力せずに円弧を作図できる

コントロールバー[半径]ボックスに数値を入力していない場合も操作手順は同じです。その場合、手順2の操作3の中心点と操作4の円弧の始点間の距離が作図する円弧の半径になります。

💡 使いこなしのヒント

円弧の作図に限り右回りでも指示ができる

円周上の2点を指示する場合、始点→終点は左回り（反時計回り）で指示することが原則ですが、円弧の作図に限り、左回り、右回りのいずれでも指示が可能です。手順3の操作4と操作5の順序や、操作8と操作9の順序を逆にしても、指示した始点から円弧を作図する方向にマウスポインターを移動して終点を指示すれば同じ円弧を作図できます。

28 中心点を指示せずに円弧を作図しよう

3点指示

練習用ファイル　L28_3点指示.jww

中心点を指示しなくとも、円周上の何点かを指示することで、円弧を作図できます。ここでは、レッスン27で作図した補助線の交点を利用して、指示した3点を通る円弧や半円を作図しましょう。

基本編

第3章

家具の平面図を作図しよう

🔍 キーワード

書込線	P.310
始点	P.310
終点	P.310

💡 使いこなしのヒント

作図前に書込線を変更しておく

作図前に書込線を変更するのを忘れないようにしましょう。[線属性] バーを右クリックすることで、[線色2] の [実線] になります。

1 3点指示で円弧を作図する

レッスン27を参考に [円] をクリックしておく

レッスン16を参考に書込線を [線色2] [実線] にしておく

1 ここをクリックしてチェックマークを付ける

```
ヘルプ(H)
傾き [          ▼] 中・中 □ 半円 ☑ 3点指示 多重円 [      ▼]
```

```
ファイル(F)  [編集(E)]  表示(V)  [作図(D)]  設定(S)  [その他(A)]  ヘルプ(H)
☑ 円弧 □ 終点半径  半径 [(無指定)] ▼ 扁平率 [      ▼] 傾き
```

2 ここをクリックして [無指定] を選択

3 始点として水平線左の補助線の交点を右クリック

4 終点として水平線右の補助線の交点を右クリック

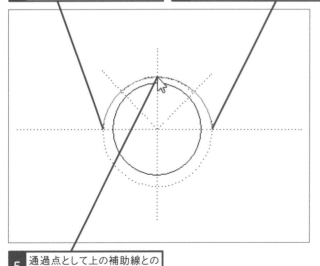

5 通過点として上の補助線との交点を右クリック

1 ここを右クリック

[線色2] の [実線] に設定された

💡 使いこなしのヒント

始点と終点、通過点を指示する

コントロールバー [円弧] と [3点指示] にチェックマークを付け、始点・終点・通過点の3点を順に指示することで、円弧を作図できます。

● 描画結果を確認する

円弧を作図できた

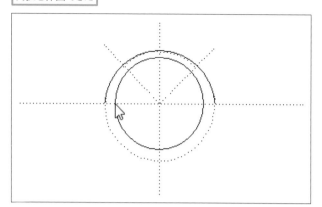

2 破線で半円を作図する

| 1 | ここをクリックしてチェックマークを付ける |

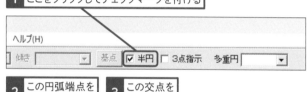

| 2 | この円弧端点を右クリック | | 3 | この交点を右クリック |

| 4 | 半円が下向きになるように水平線より下でクリック |

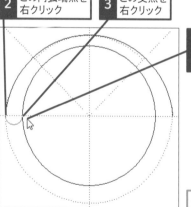

半円が作図される

同様の手順で右側にも半円を作図する

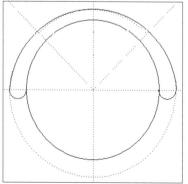

図面を上書き保存しておく

☀ 使いこなしのヒント

3点を通る円も作図できる

コントロールバー[円弧]にチェックマークを付けずに[3点指示]にチェックマークを付けた場合には、指示する3点を通る円を作図します。

☀ 使いこなしのヒント

2点を通る半円も作図できる

コントロールバー[半円]にチェックマークを付けると、指示した2点を直径とする半円を作図します。

手順2操作2 ～ 3で指示した2点を通る円弧を作図した

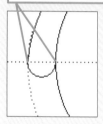

☀ 使いこなしのヒント

作図した結果を第5章で使う

この章で作図したベッドとペット用ベッドは、第5章で部屋の平面図に家具を配置する際に利用します。手順2の操作後に保存し忘れても、第5章で練習用ファイルとして、これらの完成図が用意されているので心配ありません。

この章のまとめ

［範囲］でまとめて作業しよう

この章では、家具の平面図の作図を通して、基本的な作図操作の復習をしながら、複数の線・円をまとめて複写する方法や様々な円弧の描き方などを学習しました。

［範囲］コマンドで、複数の線・円を選択する方法は、複写に限らず、移動や線色・線種の変更、複数の線・円をまとめて消す場合などにも共通する方法です。しっかり覚えてください。

また、ここで作図した家具平面図は、第5章のレッスンで用意されている部屋平面図に家具をレイアウトする際に利用します。

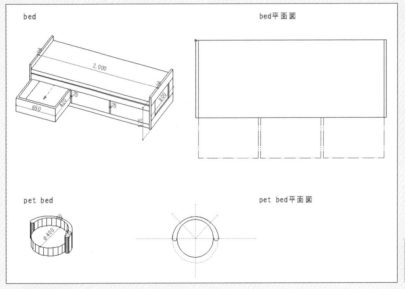

bed

bed平面図

2,000

650

pet bed

pet bed平面図

φ400

> ベッド平面図、ペット用ベッド平面図は第5章のレッスンでも使用する

範囲選択がなかなか……こう、ガーッとできないんですねえ。

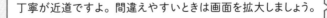
丁寧が近道ですよ。間違えやすいときは画面を拡大しましょう。

平面図がすぐにできてびっくりしました！

基本操作はマスターできたみたいですね。次の章では文字や寸法の記入を学びましょう！

基本編

第4章

文字や寸法を書き入れよう

練習用ファイルを開き、[文字] コマンド、[寸法] コマンドを使って、図面上に文字や寸法を記入する方法を学習します。記入する文字や寸法の大きさ・線色の決め方は、線や円の作図の場合とは異なります。

29

文字と寸法の操作を覚えよう

練習用ファイルを開き、[文字] コマンドで文字の記入を、[寸法] コマンドで寸法の記入を行います。文字の大きさの決め方や、寸法の線色・寸法値の大きさの決め方は、ここまで作図してきた線や円の場合とは異なります。

基本編 第4章 文字や寸法を書き入れよう

文字と寸法の基本操作を学ぶ

この章は寸法ですね、先生。いよいよCADソフトっぽくなってきましたねー。

ええ、図面には欠かせない寸法と、文字の記入方法を学びます。設定すれば自動で記入されるので便利ですよ。

文字の大きさは「文字種」で決まる

線の太さは書込線色で決まりますが、文字の大きさは書込文字種で決まります。実寸で指定する線や円とは異なり、印刷される大きさである「図寸」で指定します。

書込み文字種変更				✕
OK			キャンセル	

フォント　[MS ゴシック ▼]　☑ フォント読取

□ 斜体　　□ 太字　　□ 角度継続

	幅	高さ	間隔	色No.	使用数
○ 任意サイズ	3.5	3.5	0.00	2 ▼	--
○ 文字種[1]	2.0	2.0	0.00	(1)	--
◉ 文字種[2]	2.5	2.5	0.00	(1)	2
○ 文字種[3]	3.0	3.0	0.50	(2)	--
○ 文字種[4]	4.0	4.0	0.50	(2)	--
○ 文字種[5]	5.0	5.0	0.50	(2)	--

寸法の設定は［寸法設定］でまとめて行う

そして寸法の線色や大きさは［寸法設定］画面で
まとめて設定します。一度設定しておけば、寸法を
記入するときに自動的に反映されますよ。

最初にきちんと設定すれば、そのまま使い回せる
んですね。しっかりチェックします！

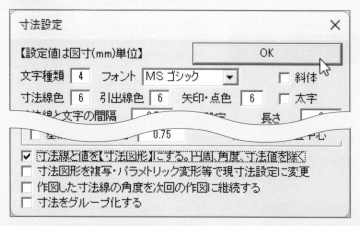

寸法図形についても学ぼう

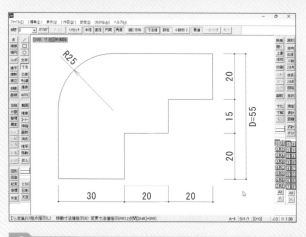

寸法線と寸法値がセットになっ
たものを「寸法図形」と呼び
ます。通常の図形とは異なる
点があるので、ここで確認して
おきましょう。

👍 スキルアップ

図寸とは

作図する線の長さ、円の半径などは、実寸（mm）で
指定します。それに対し、文字の大きさなどの設定は、
印刷する大きさ（図寸mm）で指定します。実寸で半
径100mmの円は、縮尺によって、印刷される大きさ
が異なりますが、図寸で幅20mmの文字は縮尺に関
わりなく、同じ大きさで印刷されます。

30 図面に文字を書き入れよう

書込文字種　　　　　　　　　　　　　　練習用ファイル　L30_書込文字種.jww

練習用ファイルの左上の枠部分を拡大表示し、2.5mm角の大きさで表題の文字 [図面] と [尺度] を記入しましょう。文字の大きさは、[文字] コマンドの [書込文字種] ボタンをクリックして指定します。

1 書込文字種を設定する

左上の図面を表示しておく

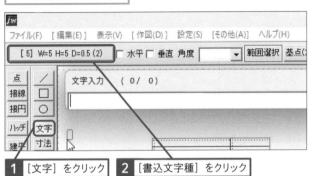

1 [文字] をクリック　　**2** [書込文字種] をクリック

[書込み文字種変更] 画面が表示された

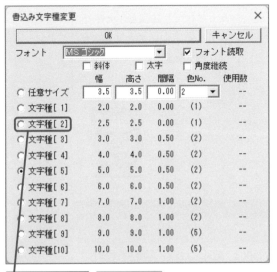

3 ここをクリック　　画面が閉じる

キーワード

文字種	P.313
文字色	P.313
文字列	P.313

使いこなしのヒント

文字種の大きさと色で表示される

文字は、記入時の書込文字種の大きさと色で記入されます。コントロールバー [書込文字種] ボタンをクリックして開く [書込み文字種変更] 画面で、書込文字種を変更できます。

使いこなしのヒント

文字は10種類と任意サイズから設定できる

文字の種類は、文字サイズが固定された [文字種1] 〜 [文字種10] の10種類と、都度サイズを指定して記入できる [任意サイズ] があります。文字のサイズを決める [幅] [高さ] [間隔] は、図面の縮尺にかかわらず、実際に印刷される幅・高さ・間隔 (mm) で指定します。ここでは、幅・高さが2.5mmの [文字種2] を選択します。

用語解説

図寸（ずすん）

図面の縮尺によって実際に印刷される大きさが変化する [実寸] に対し、文字のサイズ指定のような縮尺に左右されない寸法をJw_cadでは [図寸（または図面寸法）] と呼びます。

2 文字を記入する

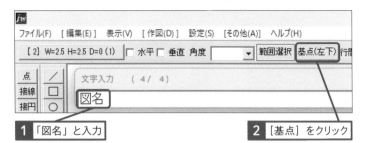

1 「図名」と入力

2 [基点] をクリック

[文字基点設定] 画面が
表示された

3 [左上] をクリック

画面が閉じる

4 補助線の交点を
右クリック

文字が書き
込まれた

3 続けて文字を記入する

1 「尺度」と入力

2 補助線の交点を
右クリック

文字が書き
込まれる

使いこなしのヒント

文字を入力してから位置を指示する

[文字入力] ボックスに文字を入力し、記入位置を指示することで、書込文字種で文字を記入します。

使いこなしのヒント

基点は9箇所から選択できる

[文字入力] ボックスに文字を入力すると、入力した文字の大きさを示す外形枠がマウスポインターにプレビュー表示されます。外形枠に対するマウスポインターの位置を [基点] と呼びます。文字の基点は、[文字基点設定] 画面で、下図の9箇所から選択できます。

使いこなしのヒント

文字の最小単位を [文字列] と呼ぶ

手順2の操作4で右クリックした交点に左上を合わせて「図名」が記入されます。記入した「図名」が文字を扱う上での最小単位となります。Jw_cadでは、この最小単位を [文字列] と呼びます。

31 指示位置からずらして記入しよう

ずれ使用　　　　　　　　　　　　　　　　　　　練習用ファイル　L31_ずれ使用.jww

レッスン30に続けて、表の図名欄と尺度欄に4mm角の［平面図］
［1:10］を記入します。ここでは、［文字基点設定］の［ずれ使用］
を利用して、枠の右下角から左と上に1mmずらした位置に文字列
の右下角が位置するように記入します。

🔍 キーワード

基準点	P.310
文字種	P.313

💡 使いこなしのヒント

基点からずらした箇所に文字を配置できる

［文字基点設定］画面の［ずれ使用］に
チェックマークを付けることで、基点から
［縦ずれ］［横ずれ］ボックスで指定した
数値分離れた位置がマウスポインターの
位置になります。ここでは、基準点として
［右下］を選択するため、縦ずれ［-1］（文
字外形枠から下に1mm）、横ずれ［1］（文
字外形枠から右に1mm）の位置がマウス
ポインターの位置になります。

1 文字の位置をずらす設定をする

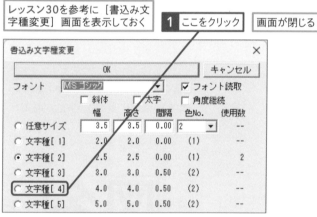

レッスン30を参考に［書込み文
字種変更］画面を表示しておく

1 ここをクリック　　画面が閉じる

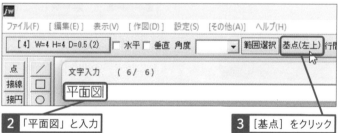

2 「平面図」と入力

3 ［基点］をクリック

⚠️ ここに注意

［書込み文字種変更］画面で［文字種4］
をクリックすると同時に、書込文字種が[文
字種4］に確定して［書込み文字種変更］
画面が閉じます。

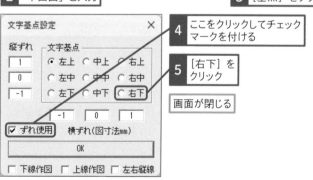

4 ここをクリックしてチェック
マークを付ける

5 ［右下］を
クリック

画面が閉じる

⚠️ ここに注意

［文字基点設定］画面で［右下］をクリッ
クすると同時に、基点が右下に確定して
［文字基点設定］画面が閉じます。

2 文字の位置を指定する

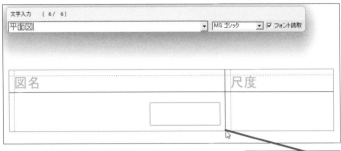

1 この点をクリック

図名の欄に「平面図」と
記入された

2 「1:10」と入力

3 この角をクリック

尺度の欄に「1:10」と
記入された

使いこなしのヒント

**クリックした位置からずれて
記入されることを確認しよう**

[ずれ使用] にチェックマークを付けずに
手順2の操作1で右クリックすると、その
点に文字「平面図」の右下を合わせて記
入されます。ここでは [ずれ使用] を指
定したため、手順2の操作1で右クリック
した点から左に図寸1mm、上に図寸1mm
の位置に、文字「平面図」の右下を合わ
せて記入されます。

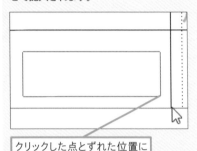

クリックした点とずれた位置に
文字が記入される

ここに注意

手順2の操作1で誤ってクリックしたり、
違う点を右クリックしたりした場合は、[戻
る] をクリックして記入した文字を取り消
し、文字の記入をやり直してください。取
り消した直後であれば、[文字入力] ボッ
クスの▼をクリックして表示される履歴リ
ストに、直前に取り消した文字が表示さ
れ、そこから選択して入力できます。

32 斜線上に文字を記入しよう

線角　　　　　　　　　　　　　　　　　　　　練習用ファイル　L32_線角.jww

用紙上中央の斜線上に文字を記入しましょう。文字を傾けて記入するには、コントロールバー［角度］ボックスに角度を入力します。作図済みの斜線の角度が不明な場合、［線角］コマンドで、斜線の角度を［角度］ボックスに取得します。

🔍 キーワード

コマンド	P.310
コントロールバー	P.310

💡 使いこなしのヒント

図面上の線の角度を取得できる

［線角］（線角度取得）コマンドを選択すると、作図画面左上に「線角度」と表示され、図面上の線をクリックすることで、選択コマンドの角度入力ボックスに、その角度を取得（自動入力）します。この機能は、［文字］コマンドに限らず、角度入力ボックスのあるコマンドで共通して利用できます。

［線角］の実行中は左上に
［線角度］と表示される

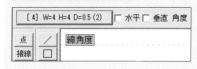

1 文字の記入角度を指定する

中央の斜線を表示しておく　　　**1** 「境界線」と入力

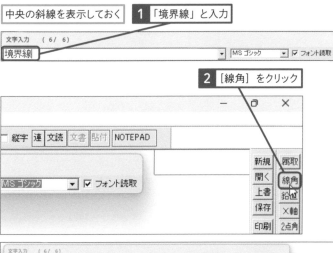

2 ［線角］をクリック

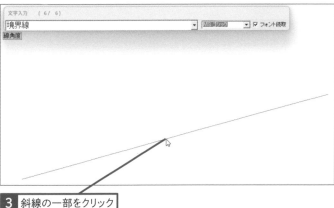

3 斜線の一部をクリック

4 角度が取得されたことを確認

💡 使いこなしのヒント

斜線のどこをクリックしてもよい

［線角］で斜線をクリックする位置は、どの位置でも同じです。付近に他の線がある場合は、確実に目的とする斜線をクリックできる位置でクリックしてください。

2 文字の位置を指定する

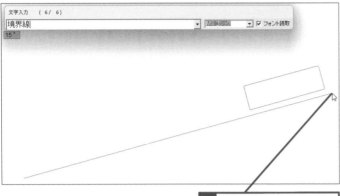

1 斜線の右端点を右クリック

文字が記入された

💡 使いこなしのヒント

文字外形枠が自動で傾く

手順1の操作3でクリックした斜線の角度がコントロールバー[角度]ボックスに入ります。マウスポインターにプレビュー表示されていた文字外形枠もその角度に傾きます。

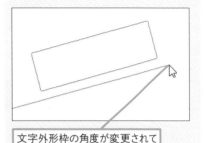

文字外形枠の角度が変更されてプレビュー表示される

👍 スキルアップ

縦書きの文字を指定するには

文字の記入角度は、コントロールバーの[角度]ボックスおよび[水平][垂直]のチェックボックスで指定します。[垂直]にチェックマークを付けると文字の向きは変わらず、文字の配置が垂直に変更されます。[垂直]と[縦字]にチェックマークを付けると、文字の向きも変更されて縦位置に記入されます。

[垂直]のみの場合は文字の向きは変わらない

[行間]の右側の[縦字]をクリックしてチェックマークを付けると文字も縦位置になる

レッスン 33 円の中心に文字を記入しよう

文字の書式

練習用ファイル　L33_文字の書式.jww

用紙上右の円の中心に、20mm角の文字を記入します。既存の文字種にない大きさの文字は［任意サイズ］を利用します。また、右クリックで読取りできる点がない円の中心を指示するには［中心点取得］コマンドを利用します。

基本編 第4章 文字や寸法を書き入れよう

1 任意の文字に設定する

レッスン30を参考に［書込み文字種変更］画面を表示しておく

1 ［任意サイズ］をクリックしてチェックマークを付ける

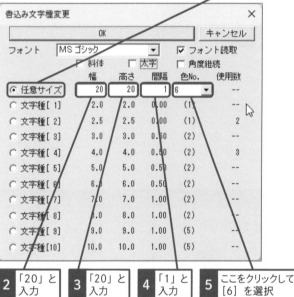

2 「20」と入力

3 「20」と入力

4 「1」と入力

5 ここをクリックして［6］を選択

6 ここをクリック

7 ［MS明朝］を選択

8 ［OK］をクリック

キーワード

コントロールバー	P.310
線色	P.311
文字種	P.313

使いこなしのヒント

数値で文字のサイズを指定する

あらかじめ用意されている［文字種1］～［文字種10］にない大きさの文字は、［任意サイズ］を選択し、［幅］［高さ］［間隔］ボックスに数値を図寸mmで入力することで指定します。［色No.］は線色番号を選択します。［9］は印刷されない補助色です。線色と同様、画面上の表示色とカラー印刷時の印刷色の区別です。ただし、文字の太さには関係ありません。文字の太さを決めるのは［フォント］と［太字］のチェックです。

使いこなしのヒント

環境によって選択可能なフォントが違う

操作6でパソコンにセットされている日本語TrueTypeフォントがリスト表示され、選択できます。そのため、パソコンによって表示されるフォントが異なります。また、それ以外の欧文フォントなどは選択できません。

ここに注意

フォント名に［P］の付いたプロポーショナルフォントを選択した場合、文字の間隔やバランスが指定どおりにならない場合があるのでご注意ください。

2　円の中央に記入する

右側の円を表示しておく

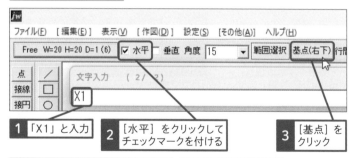

| 1 「X1」と入力 | 2 [水平] をクリックして
チェックマークを付ける | 3 [基点] を
クリック |

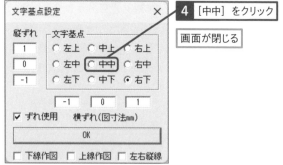

4 [中中] をクリック

画面が閉じる

5 [設定] をクリック

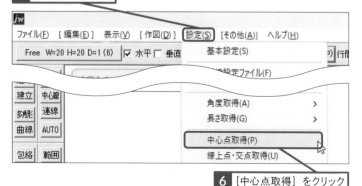

6 [中心点取得] をクリック

7 円をクリック

円の中央に文字を
記入できた

使いこなしのヒント

[水平] [垂直] が優先される

コントロールバーの [水平]（または [垂直]）にチェックマークを付けると、[角度] ボックスに入力されている角度は無視され、水平（または垂直）に文字を記入します。

使いこなしのヒント

円の中心点を取得するには

文字の基点を [中中] に設定しましたが、円の中心には右クリックで読取りできる点はありません。[中心点取得] コマンドを選択し、文字の記入位置として円をクリックすることで、円の中心点を指示したことになります。

使いこなしのヒント

[中心点取得] は他の操作でも使用できる

[中心点取得] コマンドは、[文字] コマンドに限らず、他のコマンドでの点指示時にも共通して利用できます。[中心点取得] コマンドを選択後、図面上の線をクリックした場合には、線の中点を読取り点指示します。

レッスン 34 文字を修正しよう

文字の修正　　　　　　　　　　　　　　　**練習用ファイル** L34_文字の修正.jww

ここでは、用紙左上や中上にレッスン30、31で記入した文字を使って、記入済みの文字の移動や書き換えをする方法を学習します。文字の移動、書き換えともに［文字］コマンドで図面上の文字をクリックすることで行います。

🔍 キーワード

コマンド	P.310
コントロールバー	P.310

1 文字の位置を変更する

左上の図面を表示しておく	1 文字をクリック	文字が選択された

図名	尺度
平面図	1:10

文字基点設定

レッスン30を参考に［文字基点設定］画面を表示しておく

縦ずれ
1
0
-1

文字基点
○ 左上　● 中上　○ 右上
○ 左中　● 中中　○ 右中
○ 左下　○ 中下　○ 右下

2 ［左下］をクリック

-1　　0　　1

☑ ずれ使用　横ずれ（図寸法mm）

OK

□ 下線作図　□ 上線作図　□ 左右縦線

図名	尺度
平面図	1:10

3 この角を右クリック　　　　　文字が移動した

同様の手順で「1:10」も移動しておく

図名	尺度
平面図	1:10

💡 使いこなしのヒント

文字の移動や書き換えをするには

［文字］コマンドで、［文字入力］ボックスに文字を入力せずに図面上の文字をクリックすると、文字の移動や書き換えができます。

文字入力ボックスにはクリックした文字が表示される

文字変更・移動　（ 0/ 6）
平面図

図名
平面図

💡 使いこなしのヒント

文字の基点を変更する

図面上の文字をクリックすると、マウスポインターに現在の文字基点で文字の外形枠が表示されます。レッスン33から続けて操作を行っている場合は、文字基点は［中中］です。ここでは、図面欄の先頭に文字を移動するため、文字の基点を［左下］に変更したうえで、移動先を指示します。

2 文字を書き換える

中央の斜線を表示しておく

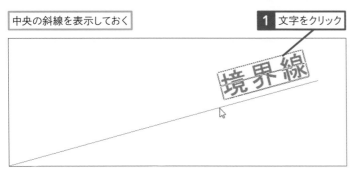

1 文字をクリック

2 「隣地境界線」と入力

3 ［基点］をクリック

現在の基点（左下）を基準に書き換え後の
文字外形枠がプレビュー表示される

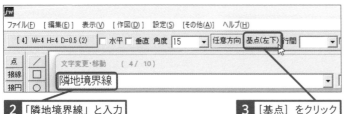

4 ［右下］をクリック

文字基点設定

縦ずれ	文字基点		
1	○ 左上	○ 中上	○ 右上
0	○ 左中	○ 中中	○ 右中
-1	● 左下	○ 中下	○ 右下

5 Enter キーを押す

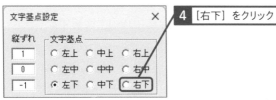

基点（右下）を基準に文字が修正できた

使いこなしのヒント

文字を書き換えるには

記入済みの文字の内容を書き換える場合
も、移動と同様に書き換え対象の文字を
クリックします。［文字入力］画面のタイ
トルが［文字変更・移動］になり、文字
入力ボックスには［境界線］が色反転し
て表示されます。また、マウスポインター
には、現在の基点（左下）で文字外形枠
が仮表示されます。

使いこなしのヒント

文字数によっては基点がずれる

［文字変更・移動］画面の［境界線］を［隣
地境界線］にすると、現在の基点（左下）
を基準に書き換え後の文字外形枠がプレ
ビュー表示されます。文字の書き換えは、
コントロールバーの基点を基準とするた
め、書き換え前後で文字数が異なる場合
には、文字の位置がずれてしまいます。
必要に応じて、書き換えを確定する前に
基点を変更します。

使いこなしのヒント

Enter キーで書き換えが確定する

Enter キーを押すことで、文字の書き換
えが確定します。また、Enter キーを押
さずに、図面上の別の位置を指示すると
文字の書き換えと移動が同時に行えます。

レッスン 35 寸法を記入しよう

YouTube
動画で
見る
詳細は2ページへ

寸法の記入

練習用ファイル　L35_寸法の記入.jww

用紙の左下の図の下側に、水平方向の寸法を記入しましょう。寸法補助線（引出線）には2タイプあり、コントロールバーの［=］［-］ボタンで切り替えます。ここではタイプ［-］で、寸法端部を矢印に設定して記入しましょう。

基本編

第4章

文字や寸法を書き入れよう

1 寸法線の設定をする

左下の図面を表示しておく

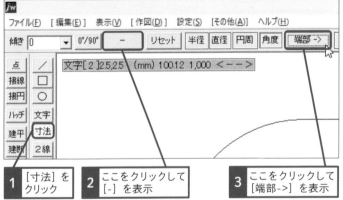

1	［寸法］をクリック
2	ここをクリックして［-］を表示
3	ここをクリックして［端部->］を表示

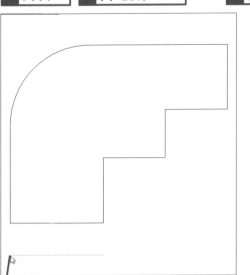

| 4 | 補助線の端点を右クリック |

寸法の記入位置が設定され、ガイドラインが表示される

キーワード

コントロールバー	P.310
寸法	P.311
寸法線	P.311

使いこなしのヒント
寸法各部の名称を覚えよう

Jw_cadにおける寸法各部の名称は下図の通りです。Jw_cadでは、寸法補助線を引出線と呼びます。

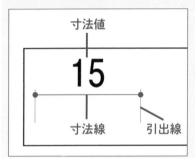

使いこなしのヒント
引出線はクリックで変更する

引出線タイプボタンはクリックする都度、［=］、［=(1)］、［=(2)］、［-］に切り替わります。［-］では、はじめに寸法線の記入位置を指示します。

使いこなしのヒント
端部形状もクリックで変更する

寸法線の端部形状を指定するボタンはクリックする都度、［端部●］、［端部->］、［端部-<］に切り替わります。［端部->］では、寸法線の両端に矢印を記入します。

2 寸法をとる点を指定する

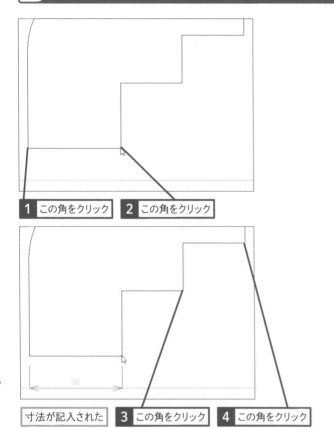

1 この角をクリック	2 この角をクリック

寸法が記入された	3 この角をクリック	4 この角をクリック

それぞれクリックした位置から3mm
離れた位置から引出線が作成される

右側の寸法が記入された | 5 [リセット] をクリック

寸法記入位置が解除された

使いこなしのヒント

[寸法] は点を読み取って記入する

[寸法] コマンドでは、図面上の2点（測り始めの点と測り終わりの点）を指示することで、その間隔を寸法として記入します。寸法の始点・終点として点のない位置を指示することはできません。寸法の始点、終点指示は、クリック、右クリックのいずれでも既存の点を読み取ります。

使いこなしのヒント

クリックと右クリックの違いに気をつけよう

寸法の始点と終点を指示した後の指示は、クリックと右クリックでは違う働きをします。手順2は、操作2でクリックした角と操作3でクリックした角の間の寸法を記入しないので、操作3でクリックし、寸法の始点とします。　操作3の角を右クリックした場合には、直前に記入した寸法の終点から次に指示する点までの寸法を記入します。

使いこなしのヒント

引出線位置を指定して記入する

引出線タイプ [-] では、寸法の始点・終点指示位置から [寸法設定] 画面（レッスン36）の [指示点からの引出線位置指定 [-]] 欄で指定した間隔（ここでは3mm）を空けて引出線を記入します。

使いこなしのヒント

他の位置に寸法を記入するには

他の位置に寸法を記入するには、コントロールバーの [リセット] ボタンをクリックして、現在の寸法記入位置を解除してから記入します。

レッスン 36 寸法の設定を変更しよう

寸法の設定変更 | 練習用ファイル L36_寸法の設定.jww

レッスン35で記入した寸法線は［線色3］で、引出線は［線色5］でした。寸法は記入時の書込線に関わらず、［寸法設定］画面で指定の線色で記入されます。これから記入する寸法の各部の線色や寸法値の大きさを設定しましょう。

🔍 キーワード

寸法	P.311
寸法線	P.311
線色	P.311

💡 使いこなしのヒント

寸法の線色はここで設定する

寸法線、寸法補助線（引出線）、矢印（または実点）の線色は、書込線色に関わりなく、ここで設定した線色で記入されます。

1 寸法設定の画面を表示する

```
1 [設定] をクリック
```

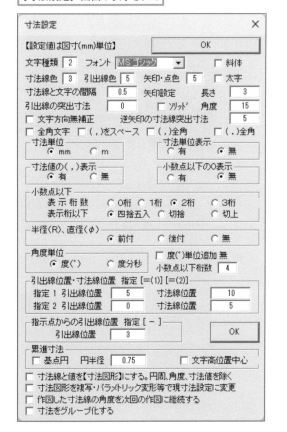

[寸法設定] 画面が表示された

💡 使いこなしのヒント

設定と寸法線の対応を確認しよう

［寸法線色］、［引出線色］、［矢印・点色］の番号は線色1～8を指します。［引出線色］は、寸法補助線の色を指します。下図は、レッスン35で記入した寸法です。［寸法設定］画面で指定している通り、寸法線が線色3（緑）、引出線と端部の矢印が線色5（紫）で記入されています。

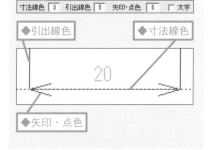

左の画面の項目は以下のように対応している

2 設定を変更する

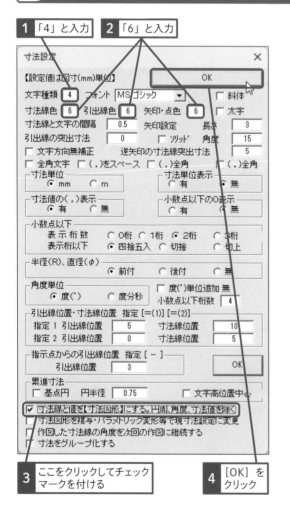

1 「4」と入力　　2 「6」と入力

3 ここをクリックしてチェック
マークを付ける

4 [OK] を
クリック

💡 使いこなしのヒント

寸法値の大きさは文字種の番号で指定する

寸法値の大きさは、文字種1～文字種10の番号を入力することで指定します。ここでは、[文字種4]を指定します。[寸法線色][引出線色][矢印・点色]は、線色1～8の番号を入力することで指定します。

💡 使いこなしのヒント

記入済の寸法は変更されない

ここでの設定は、これから記入する寸法に対する設定です。この設定を変更しても記入済みの寸法には影響しません。ここでの設定は上書き保存することで図面ファイルに保存されます。

👍 スキルアップ

寸法図形について

手順2の操作3でチェックマークを付けたため、これから記入する寸法の寸法線と寸法値は、1セットの寸法図形になります。レッスン35で記入した寸法の寸法線と寸法値は、単なる線と文字ですが、寸法図形には以下のような性質があります。

・寸法図形の寸法線と寸法値は1セットなため、[消去] コマンドで寸法線を右クリックすると、寸法線と共にその寸法値も消える
・寸法図形の寸法値は常に寸法線の実寸法を表示するため、寸法線を伸縮すると寸法値の数値もその実寸法に変更される
・寸法図形の寸法値は、[文字] コマンドでは扱えない

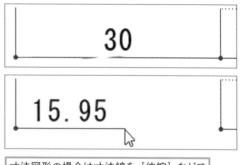

寸法図形の場合は寸法線を [伸縮] などで
変更すると寸法値も変更される

37 連続する寸法を記入しよう

寸法の位置を指定　　　　　　　　　　　　　　　　　練習用ファイル　L37_寸法位置.jww

用紙の右下の図の下側に、水平方向の寸法を連続して記入しましょう。ここでは、引出線タイプ［=］で、寸法端部を実点に設定して記入します。

1 引出線の設定を変更する

右下の図面を表示しておく

| 1 | ここをクリックして［=］を表示 |
| 2 | ここをクリックして［端部●］を表示 |

2 記入位置を指定する

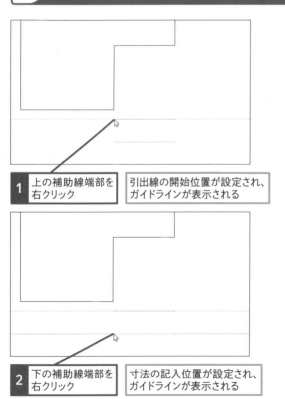

| 1 | 上の補助線端部を右クリック | 引出線の開始位置が設定され、ガイドラインが表示される |

| 2 | 下の補助線端部を右クリック | 寸法の記入位置が設定され、ガイドラインが表示される |

キーワード

ステータスバー	P.311
寸法	P.311
寸法線	P.311

使いこなしのヒント

引出線を同じ長さに揃えて記入する

引出線タイプ［=］は、寸法の始点・終点指示の位置に関わりなく、引出線を同じ長さに揃えて記入します。そのため、始めに引出線（寸法補助線）の開始位置を指示し、その後に寸法線の記入位置を指示します。

引出線の長さが一定になる

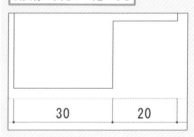

ここに注意

引出線タイプの設定を間違えたまま操作を進めてしまった場合は、［戻る］をクリックして操作を取り消したうえで、改めて引出線タイプを指定してください。

3 水平寸法を記入する

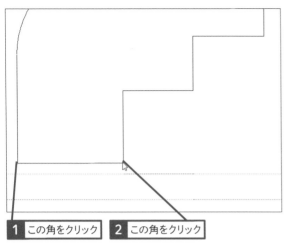

| 1 | この角をクリック | | 2 | この角をクリック |

寸法が記入された

| 3 | この角を右クリック | | 4 | この角を右クリック |

寸法が記入された

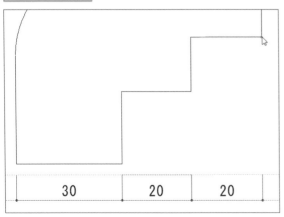

[リセット] をクリックしておく

使いこなしのヒント

ステータスバーの表示を確認しよう

寸法の始点と終点を指示した後、ステータスバーの操作メッセージを見ると、[寸法の始点はマウス（L）、連続入力の終点はマウス（R）で指示して下さい] と表示されています。これは、次の点指示は、クリックと右クリックでは違う働きをすることを示します。直前に記入した寸法の終点から次に指示する点までの寸法を記入するには、次の点を右クリックで指示します。

画面右下の操作メッセージを
確認しておく

〇●寸法の始点はマウス(L)、連続入力の終点はマウス(R)で指示して下さい。

使いこなしのヒント

寸法線の位置や引出線の長さの違いを確認しよう

引出線タイプ［=］として、寸法を記入したため、レッスン35で記入した寸法とは異なり、引出線の長さが揃います。また、寸法線、引出線、端部の実点の色もレッスン36で設定した［線色6］で記入されています。

使いこなしのヒント

［消去］で寸法線を消去すると寸法値も消える

レッスン36で［寸法線と値を【寸法図形】にする…］にチェックマークを付けた設定にしたため、ここで記入した寸法は寸法図形になっています。［消去］コマンドで寸法線の1つを右クリックしてその寸法値も共に消去されることを確認しましょう。

レッスン 38 垂直方向の寸法を記入しよう

垂直方向の寸法

練習用ファイル L38_垂直寸法.jww

基本編 第4章 文字や寸法を書き入れよう

続けて、同じ図の右側に垂直方向の寸法を記入しましょう。垂直方向に寸法を記入するには、記入角度として90°を指定します。また、ここでは引出線タイプとして［＝(1)］を指定して記入してみましょう。

🔍 キーワード

基準点	P.310
図寸	P.311
寸法	P.311

💡 使いこなしのヒント

［傾き］に数値を入力して指定する

コントロールバーの［傾き］ボックスに寸法の記入角度［90］を指定することで、垂直方向に寸法を記入できます。［傾き］ボックスの角度は、［0°／90°］ボタンをクリックすることで、0°と90°を交互に切り替えできます。

1 引出線の設定を変更する

レッスン37を参考に［寸法］をクリックしておく

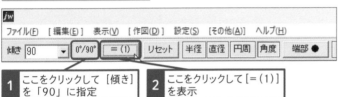

1 ここをクリックして［傾き］を「90」に指定

2 ここをクリックして［＝(1)］を表示

2 基準点を指定する

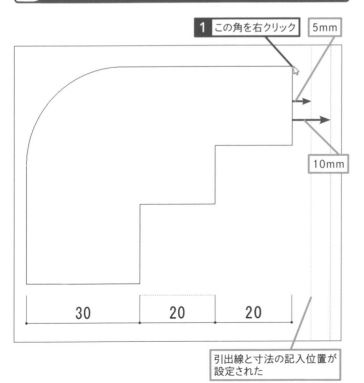

1 この角を右クリック

5mm

10mm

30　20　20

引出線と寸法の記入位置が設定された

💡 使いこなしのヒント

引出線の長さが設定されている

引出線タイプ［＝(1)］は、［＝］と同じく引出線の長さを揃えて記入します。ただし、その長さは、レッスン36で表示した［寸法設定］画面の［指定1］の数値入力ボックスに図寸で設定されています。ここでは［引出線位置］が［5］、［寸法線位置］が［10］に設定されているため、手順2の操作1で右クリックした基準点から図寸5mm離れた位置に引出線開始位置のガイドライン、基準点から10mm離れた位置に寸法線位置のガイドラインを表示します。このため引出線の長さは図寸5mm（10-5）に揃います。

3 垂直寸法を記入する

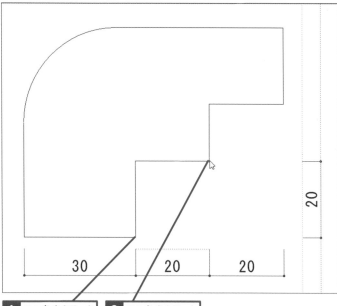

| 1 この角をクリック | 2 この角をクリック |

寸法が記入された

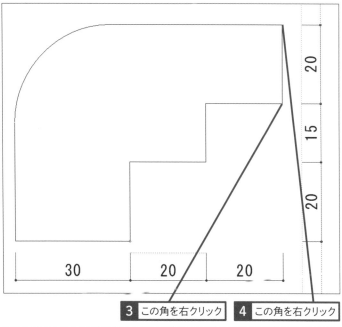

| 3 この角を右クリック | 4 この角を右クリック |

jw

ファイル(F) [編集(E)] 表示(V) [作図(D)] 設定(S) [その他(A)] ヘルプ(H)

傾き 90 ▼ 0°/90° 引出角 0 リセット 半径 直径 円周 角度 端部 ●

5 [リセット] をクリック

💡 使いこなしのヒント

続けて指示するため右クリックする

レッスン37の水平方向の寸法記入同様、手順3の操作3では直前に記入した寸法の終点から次に指示する点までの寸法を記入するため、次の点を右クリックで指示します。

💡 使いこなしのヒント

始点から終点への指示は左から右、下から上へと作業しよう

直線上の寸法の始点→終点の指示は、大部分の設定においては、どちらを先にクリックしても記入される寸法は同じです。ただし、寸法端部の矢印を外側に記入する設定にした場合には、この順序が重要になります。寸法の始点→終点は、手描きのときと同様に、左→右、下→上へと指示するよう習慣づけましょう。

寸法を記入する順序に
気をつけよう

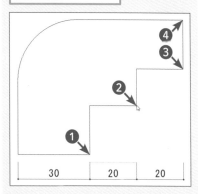

39 全体の寸法を記入しよう

| 全体の寸法 | 練習用ファイル | L39_全体寸法.jww |

レッスン38で記入した垂直方向の寸法の外側に、全体の寸法を記入しましょう。記入済みの寸法線端点から引出線を記入するため、引出線タイプを［=(2)］にして寸法を記入しましょう。

基本編 第4章 文字や寸法を書き入れよう

🔍 キーワード

寸法	P.311
寸法線	P.311
端点	P.312

💡 使いこなしのヒント

引出線の長さを図寸5mmに揃える

引出線タイプ［=(2)］も［=］と同じく引出線の長さを揃えて記入します。その長さは、レッスン36で確認した［寸法設定］画面の［指定2］の数値入力ボックスに図寸で設定されています。ここでは［引出線位置］が［0］、［寸法線位置］が［5］に設定されているため、手順2の操作1で右クリックした基準点位置に引出線開始位置のガイドライン、基準点から5mm離れた位置に寸法線位置のガイドラインを表示します。引出線の長さは［=(1)］と同じく図寸5mmに揃います。

1 引出線の設定を変更する

レッスン37を参考に［寸法］をクリックしておく

1 ここをクリックして［=(2)］を表示

2 基準点を指定する

1 この点を右クリック

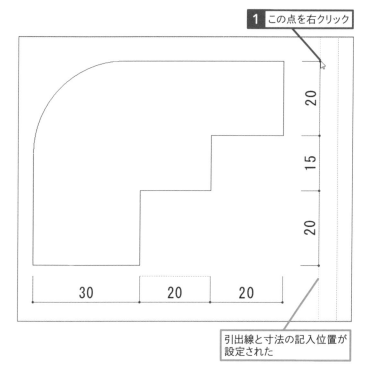

引出線と寸法の記入位置が設定された

この線が寸法線位置のガイドラインとなる

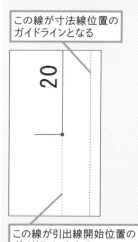

この線が引出線開始位置のガイドラインとなる

3 全体の寸法を追記する

1 この角をクリック　　　　　　2 この角をクリック

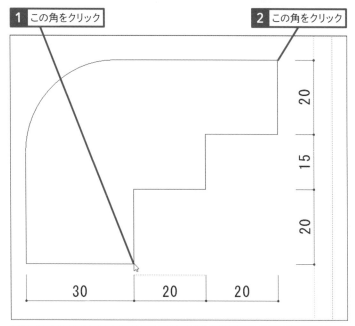

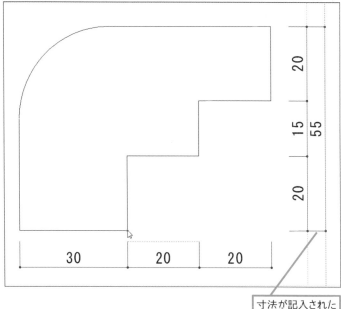

寸法が記入された

3 [リセット] をクリック

使いこなしのヒント

寸法線の端点をクリックしてもよい

寸法の始点と終点として、ここでは、手順3の操作1の角と操作2の角をクリックしました。引出線タイプ［＝(2)］では、引出線の開始位置が確定しているので、始点と終点として、記入済みの寸法線の端点をクリックしても記入される寸法は同じです。

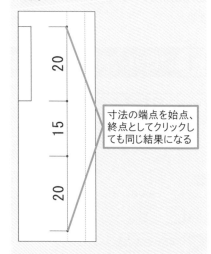

寸法の端点を始点、終点としてクリックしても同じ結果になる

使いこなしのヒント

引出線のガイドラインを左側に表示するには

レッスン38、39で利用した引出線タイプ［＝(1)］と［＝(2)］は、基準点を右クリックすると、下側（［傾き］が「90」のときは右側）にガイドラインを表示します。このガイドラインを上側（［傾き］が「90」のときは左側）に表示するには、基準点を右ダブルクリックします。

40 半径寸法を記入しよう

半径の寸法

練習用ファイル L40_半径寸法.jww

続けて、同じ図の左上のR面の半径寸法を記入しましょう。コントロールバーの［半径］ボタンをクリックし、［傾き］ボックスに記入角度を指定したうえで、円弧をクリックまたは右クリックして寸法を記入します。

キーワード

コマンド	P.310
寸法	P.311
寸法線	P.311

1 引出線の設定を変更する

レッスン37を参考に［寸法］を
クリックしておく

使いこなしのヒント

クリックすると円弧の内側に記入される

半径寸法の寸法値は、円弧をクリックすると円弧の内側に記入されます。

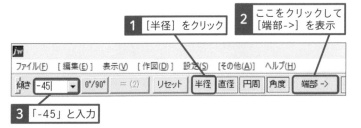

1 ［半径］をクリック

2 ここをクリックして［端部->］を表示

3 「-45」と入力

2 寸法を半円の内側に記入する

使いこなしのヒント

［傾き］に入力する数値を確認しよう

［傾き］に入力する角度はレッスン12で学習したように、°単位で、水平右方向を0°として、左回り（反時計回り）を+（プラス）、右回りを-（マイナス）数値で指定します。「-45」と入力する代わりに「135」と入力しても同じ角度を指定したことになります。

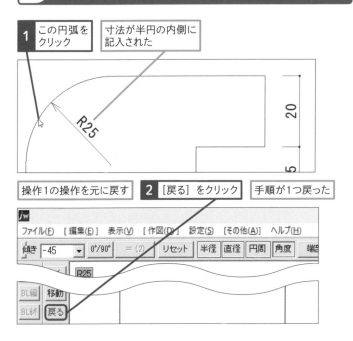

1 この円弧をクリック

寸法が半円の内側に記入された

R25

20

5

操作1の操作を元に戻す

2 ［戻る］をクリック

手順が1つ戻った

R25

使いこなしのヒント

円弧はどこをクリックしてもよい

［傾き］を「-45」と指定しているため、円弧をどの位置でクリックしても、円弧中心から-45°（135°）の線で、半径寸法が記入されます。ここで半径寸法を記入する円弧は、開始角90°で終了角180°の円弧です。半径寸法が円弧上に記入されるよう、［傾き］には、90〜180°の数値、ここではその中間の135°（-45°）を指定しました。

基本編 第4章 文字や寸法を書き入れよう

3 寸法を半円の外側に記入する

1 円弧を右クリック

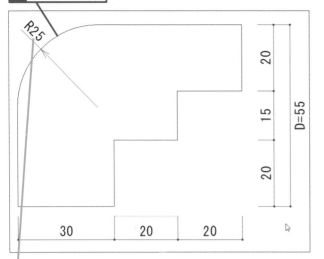

寸法が半円の外側に
記入された

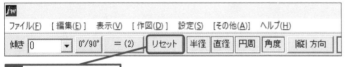

2 [リセット] をクリック

🔅 使いこなしのヒント

半径寸法は寸法図形になっている

半径寸法の寸法値は、円弧を右クリック
すると円弧の外側に記入されます。また、
レッスン36で [寸法線と値を【寸法図形】
にする…] にチェックマークを付けたたた
め、ここで記入した半径寸法は寸法図形
になっており、内側の寸法線を消すと寸
法値も共に消去されます。

🔅 使いこなしのヒント

矢印の向きに注意しよう

ここでは [端部->] としているため、寸
法線端部の矢印は内側に記入されます。
[端部-<] とした場合には、矢印も外側
に記入されます。

👍 スキルアップ

寸法図形を解除するには

ここで記入した半径寸法の寸法値を残して内側の寸
法線のみを消すには、[寸解] (寸法図形解除) コマ
ンドで、半径寸法の寸法線をクリックします。
作図画面左上に [寸法図形解除] と表示され、1セッ
トだった寸法線と寸法値が、線と文字に分解されま
す。そのうえで、[消去] コマンドで寸法線を右クリッ
クして消去します。

1 [寸解] をクリック

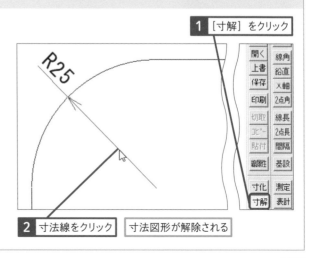

2 寸法線をクリック   寸法図形が解除される

この章のまとめ

文字と寸法の基本を身に付けよう

この章では、基本的な文字の記入方法や寸法の記入方法を学習しました。文字の大きさは、[基本設定]画面の[文字]タブで、文字種1〜10の文字種ごとに図寸（mm）で管理されており、この設定は図面ファイルにも保存されます。寸法各部の線色や端部矢印の長さ（図寸mm）、寸法値の文字種などは[寸法設定]画面で管理され、これも図面ファイルに保存されます。また、寸法線とその寸法値を1セットとした寸法図形の扱いは、線や文字とは異なる点があります。それについては第9章のレッスン85で学習します。

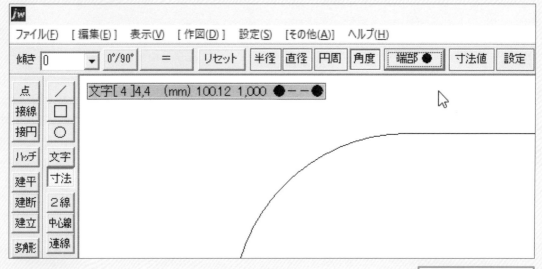

各種の設定をどこでどう行うのか覚えておく

寸法の操作、楽しいですね！ なんだかやみつきになっちゃいました♪

それは良かった！ この章でしっかり身につけておきましょう。

文字の大きさなどの設定もほかのアプリとはかなり違いますね。

そうですね。Jw_cadならではの「図寸」という概念を覚えておきましょう。次の章ではこれも独特な「レイヤ」を学びます。

基本編

第5章

レイヤを使いこなそう

CADには、レイヤと呼ぶ機能があります。もちろん、この機能を使わなくとも図面を作図することはできます。しかし、作図した図面を効率よく流用・変更することを考えると、この機能のマスターは必須と言えます。

41

レイヤの仕組みと使い方を覚えよう

壁芯、壁、建具、部屋名、寸法など図面の各部分を別々の透明なシートに描き分け、それらを重ねて1枚の図面にする、ということを想像してください。この透明なシートに該当するのがレイヤです。この章では、レイヤの性質とその機能を学習します。

図面を描き分けるための便利機能

ええとこの章は…レイヤ?令和じゃなくて?

はははは、令和じゃなくてレイヤですよ!　図面の各部分を別々のシートに描き分けて、重ねて表示する機能です。

レイヤバーから選んで作図する

レイヤは透明なシートに図面が載っていると考えてください。これを切り替えることで、効率よく作図できます。切り替えは画面右下のレイヤバーで行うので覚えておきましょう。

これ、何に使うのか気になってましたー♪

各レイヤの状態もここに表示されるんですね!

レイヤー覧で内容を確認できる

何がどのレイヤに作図されているのかは、一覧で表示することができます。また、[属取]という機能を使うと一瞬でそのレイヤに移動することもできるんですよ！

 図面のすべてがここに表示されるんですね！ちょっと難しそうですけど覚えます！

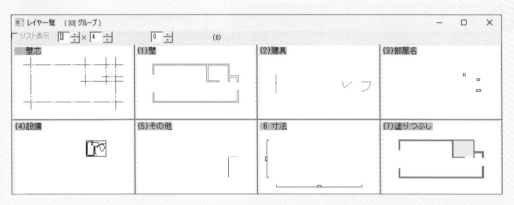

図形の登録方法も覚えよう

この章では、作った図形を登録する方法も紹介します！オリジナルの図形がいつでも使えるようになりますよ♪

 第3章で作った平面図ですね！何だかうれしいです！

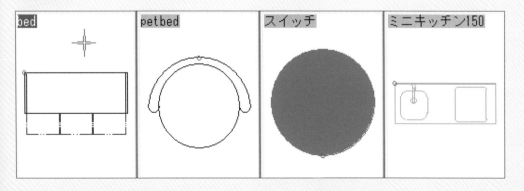

レッスン 42 レイヤの状態を確認しよう

レイヤの表示

練習用ファイル L42_レイヤの表示.jww

作図済みの図面がどのようなレイヤ分けで作図されているのかを確認できるのが［レイヤ一覧］画面です。練習用ファイルを開き、［レイヤ一覧］画面で、そのレイヤ分けを確認しましょう。

基本編　第5章　レイヤを使いこなそう

1 レイヤー覧画面を表示する

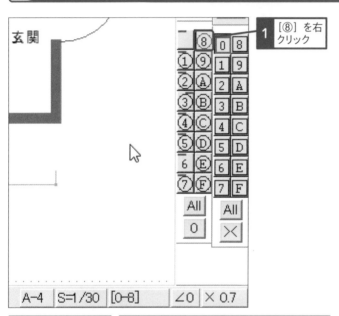

1 ［⑧］を右クリック

A-4　S=1/30　[0-8]　∠0　× 0.7

［レイヤ一覧］画面が表示された

番号が表示されていないレイヤは非表示、（ ）が付いていないレイヤは表示のみになっている

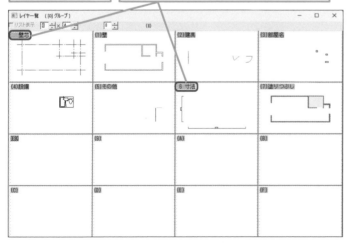

キーワード

CAD	P.309
ソリッド	P.311
レイヤ	P.313

用語解説

レイヤ

CADによって画層とも呼びます。CADで図面の各部を透明なシートに描き分け、それらを重ねて1つの図面にするというイメージです。その透明なシートに該当するのがレイヤです。

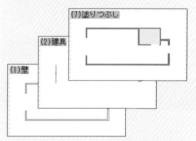

図面が透明なシートに描かれ、重なって1つの図面になっている

使いこなしのヒント

合計16枚のレイヤを使用できる

Jw_cadでは、［0］〜［9］［A］〜［F］の16枚のレイヤが用意されています。このレッスンの練習用ファイルでは、そのうちの［0］〜［7］の8枚を使って、［壁芯］［壁］［建具］［部屋名］［設備］［その他］［寸法］［塗りつぶし］を描き分けています。

2 各レイヤの状態を確認する

● 表示のみレイヤ

[レイヤバー] では番号
のみが表示されている

[レイヤ一覧] 画面では番号
のみが表示されている

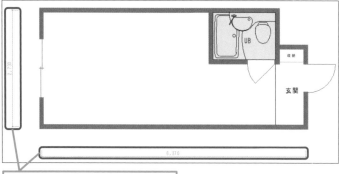

作図画面ではグレーで表示されていて
編集はできない

● 編集可能レイヤ

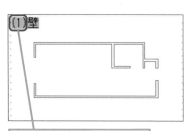

[レイヤバー] では番号が
「○」で囲まれている

[レイヤ一覧] 画面では番号が
() で囲まれている

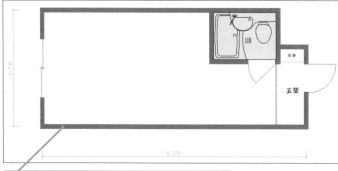

作図画面では作図した色で表示され、編集できる

42

レイヤの表示

💡 使いこなしのヒント

レイヤ一覧を表示するには

レイヤバーで凹表示されているボタンを
[書込レイヤ] と呼びます。[レイヤ一覧]
画面は、レイヤバーの書込レイヤボタン
を右クリックすることで表示します。[書
込レイヤ] の使い方は次のレッスンで詳
しく紹介します。

💡 使いこなしのヒント

レイヤの状態は4つある

レイヤバーやレイヤ一覧での番号無し、
番号のみ、○（または括弧）付番号は、
それぞれのレイヤの状態を表しています。
レイヤの状態には、[書込レイヤ] [非表示
レイヤ] [表示のみレイヤ] [編集可能レイ
ヤ]の4つがあります。このレッスンでは[書
込レイヤ] 以外の3つを説明します。

💡 使いこなしのヒント

**塗りつぶされたレイヤ以外は
重なっても表示される**

Jw_cadにおいて基本的には、レイヤの重
なり順を意識することはありません。異な
るレイヤに作図した線・円・点・文字が重
なって下のレイヤの線や文字が見えなく
なることは、まずないためです。ただし、
ソリッド（塗りつぶし部）どうしが重なっ
た場合はあり得ます。そのため[基本設定]
画面の [一般(1)] タブの [ソリッド描画順]
欄で、ソリッドの描画順を [レイヤ順]（レ
イヤ番号順に描画）または [レイヤ逆順]
に指定する項目があります。

次
の
ペ
ー
ジ
に
続
く
➡

● 非表示レイヤ

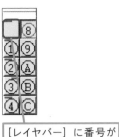

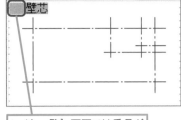

壁芯

[レイヤバー] に番号が
表示されていない

[レイヤ一覧] 画面では番号が
表示されていない

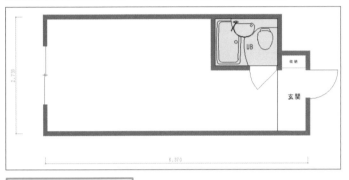

作図画面にも表示されない

3 レイヤの状態を切り替える

手順1を参考にレイヤ一覧を
表示しておく

● 編集可能レイヤを非表示にする

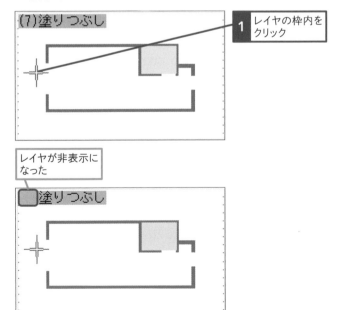

1 レイヤの枠内を
クリック

レイヤが非表示に
なった

用語解説

表示（ひょうじ）のみレイヤ

レイヤバー、レイヤ一覧で番号のみのレ
イヤを指します。作図画面にグレーで表
示され、編集はできません。

表示のみレイヤの要素を編集しよ
うとすると ［図形がありません］ と
表示される

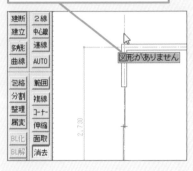

用語解説

編集可能（へんしゅうかのう）レイヤ

レイヤバーでは〇付き番号、レイヤ一覧
では（ ）付き番号のレイヤを指します。
書込レイヤの要素と同じく、消去、伸縮
など編集が可能です。

⚠ ここに注意

手順3の操作1でレイヤ番号やレイヤ名を
クリックしないように注意しましょう。レ
イヤ番号・レイヤ名をクリックすると別の
機能が働きます。

● 非表示レイヤを表示のみにする

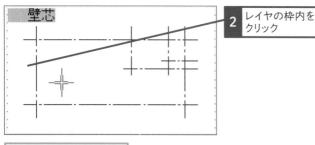

壁芯

2 レイヤの枠内を
クリック

レイヤが表示のみになった

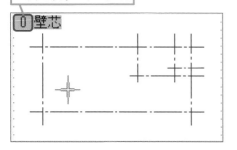

0 壁芯

用語解説
非表示（ひひょうじ）レイヤ

レイヤバー、レイヤ一覧で番号が表示されていないレイヤを指します。そのレイヤに作図されている要素は、作図画面に表示されません。

用語解説
書込（かきこみ）レイヤ

レイヤバーでは凹表示、レイヤ一覧ではダークグレーの反転表示のレイヤを指します。線・円・点・文字など作図した要素は、すべて書込レイヤに入ります。

---

4 一覧を閉じて作図画面に戻る

1 ［閉じる］をクリック

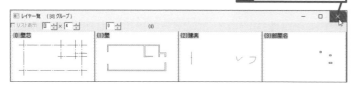

作図画面が
表示された

［0］レイヤの壁芯はグレーで表示され、［7］レイヤ
の塗りつぶしは非表示になった

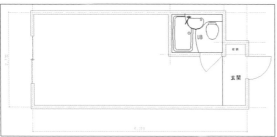

レイヤバーの表示を
確認しておく

使いこなしのヒント
レイヤの枠内でクリックすると状態が切り替わる

レイヤの枠内でクリックする都度、［非表示］［表示のみ］［編集可能］と、レイヤの状態が切り替わります。

使いこなしのヒント
［書込レイヤ］は唯一、作図要素が入る

これから作図するレイヤが［書込レイヤ］です。［レイヤバー］では番号が凹表示、［レイヤ一覧］画面では番号が濃いグレーで反転表示されています。16のレイヤのうちのいずれか1つが［書込レイヤ］になっており、［書込レイヤ］を［編集可能］［表示のみ］［非表示］にすることはできません。［書込レイヤ］の指定方法などについては次のレッスン43で紹介します。

レッスン
43 書込レイヤを指定して作図しよう

書込レイヤ　　　　　　　　　　　　　　練習用ファイル　L43_書込レイヤ.jww

レイヤを描き分けるには、これから作図するレイヤを書込レイヤに指定したうえで、作図を行います。レイヤバーで、レイヤの番号ボタンを右クリックすることで、書込レイヤを指定できます。

基本編　第5章　レイヤを使いこなそう

1 書込レイヤを指定する

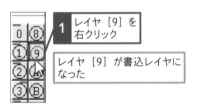

1 レイヤ［9］を右クリック

レイヤ［9］が書込レイヤになった

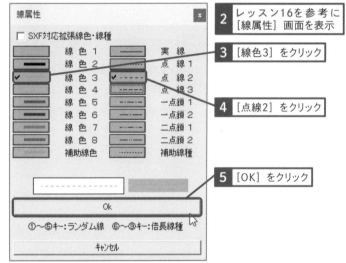

2 レッスン16を参考に［線属性］画面を表示

3 ［線色3］をクリック

4 ［点線2］をクリック

5 ［OK］をクリック

2 線と複線を作図する

1 ［線］をクリック

キーワード

線色	P.311
レイヤ	P.313
レイヤグループ	P.313

使いこなしのヒント

レイヤグループバーとは

レイヤバー右側のバーは、レイヤグループバーと呼びます。Jw_cadには、16枚のレイヤを1セットとしたレイヤグループが16あり、レイヤグループごとに異なる縮尺を設定できます。1枚の用紙に異なる縮尺の図面を作図する場合などに利用します。レイヤグループバーでは、レイヤバーと同様の操作でレイヤグループの状態の切り替えを行えます。

◆レイヤグループバー

● 線を作図する

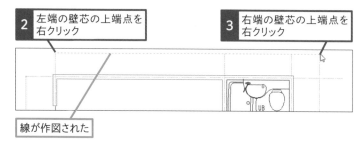

| 2 | 左端の壁芯の上端点を
右クリック |
|---|---|

| 3 | 右端の壁芯の上端点を
右クリック |
|---|---|

線が作図された

● 複線を作図する

| 4 | レッスン14を参考に［複線］
コマンドを実行 |
|---|---|

5	「900」と入力

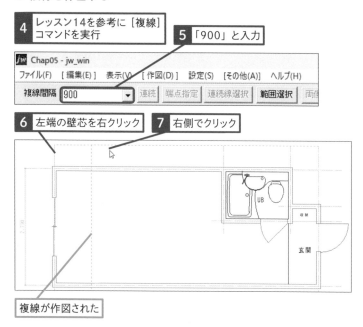

6	左端の壁芯を右クリック

7	右側でクリック

複線が作図された

3 レイヤを確認する

| 1 | レッスン42を参考に［レイヤ一覧］
画面を表示 |
|---|---|

レイヤ［9］に作図した
線が表示された

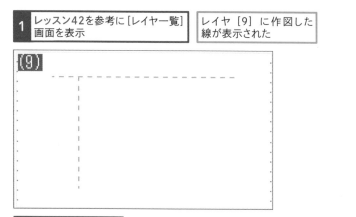

2	［閉じる］をクリック

使いこなしのヒント

［戻る］で操作を取り消しできない

レイヤバーでの書込レイヤの指定は、レイヤ番号を右クリックします。手順1で、操作を誤ってクリックしたり、他のレイヤを右クリックしたりした場合には、再度、レイヤ［9］を右クリックしてください。レイヤ操作は、作図・編集操作ではないため、［戻る］コマンドで元に戻すことはできません。

違うレイヤを右クリックしてしまった場合は、再度正しいレイヤを右クリックする

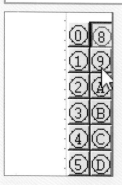

使いこなしのヒント

作図されたレイヤには赤いバーが表示される

線の作図が完了すると、レイヤバーの［9］ボタンの左上に赤いバーが表示されます。これは、このレイヤに線・円などが作図されていることを意味します。

文字以外が作図されているレイヤは左上にバーが表示される

文字が記入されているレイヤは右上にバーが表示される

44 レイヤバーでレイヤを操作しよう

レイヤバー

各レイヤの状態は、[レイヤ一覧]画面を開かなくとも、レイヤバーで変更できます。変更操作は[レイヤ一覧]画面と同じで、書込レイヤ以外のレイヤ番号ボタンをクリックすることで切り替わります。

基本編
第5章
レイヤを使いこなそう

1 レイヤを編集可能にする

1 [0]をクリック

表示が「○」に変更された

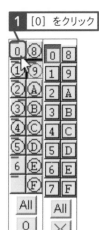 →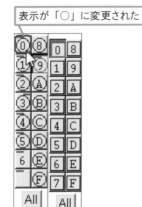

[○]レイヤの[壁芯]が元の色で表示された

🔍 キーワード

コマンド	P.310
寸法線	P.311
レイヤ	P.313

💡 使いこなしのヒント

レイヤバーでレイヤの状態を切り替えられる

レイヤバーで、書込レイヤ以外のレイヤ番号をクリックすることで、クリックする都度、[非表示][表示のみ][編集可能]の順に切り替わります。マウスポインターを作図画面に戻すと、レイヤバーでの指定が画面上の図面にも反映されます。

レイヤ[0]は[非表示]になっている

クリックすると[表示のみ]に変更される

さらにクリックすると[編集可能]に変更される

もう1度クリックすると[非表示]に戻る

⚠ ここに注意

レイヤ操作は、作図・編集操作ではないため、操作を誤ると[戻る]コマンドで元に戻すことはできません。誤って右クリックした場合には、他のレイヤ（ここでは[9]）を右クリックして書込レイヤにしたうえで、操作をやり直してください。

2 書込レイヤ以外をすべて非表示にする

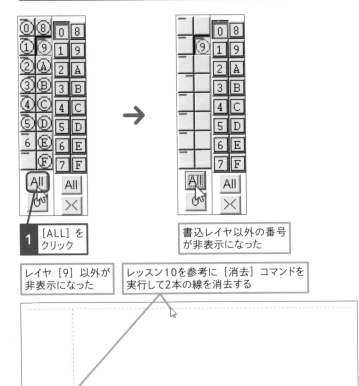

1 [ALL] を
クリック

書込レイヤ以外の番号
が非表示になった

レイヤ [9] 以外が
非表示になった

レッスン10を参考に [消去] コマンドを
実行して2本の線を消去する

3 すべてのレイヤを編集可能にする

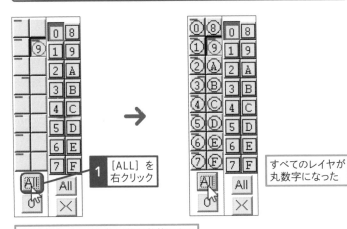

1 [ALL] を
右クリック

すべてのレイヤが
丸数字になった

すべてのレイヤが編集可能な状態になる

🔆 使いこなしのヒント

**書込レイヤ以外の状態を
一括で変えられる**

レイヤバーの [All] ボタンは、書込レイ
ヤ以外のレイヤの状態を一括して切り替
えます。[All] ボタンをクリックする都度、
書込レイヤ以外のすべてのレイヤの状態
が、[非表示] [表示のみ] [編集可能] の
順に切り替わります。

手順2の実行後に [ALL] をクリック
するとすべてのレイヤが [表示のみ]
になる

さらに [ALL] をクリックするとすべて
のレイヤが [編集可能] になる

🔆 使いこなしのヒント

一括で編集可能レイヤにできる

[All] ボタンを右クリックすると、書込レ
イヤ以外のすべてのレイヤの状態を編集
可能にします。

寸法線も編集可能になる

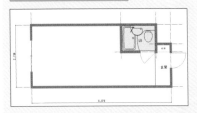

45 レイヤ［A］に家具を配置しよう

YouTube
動画で
見る
詳細は2ページへ

図形

練習用ファイル	L45_図形.jww

図形ファイルとしてあらかじめ用意されている家具を、平面図に配置しましょう。家具の配置された平面図と配置されていない平面図のどちらも印刷できるよう、何も作図されていないレイヤ［A］に家具を配置します。

キーワード

基準点	P.310
サムネイル	P.310
図形ファイル	P.311

1 書込レイヤを選択する

家具を配置するレイヤ［A］を
書込レイヤにする

1 ［A］を右クリック

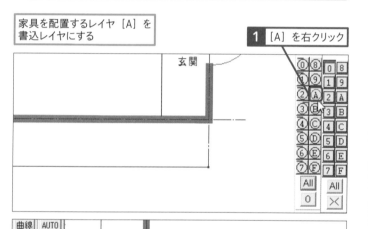

2,730

図形ファイルを読み込みます。

2 ［図形］をクリック

使いこなしのヒント

作図されていないレイヤを見分けるには

レイヤバーの番号ボタン上のバーで、線・円などが作図されているレイヤと文字要素が作図されているレイヤの区別ができます。バーが無いレイヤが何も作図されていないレイヤです。

レイヤ［8］［A］［B］には何も
作図されていないため、番号の
部分にバーが表示されていない

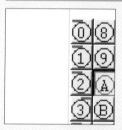

用語解説

図形（ずけい）

CADによって、「部品」「パーツ」など呼名は様々ですが、多くの図面で共通して利用する図をあらかじめ用意しておき、編集中の図面に配置して利用できる機能です。Jw_cadでは、拡張子が「.jws」の「図形ファイル」として用意されています。

2 家具を配置する

[ファイル選択] 画面が
表示された

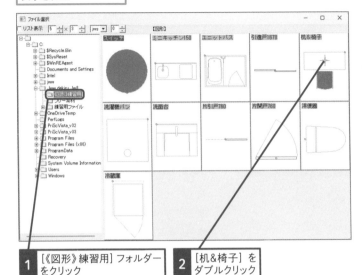

1 [《図形》練習用] フォルダー
をクリック

2 [机&椅子] を
ダブルクリック

3 この角を右クリック

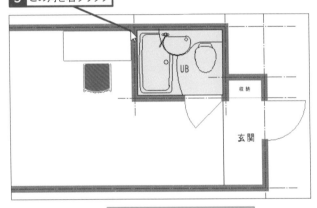

| 家具が配置された | [線] コマンドを実行して [図形]
コマンドを終了しておく |

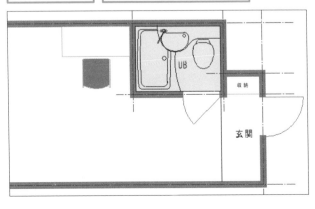

使いこなしのヒント

図形が収録されているフォルダーを開こう

[図形] コマンドをクリックすると [JWW] フォルダー下の図形収録フォルダーを開いた「ファイル選択」ダイアログが表示されます。練習用の図形ファイルは、[Jww_dekiru_Jw8] フォルダー下の [《図形》練習用] フォルダーに収録されています。「ファイル選択」ダイアログ左のフォルダーツリーでの操作は、図面ファイルを開く際と同じです。レッスン06を参考に [《図形》練習用] フォルダーを開きましょう。

家具用の図形は [練習用
ファイル] と同じ階層のフォ
ルダーに格納されている

使いこなしのヒント

赤い丸は基準点を示している

右側に表示される図形のサムネイルの赤い丸は、基準点（配置時のマウスポインターの位置）を示します。

⚠ ここに注意

手順2の操作2は、サムネイル枠内の図形名以外の位置でダブルクリックしてください。図形名をクリックすると別の機能が働きます。

46 レイヤを変更して家具を配置しよう

属性取得

作図済みのユニットバスと同じレイヤに、ミニキッチンを配置しましょう。ユニットバスがどのレイヤに作図されているのかは、［属取］コマンドを利用すれば、［レイヤ一覧］画面を表示しなくても確認できます。

🔍 キーワード

書込線	P.310
線色	P.311
線種	P.311

🔍 用語解説

属性（ぞくせい）

線・円・点・文字などの作図要素に付随する性質を指します。基本的な属性は、線色、線種（文字では文字種）、作図されているレイヤです。その他に、［寸法］コマンドで作図した寸法に付随する寸法属性、［図形］コマンドで配置した図形に付随する図形属性、複数の線・円をひとまとまり（1要素）として扱う曲線属性などいくつかの属性があります。

基本編　第5章　レイヤを使いこなそう

1 図面からレイヤを選択する

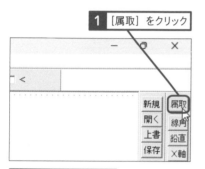

1 ［属取］をクリック

2 ユニットバスの線をクリック

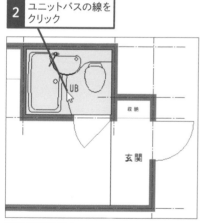

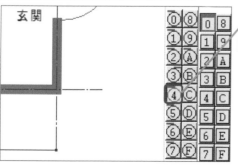

ユニットバスと同じレイヤ［4］が書込レイヤになった

💡 使いこなしのヒント

［属取］は基本属性を取得する

［属取］（属性取得）コマンドは、クリックした線・円などの基本属性を取得し、書込線色・線種と［書込レイヤ］をクリックした要素の基本属性と同じ設定にします。

💡 使いこなしのヒント

書込線の色も取得される

操作2の結果、書込線の線色・線種も2でクリックした線・円と同じ線色・線種になります。

2 家具を配置する

レッスン45を参考に［図形］
コマンドを実行しておく

1 ［ミニキッチン150］を
ダブルクリック

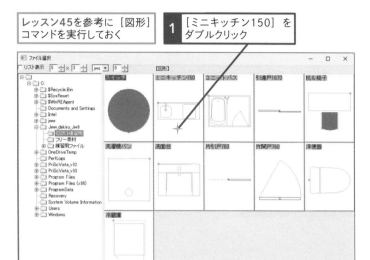

2 ［90°毎］を2回クリック

回転角が「180」に設定された

3 この端点を右クリック

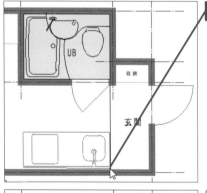

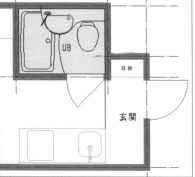

ミニキッチンが
配置された

［線］コマンドを実行して
［図形］コマンドを終了
して上書き保存する

💡 使いこなしのヒント

図形を傾けて配置するには

図形を傾けて配置するには、「ファイル選択」ダイアログでのサムネイル表示の状態を0°として、コントロールバー［回転角］ボックスに傾ける角度を指定します。［90°毎］ボタンをクリックすると、都度、［90°］［180°］［270°］と［回転角］ボックスの数値が変更され、それに従い、マウスポインターの図形のプレビュー表示も回転します。

［90°毎］をクリックすると
90°ずつ角度が変更される

💡 使いこなしのヒント

ミニキッチンを消去してみよう

［消去］コマンドで、配置したミニキッチンの線を右クリックしてみましょう。右クリックした線だけでなく、ミニキッチン全体が消えます。これは、ミニキッチン全体を1要素として扱えるように曲線属性が付けられているためです。曲線属性については次のレッスンで学習します。

［消去］をクリックしてミニキッチンを
右クリックすると、ミニキッチン全体
が消去される

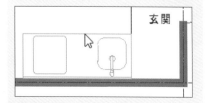

46

属性取得

47 平面図に曲線属性を加えよう

曲線属性

練習用ファイル　L47_曲線属性.jww

レッスン46のヒントで紹介したように、Jw_cadには、複数の線・円・文字などの要素を1要素として扱うことのできる「曲線属性」と呼ぶ属性があります。ここでは、作図した図に「曲線属性」を付ける方法を学習します。

キーワード

曲線属性	P.310
コマンド	P.310
ステータスバー	P.311

使いこなしのヒント

作図した図形を図面に配置できる

ユーザーが独自に作図した図を図形ファイルとして登録することで、[図形] コマンドで、編集中の図面に配置することができます。また、レッスン46のヒントで紹介したように、家具などの図形は、ひとまとまりになっていると、消去や移動が簡単に行えます。図形として登録する方法は、次のレッスン48で学習します。ここでは、登録前に、作図した家具を1要素として扱えるよう、第3章で作図した家具に曲線属性を付加します。具体的な操作としては、第3章で作図した家具と同じ家具が作図されている練習用ファイルを開いて、ベッドとペット用ベッドそれぞれを1要素として扱えるよう、曲線属性を付加します。

1 ベッド平面図に曲線属性を付加する

1 [範囲] をクリック

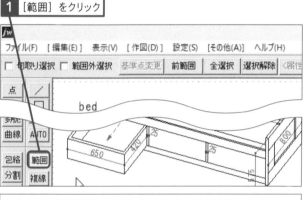

2 レッスン26を参考にベッドの平面図を選択

3 [属性変更] をクリック

bed平面図

用語解説

曲線属性（きょくせんぞくせい）

複数の線・円・文字などの要素をひとまとまりとする属性です。Jw_cadの曲線属性は、[曲線] コマンドで作図した曲線（細かい線分の集まり）などに付くほか、任意の複数の要素に付けることもできます。

基本編　第5章　レイヤを使いこなそう

● 属性を変更する

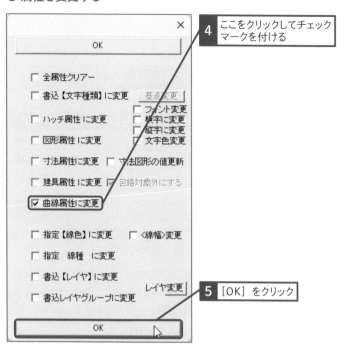

4 ここをクリックしてチェック
  マークを付ける

5 [OK] をクリック

47

曲線属性

使いこなしのヒント
複数の線に属性が付加される

手順1の操作4〜5を実行すると、操作2
で選択した複数の線に曲線属性が付加さ
れ、1要素として扱われるようになります。

使いこなしのヒント
曲線属性を解除するには

曲線属性を解除するには、手順1の操作1
〜3を行い、操作4で［全属性クリアー］
にチェックマークを付けて、［OK］をクリック
クします。これにより、曲線属性も含め、
選択要素に付いたすべての属性（基本属
性は除く）が解除されます。

2 ペット用ベッド平面図に曲線属性を付加する

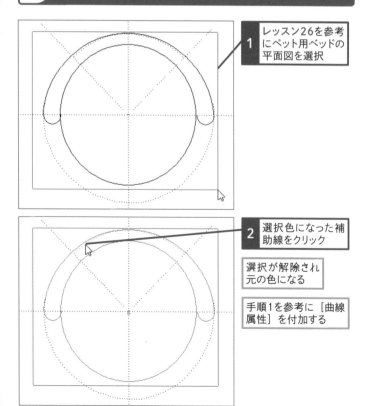

1 レッスン26を参考
  にペット用ベッドの
  平面図を選択

2 選択色になった補
  助線をクリック

選択が解除され
元の色になる

手順1を参考に［曲線
属性］を付加する

使いこなしのヒント
補助線は除外しておく

手順2で選択枠でペット用ベッド全体が入
るように囲むと、枠内に入る補助線も選
択され、選択色になります。ステータス
バーの操作メッセージには、「追加・除外
図形指示 線・円・点（L）、文字（R）…」
と表示されます。この段階で、線や円・
点をクリックすることで追加選択したり、
選択色の線や円・点をクリックすることで、
選択から除外したりできます。ここでは補
助線は不要なため、選択色になった補助
線をクリックして除外します。

48 家具平面図を 図形登録しよう

図形登録　　　　　　　　　　　　　　　　練習用ファイル　L48_図形登録.jww

レッスン47で曲線属性を付加したベッドとペット用ベッドの平面図を図形として登録しましょう。ここでは、図形を1要素として扱うため、事前に曲線属性を付加しましたが、曲線属性を付加しなくとも図形として登録できます。

🔍 キーワード

基準点	P.310
曲線属性	P.310
終点	P.310

💡 使いこなしのヒント

図面の一部を図形として登録するには

作図した図面の一部を図形として登録するには、[図登]（図形登録）コマンドで、登録対象を選択して基準点を指定し、図形の名前を付けます。

1 ベッド平面図を選択する

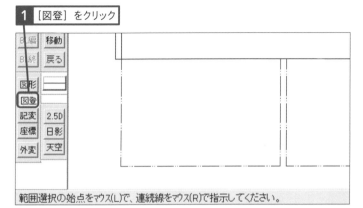

1 [図登] をクリック

範囲選択の始点をマウス(L)で、連続線をマウス(R)で指示してください。

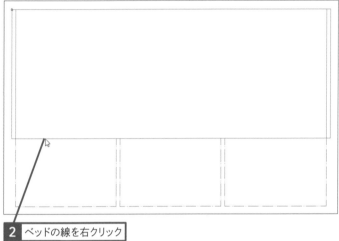

2 ベッドの線を右クリック

3 [選択確定] をクリック

表示(V)　[作図(D)]　設定(S)　[その他(A)]　ヘルプ(H)

基準点変更　追加範囲　除外範囲　選択解除　〈属性選択〉　選択確定

💡 使いこなしのヒント

曲線属性がない図形を選ぶには

ベッドには、曲線属性を付加したため、その一辺を右クリックすることで選択できます。曲線属性を付加していない場合には、ベッドの左上でクリックし、表示される選択枠でベッド全体を囲んで終点を右クリックしてください。

曲線属性を付加していない場合はベッド全体を囲んで終点を右クリックする

2 図形の基準点を設定する

1 左上角を右クリック　基準点が設定された

2 [《図形登録》] を
クリック

《図形登録》

登録画面が表示された

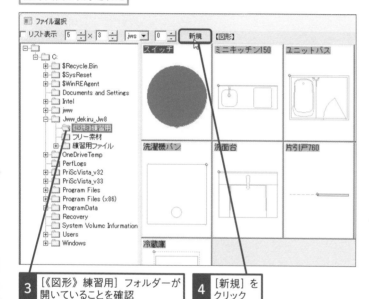

3 [《図形》練習用] フォルダーが
開いていることを確認

4 [新規] を
クリック

[新規作成] 画面が
表示された

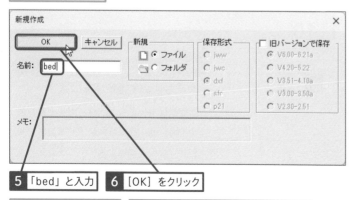

5 「bed」と入力　6 [OK] をクリック

ベッド平面図が図形と
して登録された

同様の手順でペット用ベッドの平面図も
「petbed」として登録しておく

使いこなしのヒント

図面に配置する際の
マウスポインターの位置を決める

ここで決める基準点は、図形を図面に配
置する際のマウスポインターの位置です。
手順1の操作2でベッドを選択すると、自
動的に基準点が決められ、その位置に赤
い丸が表示されます。その基準点のまま
図形登録する場合には、手順2の操作1は
省きます。

使いこなしのヒント

図形名に使えない文字がある

手順2の操作3で開いていることを確認し
たフォルダーに、操作5で入力した図形名
で登録されます。同一フォルダーに同じ
名前の図形を登録することはできません。
また、図形名に次の文字は使用しないで
ください。

$$\backslash\ /\ :\ *\ ?\ "\ <\ >\ |\ .$$

使いこなしのヒント

ペット用ベッドは中央上部を
基準点にする

ペット用ベッドは下の図を参考に、円弧上
と補助線の交点を基準点にして登録しま
しょう。

ペット用ベッドは円弧上と補助線
の交点を基準点にする

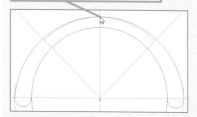

49 表題枠を図形登録しよう

文字の登録

練習用ファイル　L49_文字登録.jww

第6章で図面枠を作図する際に利用するため、第4章で文字を記入した表題枠を図形登録しましょう。表題枠は、曲線属性を付加せずに、そのまま図形登録します。

🔍 キーワード

基準点	P.310
曲線属性	P.310
終点	P.310

💡 使いこなしのヒント

第4章のレッスン31と同じファイルを使う

このレッスンでは、第4章のレッスン31で文字を記入した図と同じ内容の練習用ファイルを開いて操作を行います。

> レッスン31で文字を記入した図と同じ内容になっている

1 表題枠を選択する

1 [図登] をクリック

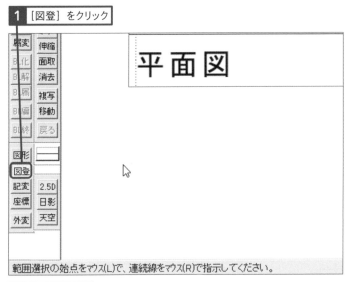

範囲選択の始点をマウス(L)で、連続線をマウス(R)で指示してください。

2 ここをクリック

図名	尺度
平面図	1:10

3 ここを右クリック

> 枠に全体が入る線と文字が選択された

図名	尺度
平面図	1:10

💡 使いこなしのヒント

文字も含めて選択するには

曲線属性を付加していない図を図形登録する場合は、登録対象全体が選択枠に入るように囲んで選択します。文字も含めて選択するため、選択枠の終点は必ず右クリックしてください。クリックでは文字が選択されません。

② 補助線を除外して図形登録する

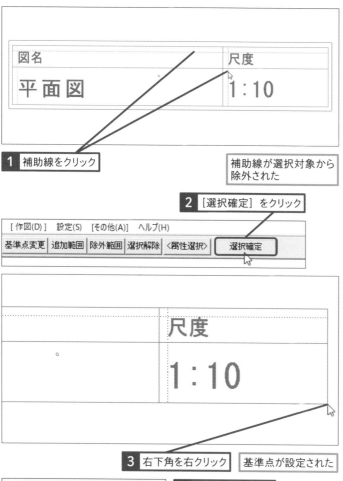

1 補助線をクリック

補助線が選択対象から除外された

2 [選択確定]をクリック

[作図(D)] 設定(S) [その他(A)] ヘルプ(H)
基準点変更 | 追加範囲 | 除外範囲 | 選択解除 | <属性選択> | 選択確定

3 右下角を右クリック ｜ 基準点が設定された

4 [《図形登録》]をクリック

《図形登録》

レッスン48を参考に[新規作成]画面を表示しておく

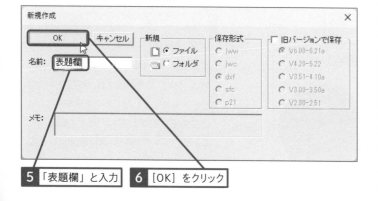

5 「表題欄」と入力 ｜ **6** [OK]をクリック

💡 使いこなしのヒント

補助線を除外しておく

補助線は登録しないため、手順2の操作1で、選択色になった補助線をクリックして除外します。除外や追加選択する対象が文字の場合は、右クリックすることで、除外や追加ができます。

全体を選択してから補助線を除外すると以下のような表示になる

文字を除外したい場合は文字の部分を右クリックする

💡 使いこなしのヒント

日本語で入力するには

図形名を日本語（全角文字）で入力するには、[半角/全角]キーを押して日本語入力を有効にして入力します。

50 登録した家具を配置しよう

家具の配置   練習用ファイル   L50_家具の配置.jww

平面図を開き、既存の机と同じレイヤに、レッスン48で図形登録したベッドとペット用ベッドなどを配置しましょう。既存の机のレイヤが分からなくとも［属取］コマンドを利用すれば、同じレイヤを書込レイヤにできます。

🔍 **キーワード**

コントロールバー	P.310
サムネイル	P.310
実寸	P.310

1 ベッドを配置する

レッスン46を参考に［属取］を
クリックしておく

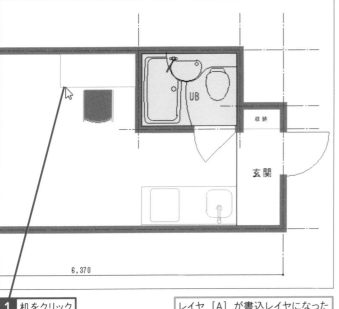

6,370

1 机をクリック

レイヤ［A］が書込レイヤになった

レッスン45を参考に［ファイル
選択］画面を表示しておく

2 ［bed］をダブル
クリック

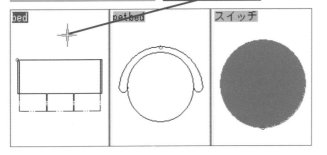

💡 **使いこなしのヒント**

書込レイヤをすぐに変更できる

手順1で［属取］（属性取得）コマンドで机の線をクリックすることで、クリックした線が作図されているレイヤが書込レイヤになります。

💡 **使いこなしのヒント**

基準点は赤い丸で表示される

操作2の図形のサムネイル画面では、図形登録時に指定した基準点に赤い丸が表示されます。

赤い○で基準点が
表示される

💡 **使いこなしのヒント**

図形は実寸で登録される

図形は実寸で登録されます。レッスン48では、S=1/10で作図されたベッド平面図を図形登録しました。その図形をS=1/30の平面図に配置しても、実寸で配置されるため、ベッドの実寸（幅800mm）は変わりません。

● 位置を確定する

| 3 | 壁の角を右クリック | ベッドが配置された |

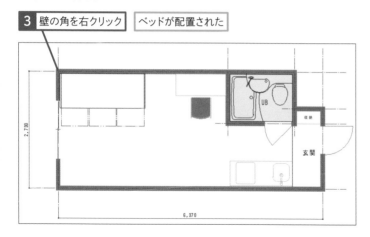

2 続けて他の家具も配置する

| 1 | [図形選択] をクリック |

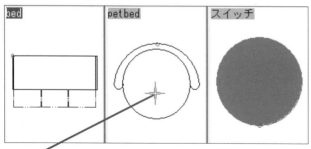

| 2 | [petbed] をダブルクリック |

| 3 | 机とベッドの間をクリックして配置 |

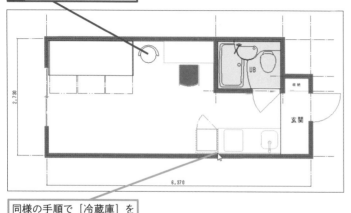

| 同様の手順で [冷蔵庫] を配置する |

使いこなしのヒント

ベッドや冷蔵庫は壁にピッタリ付ける

実際には、多少の隙間が出来てしまい、家具を壁の角にピッタリ付けて配置することはできませんが、ここでは既存点を読み取る練習も兼ね、壁の内側の角を右クリックして配置します。

| 壁の内側を右クリックする |

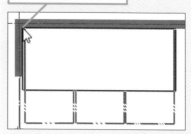

使いこなしのヒント

[図形選択] をクリックして操作を続ける

続けて、他の図形を配置する場合は、コントロールバーの [図形選択] ボタンをクリックします。

使いこなしのヒント

冷蔵庫は回転して配置する

手順2で冷蔵庫を配置するには、コントロールバーの [90°毎] ボタンを2回クリックして180°回転します。

| 冷蔵庫は180度回転して配置する |

レッスン 51 レイヤ名を変更して保存しよう

レイヤ名の変更

練習用ファイル L51_レイヤ名.jww

各レイヤのレイヤ名は、各自で設定・変更できます。これまで、机と椅子やベッドなどの家具を配置してきたレイヤ [A] にレイヤ名「家具」を設定しましょう。レイヤ名の設定は、[レイヤ一覧] 画面で行います。

キーワード

ステータスバー	P.311
寸法	P.311
レイヤ	P.313

1 レイヤ名を設定する

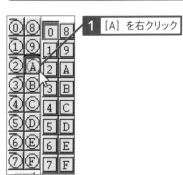

1 [A] を右クリック

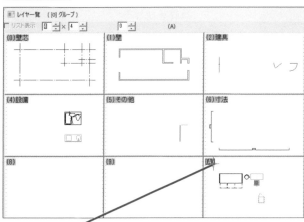

2 レイヤ番号をクリック

[レイヤ名設定] 画面が表示された

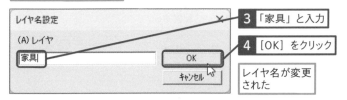

3 「家具」と入力

4 [OK] をクリック

レイヤ名が変更された

使いこなしのヒント

既存のレイヤ名も変更できる

レイヤ名の設定は、[レイヤ一覧] 画面でレイヤ番号（およびレイヤ名）をクリックして開く [レイヤ名設定] 画面で行います。ここでは、レイヤ名が設定されていないレイヤ [A] にレイヤ名を設定する例で説明しますが、同じ操作で、既存のレイヤ名を変更することも可能です。

既存のレイヤのレイヤ名も同じ手順で変更できる

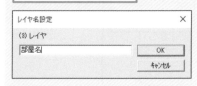

ここに注意

レイヤ名に特に決まりはありませんが、「#」で始まるレイヤ名は付けないようにしてください。Jw_cadでは、「#」で始まるレイヤに特別な働きを持たせる機能があるためです。

2 壁芯と寸法を非表示にする

| 1 | [壁芯] のレイヤを
クリック | 2 | [寸法] のレイヤを
クリック | レイヤが非表示
になった |

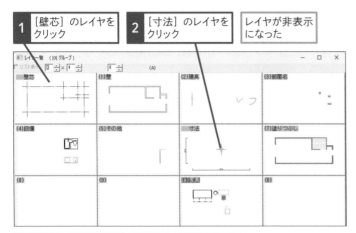

| 3 | [閉じる] をクリック | 作図画面が表示された |

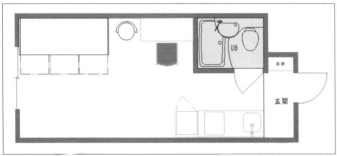

| 4 | レイヤバーと図面を参照して
[壁芯] [寸法] のレイヤが
非表示になっていることを確認 |

| 5 | [上書] をクリック |

ファイルが上書き
保存される

使いこなしのヒント

ステータスバーを確認しよう

[レイヤ一覧] を閉じると、ステータスバー
の縮尺の右隣の [書込レイヤ] ボタンに
「[0-A] 家具」という形で、書込レイヤの
レイヤ番号とレイヤ名が表示されます。

ステータスバーにレイヤ名が
表示される

使いこなしのヒント

**作業結果を別名で保存したい
ときは**

このレッスンでは、ファイルを上書き保存
しますが、元のファイルを残しておきたい
場合には、[保存] コマンドをクリックして、
新たに名前を付けて保存します。[保存]
コマンドでの保存手順については、レッ
スン56で説明します。

元のファイルを残したい場合は
[保存] をクリックして別名で
保存する

この章のまとめ

レイヤを使って作図の効率を上げよう

この章では、レイヤを使いこなすための基本的なレイヤ操作と図形について学習しました。図面の各部をレイヤごとに描き分けるのは、かなり面倒に感じるかもしれません。しかし、CADで図面を描く利点の1つに、一度描いた図を一部変更するなどして流用できるという点があります。レイヤ分けがされている図面では、流用のための編集操作がスムーズに行えます。ここで学習した［属取］コマンドを活用し、図面をレイヤごとに描き分けることを習慣づけていきましょう。

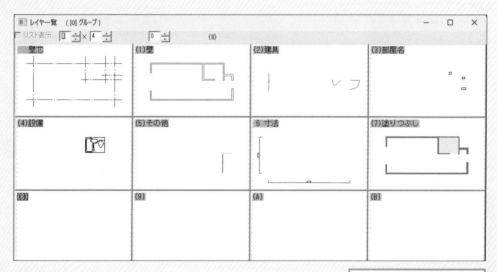

レイヤで各部の整理をすると
作図の効率が上がる

レイヤの仕組みはわかったんですが、書込みとか非表示とか、結構複雑なんですね…。

デザイン系のソフトとも違う表示ですからね。レイヤバーの見方をよく確認しておきましょう。

図形の登録が、かなり使い道が広がりそうな気がします。

ええ、使いこなすと便利ですよ。さあ次の章から活用編です！

第6章

図面枠を作るには

この章では、A4サイズの図面枠を作図し、線色ごとの印刷線幅と寸法設定を行ったうえで、図面ファイルとして保存します。今後は、この図面ファイルを開いて、図面を作図すれば、常に同じ印刷線幅と寸法設定で作図できます。

52

図面作図用のテンプレートを作ろう

この章で作図し、保存するA4サイズの図面枠は、いわゆるテンプレートに相当するものです。線色ごとの印刷線幅の設定や寸法設定は、図面ファイルに保存されます。第7章では、この図面枠を開いて、部屋平面図を作図していきます。

繰り返し使える図面枠を作る

活用編の最初の章はテンプレート作りですね。

ええ、ここではA4サイズの図面枠を作ります。プリンターによって印刷できる範囲が違うので、印刷枠から作りますよ。

印刷される線の太さは個別に設定できる

印刷時の線の太さは個別に設定できます。設定内容は図面ファイルに保存されるので、一度設定した内容を使いまわすことが可能です。

項目が多くてびっくりしましたけど、最初に設定すれば繰り返し使えるんですねー♪

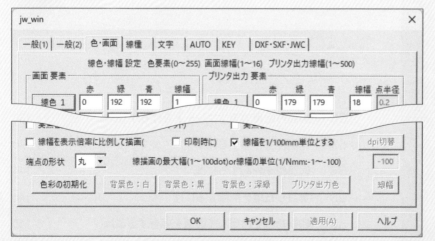

ファイルの保存方法を覚えよう

作ったテンプレートを適切な場所に保存します。この画面も
Jw_cadで独自のものなので、操作に慣れておきましょう。

この画面は初めて見ました！　なんだか
独特ですね。

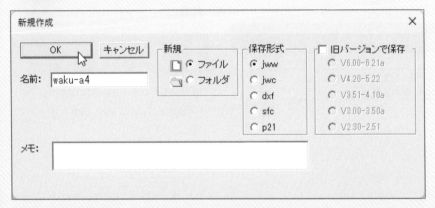

重複した線も整理できる

この章では「重複整理」という機能も紹介します。これ
を使うと、図面の中で重なっている線を一瞬で整理して
くれるんです。操作のエラーなどを防ぐのに有効ですよ。

これ、すごく便利ですね！　重複した線は画面では
わかりにくいので、忘れずに実行します♪

レッスン 53 印刷枠を作図するには

印刷枠

練習用ファイル　L53_印刷枠.jww

活用編 第6章 図面枠を作るには

同じ用紙サイズでも印刷するプリンターによって印刷できる範囲が多少異なります。普段、使用しているプリンターでA4用紙の印刷可能な範囲を把握するため、印刷枠を補助線で作図しましょう。

印刷可能範囲を示す枠を作図する

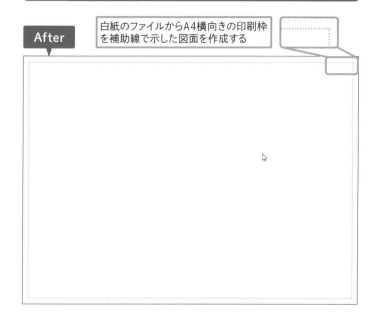

白紙のファイルからA4横向きの印刷枠を補助線で示した図面を作成する

After

🔍 キーワード

印刷枠	P.309
線色	P.311
線種	P.311

💡 使いこなしのヒント

用紙サイズと縮尺を確認するには

図面の用紙サイズと縮尺は画面の右下の［用紙サイズ］ボタンと［縮尺］ボタンに表示されます。

用紙サイズと縮尺は画面の右下に表示される

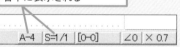

A-4　S=1/1　[0-0]　∠0　× 0.7

💡 使いこなしのヒント

設定できる用紙サイズを覚えよう

［用紙サイズ］をクリックして表示されるリストから用紙サイズを選択します。設定できる用紙サイズは下記の通りで用紙の向きは、どれも横置きです。

A-4	297x210mm
A-3	420x297mm
A-2	594x420mm
A-1	841x594mm
A-0	1189x841mm
2A	1682x1189mm
3A	2378x1682mm
4A	3364x2378mm
5A	4756x3364mm
10m	10000x7073mm
50m	50000x35366mm
100m	100000x70732mm

1 用紙サイズを設定する

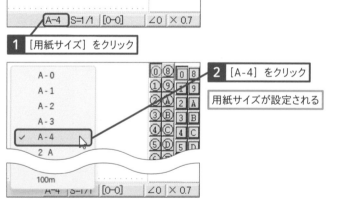

A-4　S=1/1　[0-0]　∠0　× 0.7

1 ［用紙サイズ］をクリック

2 ［A-4］をクリック

用紙サイズが設定される

2 縮尺をS=1/1にする

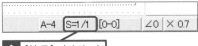

A-4 [S=1/1] [0-0] ∠0 × 0.7

1 [縮尺] をクリック

[縮尺・読取 設定] 画面が表示された

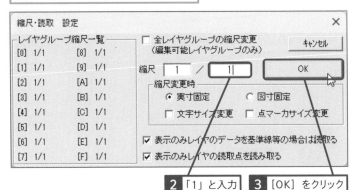

2 「1」と入力　**3** [OK] をクリック

3 印刷枠の書込線を設定する

レッスン16を参考に [線属性]
画面を表示しておく

1 [線色2] をクリック

2 [補助線種]
をクリック

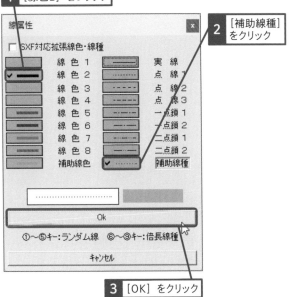

3 [OK] をクリック

次のページに続く ➡

使いこなしのヒント
**用紙サイズは前回終了時の
サイズが表示される**

ステータスバーに表示される用紙サイズ
は、前回のJw_cad終了時の用紙サイズで
す。この本の通りに手順を進めてくると、
[A-4] と表示されており、改めてA4サイ
ズを指定する必要はありませんが、ここ
では練習のため、A4サイズを指定してみ
ましょう。

使いこなしのヒント
**縮尺も前回終了時の縮尺が
表示される**

ステータスバーに表示される縮尺は、前
回のJw_cad終了時に設定されていた縮尺
です。この本の通りに進めてくると、[S=
1/30] と表示されています。

⚠ ここに注意

手順2の操作2で数値を入力後、[Enter]
キーを押す必要はありません。[Enter]キー
を押すと、入力した縮尺が確定して [縮
尺・読取 設定] 画面が閉じます。また、
用紙サイズの変更や縮尺変更は、作図・
編集操作ではないため、[戻る] コマンド
では元に戻せません。間違えた場合には、
再度、設定し直してください。

4 印刷枠の用紙サイズを設定する

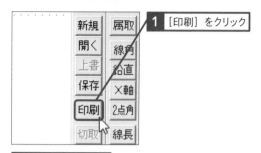

1 [印刷] をクリック

2 プリンターを選択

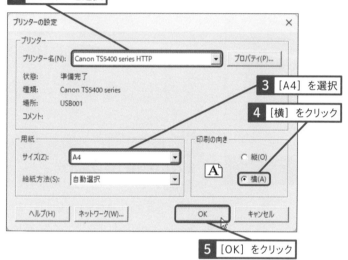

3 [A4] を選択

4 [横] をクリック

5 [OK] をクリック

A4横向きサイズの枠が赤の実線で表示された

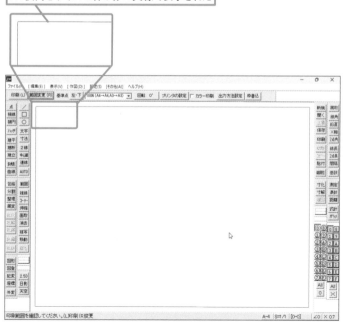

用語解説

補助線種（ほじょせんしゅ）

補助線種は画面上に表示され、他の線種と同様に扱えますが、印刷はされません。作図補助のための線（捨て線）として使います。

用語解説

補助線色（ほじょせんしょく）

補助線種同様、画面上に表示され、印刷されない線色です。実点や文字の線色として指定すると、印刷されない点や文字を記入できます。

使いこなしのヒント

印刷可能な範囲が表示される

[印刷] コマンドで表示される印刷枠は、手順4の操作2で選択したプリンターで、操作3で指定した用紙に印刷する際の印刷可能な範囲を示します。この印刷枠の大きさは、指定の用紙サイズよりやや小さく、プリンター機種によっても多少異なります。

5 印刷枠を書き込む

これから作図する図面枠が、印刷可能な範囲からはみ出すことのないように、事前に、印刷可能な範囲を示す印刷枠を補助線で作図しておきます。[枠書込]をクリックすることで、表示されている印刷枠を書込レイヤに、書込線色・線種で作図します。

1 [枠書込] をクリック

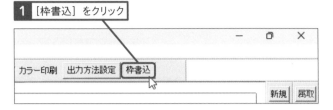

印刷枠が線色2の補助線種で作図された

2 [線] をクリック

[印刷] コマンドが解除された

[用紙サイズ] にない用紙で作図するには

Jw_cadでは、[用紙サイズ]をクリックして表示されるリストにない用紙は設定できません。A3縦サイズやB4サイズなど、リストにない用紙に作図する場合は、[枠書込]を利用します。例えば、A3縦サイズの用紙に作図したい場合は、用紙サイズをA3縦サイズが収まるA2に設定します。[印刷]コマンドで、[サイズ]を[A3]、[印刷の向き]を[縦]に指定し、A3縦サイズの印刷枠を補助線で作図します。その枠内に図面を作図してA3縦サイズの用紙設定で印刷します。

図面の [用紙サイズ] をA2に設定し、プリンターの [用紙] をA3縦にすることでA3縦の印刷枠を作成できる

54 図面枠を作図するには

YouTube 動画で 見る
詳細は2ページへ

連続線選択

練習用ファイル　L54_連続線選択.jww

活用編
第6章
図面枠を作るには

レッスン53で作図した印刷可能範囲を示す印刷枠の3mm内側に図面枠を[線色7]の[実線]で作図しましょう。[複線]コマンドの連続線選択機能を使えば、1回の平行複写操作で作図できます。

🔍 キーワード

印刷枠	P.309
コマンド	P.310
図面枠	P.311

図面枠を作図する

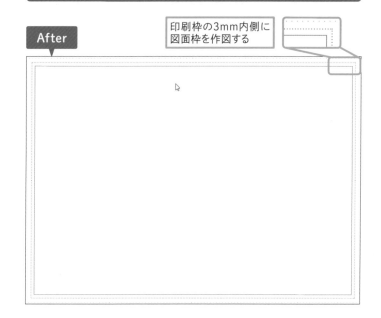

印刷枠の3mm内側に図面枠を作図する

💡 使いこなしのヒント

印刷枠いっぱいに作図すると印刷時に欠けることがある

印刷枠が印刷可能な最大範囲ですが、印刷枠の大きさで図面枠を作図すると、枠の辺が欠けて印刷される可能性があります。そのため、ここでは印刷枠の3mm内側に図面枠を作図します。

1 図面枠の書込線を設定する

レッスン16を参考に[線属性]画面を表示しておく

1 [線色7]をクリック

2 [実線]をクリック

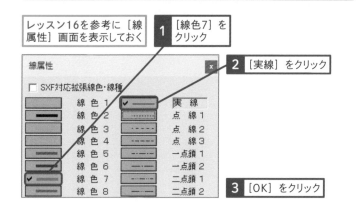

3 [OK]をクリック

💡 使いこなしのヒント

他の用紙サイズでも手順は同じ

この章では、A4サイズの図面枠を作図しますが、A3、A2、A1など他の用紙サイズでも、印刷可能な範囲に入る図面枠を作図する手順は同じです。

2 印刷枠を平行複写する

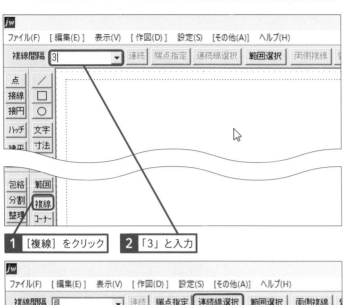

1 ［複線］をクリック　　**2** 「3」と入力

3 印刷枠を右クリック　　**4** ［連続線選択］をクリック

5 印刷枠の内側でクリック

図面枠が作図された

使いこなしのヒント

**対象線に連続する線や円弧が
すべて対象になる**

複線の対象線を指示後、コントロールバー
［連続線選択］ボタンをクリックすると、
指示した対象線に連続するすべての線・
円弧が、平行複写の対象となり選択色で
表示されます。マウスポインターを移動し、
平行複写する側にプレビュー表示された
らクリックで確定します。

使いこなしのヒント

円弧も平行複写の対象になる

［連続線選択］は、複写の対象線として線
を指示した場合に限り有効です。指示し
た線に円弧が連続している場合には、そ
の円弧も平行複写の対象となります。た
だし、円弧が含まれる場合には、円弧が
反対側にプレビュー表示されることがあ
ります。その場合は、反対側にプレビュー
表示されている複写元の円弧を右クリッ
クしてプレビュー表示される方向を反転し
ます。

55 重複した線を削除するには

重複整理　　　　　　　　　　　　　　　練習用ファイル　L55_重複整理.jww

レッスン54で作図した図面枠の右下に、レッスン49で図形登録した表題欄を配置しましょう。それにより図面枠の右辺と下辺に同一線色・線種の表題欄の右辺と下辺が重複します。[整理]コマンドを利用して重複した線を1本にしましょう。

キーワード

実寸	P.310
図寸	P.311
図面枠	P.311

用語解説

重複線（ちょうふくせん）

一般に同じ位置に重なって作図されている線のことですが、Jw_cadでは、同一レイヤに作図された同一線色・線種の線で、同じ位置に重なっている線を指します。

重複している線を削除する

After

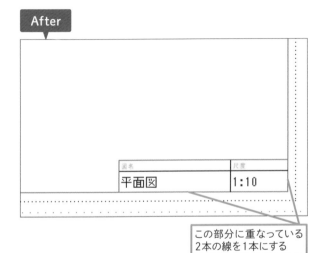

この部分に重なっている
2本の線を1本にする

1 表題欄を図面枠右下角に配置する

レッスン45を参考に[図形]コマンドを
実行しておく

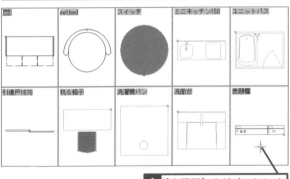

1 [表題欄]をダブルクリック

使いこなしのヒント

[表題欄]は作図時と同じ大きさで配置できる

このレッスンでは、レッスン49で図形登録した図形「表題欄」を図面枠が作図されているレイヤ[0]に配置します。図形[表題欄]は、S=1/1の図面に作図し、図形登録したものです。配置するこの図面枠もS=1/1であるため、実寸、図寸ともに作図時と同じ大きさで配置できます。

● 位置を設定する

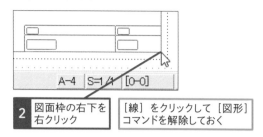

| 2 | 図面枠の右下を右クリック | [線] をクリックして [図形] コマンドを解除しておく |

2 重複した線を1本にする

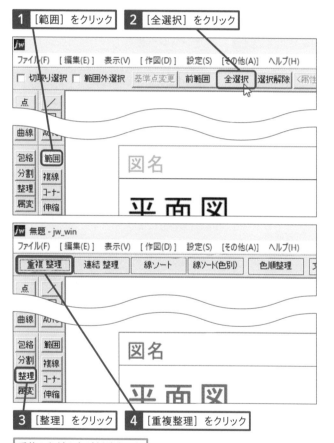

| 1 | [範囲] をクリック | 2 | [全選択] をクリック |

| 3 | [整理] をクリック | 4 | [重複整理] をクリック |

重複した線2本が削除された

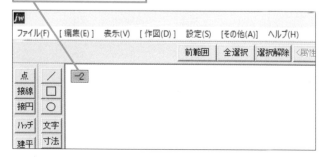

🔆 使いこなしのヒント

画面全体を選択対象にする

重複線を1本にするため、はじめに整理する対象を選択します。[範囲] コマンドのコントロールバー [全選択] ボタンをクリックすると、編集可能なすべての要素が選択され、選択色になります。ここでは、線が重複している個所が分かっていますが、どこが重複しているかも分からないことが大半です。通常、図面全体を対象にして、[整理] コマンドをクリックします。

🔆 使いこなしのヒント

データ整理に使う操作を覚えよう

[整理] コマンドで主に利用するのが、手順2の操作3で選択する [整理] コマンドにある[重複整理]と[連結整理]です。[重複整理] は、同一レイヤに同一線色・線種で重ねて作図されている線を1本にします。また、同一レイヤに同一文字種・フォントで同じ位置に重ねて記入されている同一内容の文字も1つにします。[連結整理] は、[重複整理] の機能に加えて、同一レイヤに作図されている同一線色・線種の線で、外見上は1本の線に見えても途中で切断されている線や、同一点で連続して作図された同一線上の線を1本に連結します。

🔆 使いこなしのヒント

重複整理の結果が表示される

重複整理が完了すると、それによって減った線数が作図画面左上にマイナス数値で表示されます。

印刷線幅

練習用ファイル L56_印刷線幅.jww

Jw_cadの図面ファイルには、印刷線幅や文字種ごとのサイズ、寸法設定などの設定情報も保存されます。今後、この図面枠をテンプレートのように使うため、線色ごとの印刷線幅や寸法設定を行ったうえで保存します。

1 印刷時の線幅を設定する

レッスン05を参考に[基本設定]画面を表示しておく

1 [色・画面] タブをクリック

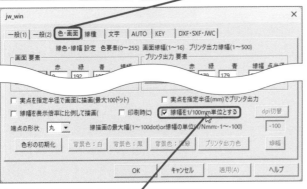

2 ここをクリックしてチェックマークを付ける

3 線色1、3、4、6、8の線幅に「18」、線色2、5の線幅に「25」、線色7の線幅に「35」と入力

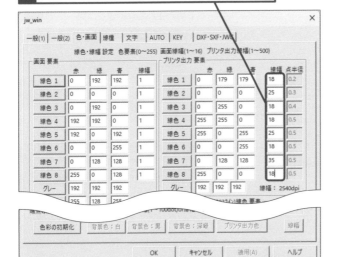

🔍 キーワード

印刷線幅	P.309
線色	P.311
線種	P.311

🔍 用語解説

テンプレート

一般には「ひな型」「定型文」「決まった様式」という意味で用いられます。ソフトウェアによっては、「テンプレート」という名称で、ひな型が用意されているものもあります。

💡 使いこなしのヒント

印刷線幅はmm単位で指定する

印刷線幅は、[色・画面] タブで線色ごとに指定します。初期値ではドット単位での指定になります。操作2で[線幅を1/100mm単位とする]にチェックマークを付けることで、mm単位での指定ができます。[線幅] ボックスをクリックし、既存の数値を Delete キーで消したうえで、「実際の印刷線幅×100の数値（0.18mmなら18）」を入力します。操作3では以下のような設定にしています。

線色	印刷線幅	入力値
線色1	0.18mm	18
線色2	0.25mm	25
線色3	0.18mm	18
線色4	0.18mm	18
線色5	0.25mm	25
線色6	0.18mm	18
線色7	0.35mm	35
線色8	0.18mm	18

● 線色6の実点サイズを変更する

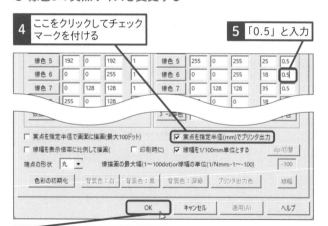

4 ここをクリックしてチェック
マークを付ける

5 「0.5」と入力

線色 5	192	0	192	1		線色 5	255	0	255	25	0.5
線色 6	0	0	255	1		線色 6	0	0	255	18	0.5
線色 7	0	128	128	1		線色 7	0	128	128	35	
	255	0	128				0	0		18	

□ 実点を指定半径で画面に描画(最大100ドット)   ☑ 実点を指定半径(mm)でプリンタ出力

□ 線幅を表示倍率に比例して描画(　印刷時に)   ☑ 線幅を1/100mm単位とする   dpi切替

端点の形状 丸 ▼   線描画の最大幅(1～100dot)or線幅の単位(1/Nmm:-1～-100)   -100

色彩の初期化 背景色:白 背景色:黒 背景色:深緑 プリンタ出力色 線幅

OK   キャンセル   適用(A)   ヘルプ

6 [OK] を
クリック

レッスン36を参考に [寸法設定] 画面を表示して、
寸法値の [文字種類] を「3」、[寸法線色] [引出
線色] [矢印・点色] をそれぞれ「6」にしておく

2 図面を保存する

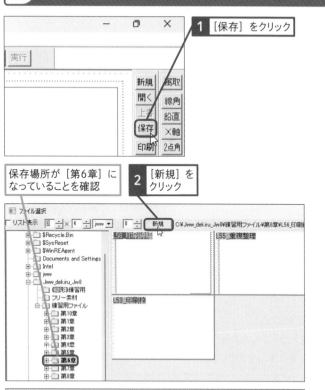

1 [保存] をクリック

実行

新規 属取
開く 線角
上書 鉛直
保存 X軸
印刷 2点角

保存場所が [第6章] に
なっていることを確認

2 [新規] を
クリック

□ ファイル選択
□ リスト表示 ⬚ × 4 ▼ jww ▼   0 ▼ 新規 C:¥Jww_dekiru_Jw8¥練習用ファイル¥第6章¥L56_印刷線

- $Recycle.Bin
- $SysReset
- $WinREAgent
- Documents and Settings
- Intel
- jww
- Jww_dekiru_Jw8
  - (図形)練習用
  - フリー素材
  - 練習用ファイル
    - 第10章
    - 第1章
    - 第2章
    - 第3章
    - 第4章
    - 第5章
    - 第6章
    - 第7章
    - 第8章

L56_印刷線幅
L55_重複整理
L53_印刷排枠

新規作成   ✕
OK キャンセル 新規 保存形式 □ 旧バージョンで保存
　　　　　　　　　　□ ⦿ ファイル ⦿ jww ○ V6.00-6.21a
名前: waku-a4 □ ○ フォルダ ○ jwc ○ V4.20-5.22
　　　　　　　　　　　　　　　　○ dxf ○ V3.51-4.10a

3 「waku-a4」と入力 4 [OK] をクリック

☀ 使いこなしのヒント

点の半径を調整したい場合は

操作4で [実点を指定半径（mm）でプリ
ンタ出力] にチェックマークを付けると、
線色ごとの実点の半径をmm単位で指定
できます。ここでは寸法端部の実点とす
る [線色6] の点半径を0.5mmに指定しま
す。実際に印刷した寸法端部などの実点
が小さい、あるいは大きすぎる場合には、
該当する線色の [点半径] ボックスの数
値を変えることで調整してください。

☀ 使いこなしのヒント

寸法値の設定を確認しておく

手順1の最後で寸法値の文字種を「3」に
指定するほか、寸法線色、引出線色、矢印・
点色が「6」になっていることも確認して
ください。

[文字種類] が「3」、[寸法線色] [引
出線色] [矢印・点色] がそれぞれ「6」
になっていることを確認しておく

| 文字種類 | 3 | フォント | MS ゴシック | ▼ |
| 寸法線色 | 6 | 引出線色 | 6 | 矢印・点色 | 6 |

☀ 使いこなしのヒント

ファイルに使えない名前を
覚えておこう

同一フォルダーに同じ名前の図面を保存
することはできません。また、名前に次の
文字は使用しないでください。

\ / : * ? " < > | .

この章のまとめ

繰り返し使って作図の練習をしよう

この章では、今後の図面作図で共通して利用するためのA4サイズの図面枠を作図し、印刷線幅や寸法の設定をしてテンプレートとして保存しました。
次にA4用紙に図面を作図する際は、ここで保存した図面ファイルを開いて、別の名前で保存したうえで、図面に合わせて縮尺を変更して作図します。図面枠を毎回描かなくて済むほか、図面を作図する都度、線色ごとの印刷線幅や寸法の設定をするという手間も省けますし、設定ミスも防げます。この章では行いませんでしたが、レイヤ名も設定して保存してもよいでしょう。

A4用紙で作図する場合は
繰り返し使える

意外と盛りだくさんの内容でした…。
全部覚えきれるか心配です。

設定項目は、今は無理に覚えなくても大丈夫ですよ。操作に慣れて、
設定を変えたくなったらこの章に戻ってきましょう。

テンプレート、いろいろなことに使えそうですね。

そうそう、まずは使ってみるのが大事。次の章でも使います！

活用編

第7章

部屋の平面図を作るには

第6章で作図して保存したA4サイズの図面枠を開き、縮尺を変更して別名で保存したうえで、部屋平面図をレイヤ分けして作図しましょう。ここで作図する平面図はS＝1/100相当のものですが、ここでは、A4の図面枠に合わせS＝1/50で作図します。

57

Introduction この章で学ぶこと

部屋平面図を作図しよう

通り芯・壁芯、壁、建具、部屋名、寸法など図面の各部分を別々のレイヤに描き分けて、部屋平面図を作図しましょう。作図を始める前に［第7章］フォルダーに収録の平面図の完成図「平面図完成.jww」を開き、レッスン23を参考に印刷しておきましょう。

本格的な平面図に挑戦しよう

せ、先生！ こんな本格的な図面を作るんですか!?

はい、今までのおさらいも兼ねて、部屋の平面図を作図します。大丈夫、ここまで学んだ内容と、新しく学ぶ内容を組み合わせれば簡単に作れますよ♪

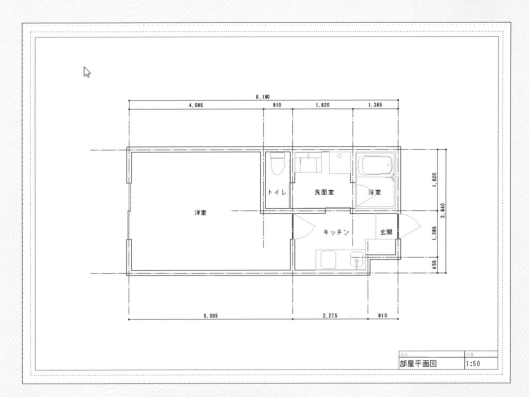

図面枠の縮尺を変更しよう

まずは図面枠の縮尺を1：50に変更します。通常の縮尺変更では図面枠も1/50になってしまうので、間違えないように操作しましょう。

「図寸固定」がポイントですね！

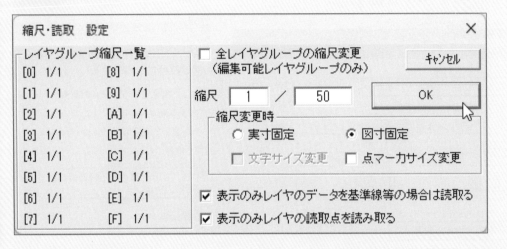

レイヤと線色・線種を使い分けよう

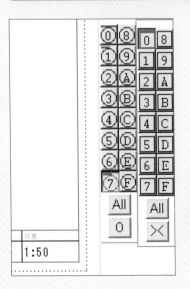

レイヤの使い方もひと工夫します。図形の整理はもちろん、レイヤごとに線色・線種を変えて、どのレイヤで作業をしているかすぐに分かるようにできるんですよ。

レイヤバーも確認しながら進めるとバッチリですね。この使い方、マスターしたいです！

レッスン 58 作図の準備をするには

図面枠の設定　　　　　　　　　　**練習用ファイル** L58_図面枠.jww

活用編 第7章 部屋の平面図を作るには

第6章で作図して保存したA4サイズの図面枠を開き、表題欄の図面名、縮尺を書き換えます。また、S＝1/1の縮尺をこれから作図する図面の縮尺S＝1/50に変更し、作図する図面用のレイヤ名を設定して、別のファイル名で保存しましょう。

キーワード

縮尺	P.310
図寸	P.311
図面枠	P.311

使いこなしのヒント

レッスン56で作図したファイルと同じ内容になっている

ここで用意されている練習用ファイル「L58_図面枠.jww」は、第6章レッスン56で作図して保存した「waku-a4.jww」と同じ内容のものです。

レッスン56で保存した図面枠を使用してもよい

作図の準備を整える

After 図面枠の縮尺と表記を変更する

レイヤ［1］〜［7］の名前を変更する

1 縮尺を変更する

レッスン53を参考に［縮尺・読取設定］画面を表示しておく

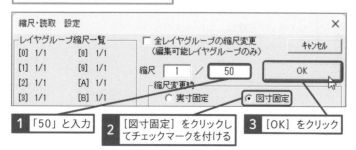

1 「50」と入力　**2** ［図寸固定］をクリックしてチェックマークを付ける　**3** ［OK］をクリック

ここに注意

文字の書き換えは、コントロールバーで指定した基点を基準に書き換えられることに注意してください。

154　できる

2 表題欄を変更する

レッスン30を参考に [文字]
コマンドを実行しておく

1 文字をクリック

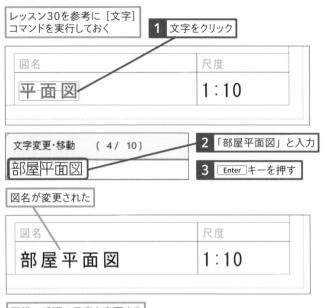

図名	尺度
平面図	1:10

2 「部屋平面図」と入力

文字変更・移動　　（ 4/ 10）

部屋平面図

3 Enter キーを押す

図名が変更された

図名	尺度
部屋平面図	1:10

同様の手順で尺度も変更する

図名	尺度
部屋平面図	1:50

3 レイヤ名を変更する

レッスン42を参考に [レイヤ一覧]
画面を表示しておく

1 レイヤ [0] を「図面枠」、レイヤ [1] を「通り芯・壁芯」、
レイヤ [2] を「壁」、レイヤ [3] を「建具」に変更

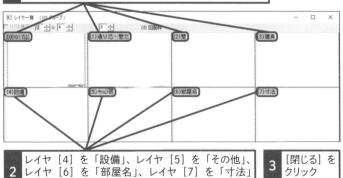

2 レイヤ [4] を「設備」、レイヤ [5] を「その他」、
レイヤ [6] を「部屋名」、レイヤ [7] を「寸法」
に変更

3 [閉じる] を
クリック

レッスン56を参考に別名で保存しておく

使いこなしのヒント
図寸を保ったまま縮尺を変更できる

[実寸固定] にチェックマークを付けた
まま縮尺変更をした場合、既存要素の
実寸法を保ち、用紙中央を原点として、
S=1/50の縮尺に変更します。そのため、
実寸では横幅30㎝未満の図面枠は、用紙
中央に小さくなってしまいます。手順1で
[図寸固定] を選択することで、既存要素
の用紙に対する大きさ（図寸）はそのま
まに、縮尺のみを変更します。そのため、
A4用紙に対する図面枠の大きさは変わり
ません。

使いこなしのヒント
図面のテンプレートは残しておく

第6章で作図したA4図面枠の図面ファイ
ル「waku-a4.jww」は、そのまま残して
おくため、ここまで変更を行った図面を別
の名前で保存します。保存手順は、レッ
スン56で行った図面の保存と同じです。
[新規] をクリックして開く [新規作成]
の「名前」ボックスに表示されるファイル
名を別の名前に変更して [OK] をクリッ
クします。

反転表示される編集中の図面の
ファイル名を変更する

59 通り芯を作図するには

通り芯の作成

練習用ファイル L59_通り芯.jww

レイヤ［1］（通り芯・壁芯）を書込レイヤにし、［線色6］の［一点鎖2］で、通り芯を作図しましょう。また、通り芯から1200mm外側に補助線を作図し、通り芯の出をその補助線に揃えましょう。

通り芯を作図する

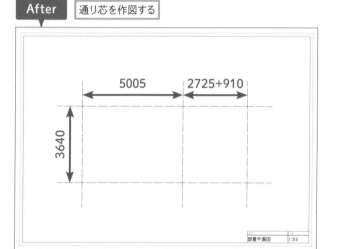

After　通り芯を作図する

1 書込線と書込レイヤを変更する

レッスン16を参考に書込線の線色を［線色6］、線種を［一点鎖2］にしておく

1 レイヤ［1］を右クリック

レイヤ［1］が書込レイヤになった

キーワード

書込線	P.310
壁芯	P.310
通り芯	P.312

使いこなしのヒント

完成図を印刷したものを見ながら進めよう

レッスン57でふれましたが、ここからは細部の寸法が分かるよう、「平面図完成.jww」を印刷したものを手元に置いて、進めてください。

平面図完成.jwwを印刷して参照しながら作業する

使いこなしのヒント

書込線を変更しておく

書込線の変更は、レッスン16を参考に［線属性］画面を表示して行ってください。

［線色6］の［一点鎖2］を選択しておく

線属性				✕
☐ SXF対応拡張線色・線種				
	線色1		実線	
	線色2		点線1	
	線色3		点線2	
	線色4		点線3	
	線色5		一点鎖1	
✓	線色6		一点鎖2	
	線色7		二点鎖1	

2 水平線と垂直線を作図する

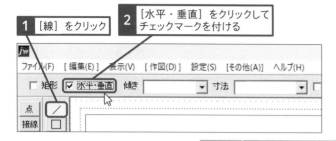

1 [線] をクリック

2 [水平・垂直] をクリックして
チェックマークを付ける

3 ここをクリック   4 ここをクリック

最終段階で位置を整えるので
大まかな場所でいい

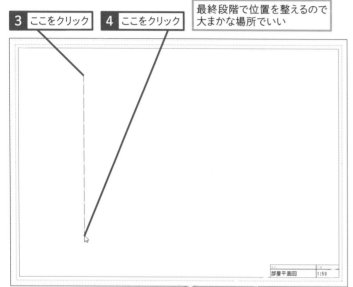

部屋平面図   1:50

垂直線が作図できた

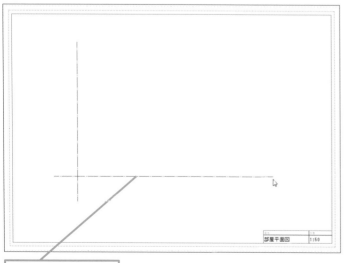

部屋平面図   1:50

同様の手順で水平線も
作図しておく

使いこなしのヒント

**通り芯の長さと位置は
大まかでよい**

この段階では、通り芯は適当な長さで、おおまかな位置に作図しておきます。後で長さを揃えます。作図位置も必要に応じて、後の手順で、整えます。

用語解説

通り芯（とおりしん）

建設する建物の設計、施工において基準となる平面上の線で、一般にX方向（水平方向）とY方向（垂直方向）に一点鎖線で作図します。柱や壁は通り芯を基準に配置するため、一般的に柱や壁の中心を通る線となります。内部を仕切る間仕切り壁や各建具なども通り芯からの寸法で設置位置を指定します。

使いこなしのヒント

通り芯は十分な長さにする

通り芯は、この後作図する部屋の上下左右からはみ出すぐらいの長さのつもりで作図してください。ただし、長すぎたり、短すぎたりした場合でも、手順7の操作を行うことで、適度な長さに揃えられますので、それほど神経質になる必要はありません。

次のページに続く→

③ 垂直線を平行複写する

レッスン14を参考に［複線］
コマンドを実行しておく

1 「5005」と入力

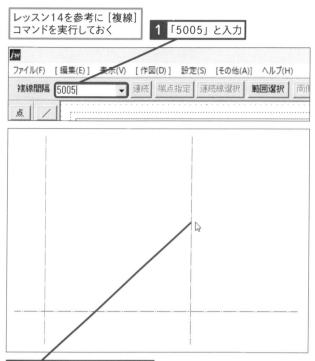

複線間隔 5005 連続 端点指定 連続線選択 範囲選択 両側

点 ／

2 垂直線を右方向に平行複写

複線間隔 2275+910 連続 端点指定 連続線選択 範囲選択 両側

点 ／

3 「2275+910」と入力

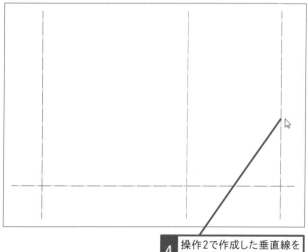

4 操作2で作成した垂直線を右方向に平行複写

💡 使いこなしのヒント

［複線］の操作方法をおさらいしよう

ここでは、複写対象線を右クリックするなどの操作の記載を省いています。［複線］コマンドの操作方法はレッスン14で確認してください。

💡 使いこなしのヒント

次の通り芯までの間隔を数式として入力する

［複線間隔］などの数値入力ボックスへの入力は、計算式を入力することも可能です。完成図を見ると、次の通り芯までの間隔が2275＋910（または1820＋1365）mmのため、計算式「2275＋910」を入力します。

💡 使いこなしのヒント

水平方向の通り芯が短くてもよい

水平方向の通り芯が短くて、ここで平行複写した通り芯と交差していなくとも支障ありません。後で通り芯の出を揃える際に修正されます。

活用編　第7章　部屋の平面図を作るには

4 水平線を平行複写する

1 「3640」と入力

2 水平線を上方向に平行複写

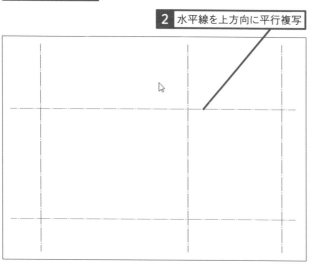

5 書込線を変更する

レッスン16を参考に [線属性]
画面を表示しておく

1 [線色2] を
クリック

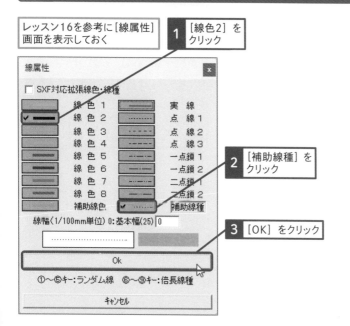

2 [補助線種] を
クリック

3 [OK] をクリック

💡 使いこなしのヒント

水平線の複写は部屋の幅に
合わせる

水平線は、部屋の幅である3640mm上に
平行複写します。

💡 使いこなしのヒント

手順4の結果と違っても問題ない

はじめに [線] コマンドで作図した水平線
と垂直線の長さがそれぞれ違うため、手
順4までで左図とほぼ同じように作図でき
た場合もあれば、水平線が短くて右端の
垂直線に交差していない場合もあるかと
思いますが、この後の操作で、上下左右
の通り芯からの出の長さ（はみ出す部分）
を揃えるので問題ありません。

💡 使いこなしのヒント

通り芯の出を揃える基準線を
作図する

通り芯の出を揃えるための基準線を補助
線で作図します。そのため、書込線を補
助線種に変更します。補助線種は印刷さ
れない線種です。

次のページに続く➡

6 補助線を作図する

レッスン14を参考に［複線］
コマンドを実行しておく

1 「1200」と入力

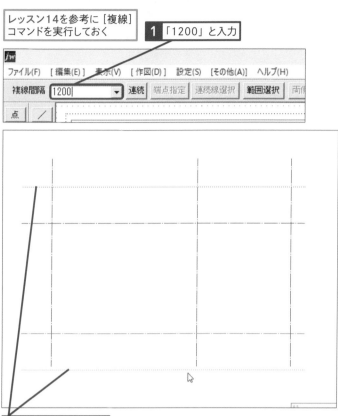

2 水平線を通り芯の
外側に複製

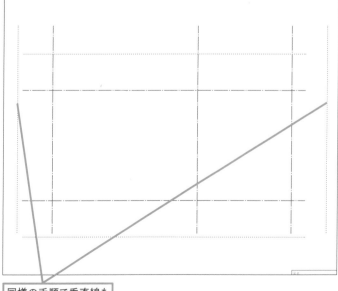

同様の手順で垂直線も
複製する

使いこなしのヒント

通り芯の出に合わせて補助線を作図する

上下左右の通り芯から1200mm外に補助線を作図します。この補助線まで、各通り芯を伸縮するので、通り芯の出は1200mmになります。ここでは、用紙に対する平面図のおおまかな大きさと寸法を記入する位置を考慮して、出の寸法を1200mmとしました。この部分の長さは図面完成後に変更することも可能なので、おおまかな目安で決めて問題ありません。

使いこなしのヒント

補助線が通り芯と離れてもよい

通り芯の出を揃えるための基準線として、通り芯から1200mm外側に補助線を作図します。ここで作図する補助線が通り芯と交差せずに、下図のように離れても支障ありません。

通り芯と補助線は交差したり
離れたりしていても構わない

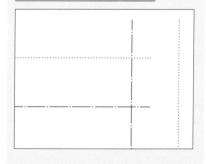

7 通り芯の出を揃える

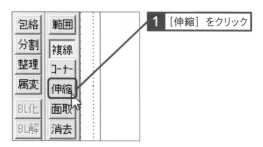

1 [伸縮] をクリック

2 補助線を右ダブルクリック

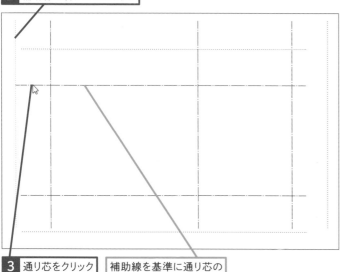

3 通り芯をクリック

補助線を基準に通り芯の
長さが調整された

他の通り芯の長さも外側の
補助線を基準に調整する

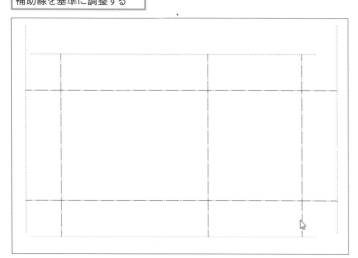

レッスン10を参考に [消去] コマンドを
実行して補助線を消去しておく

使いこなしのヒント

[伸縮] の操作をおさらいして おこう

[伸縮] コマンドの基本操作については、レッスン15を参考にしてください。伸縮の基準線の変更は右ダブルクリックで行います。

使いこなしのヒント

補助線は消去する

通り芯の出を揃えたら、不要になった4本の補助線は、[消去] コマンドで右クリックして消去しましょう。

[消去] コマンドを実行し、不要な
補助線をクリックして消去する

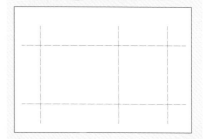

60 壁芯を作図するには

| 壁芯の作成 | 練習用ファイル | L60_壁芯.jww |

活用編

第7章

部屋の平面図を作るには

レイヤ［1］（通り芯・壁芯）に［線色6］の［一点鎖2］で、壁芯を作図しましょう。壁芯は［複線］コマンドを使って、通り芯を任意の長さで平行複写することで作図します。

複線コマンドで壁芯を作図する

Before 通り芯と長さの異なる壁芯を追加したい

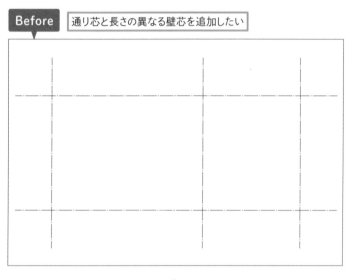

↓

After 複線コマンドで壁芯を追加した

910 | 1820 | 1365

1820

455

910

🔍 キーワード

壁芯	P.310
通り芯	P.312
平行複写	P.313

💡 使いこなしのヒント

長さを指定して平行複写ができる

［複線］コマンドでは、指定間隔の位置に、複写対象にした線と同じ長さで平行複写されます。ここでは、始点と終点を指定して違う長さで平行複写する［端点指定］を新しく学習します。

［端点指定］を使って始点と終点を指定する

🔍 用語解説

壁芯（かべしん）

ここでいう壁芯（かべしん）は、壁の中心を通る基準線のことです。分譲マンションの販売図面や戸建ての建物の登記簿などで建物面積を表示する方法として使われている壁芯（へきしん：壁の中心線に囲まれた部分の面積）とは別のものを指します。

1 水平方向の壁芯を作図する

レッスン16を参考に書込線を［線色6］
［一点鎖2］にしておく

レッスン14を参考に［複線］
コマンドを実行しておく

1 「1820」と入力

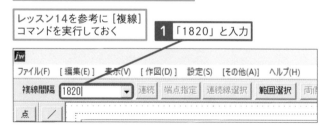

2 この通り芯を右クリック

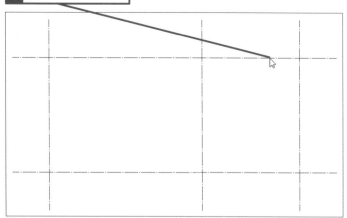

3 ［端点指定］をクリック

4 始点位置をクリック

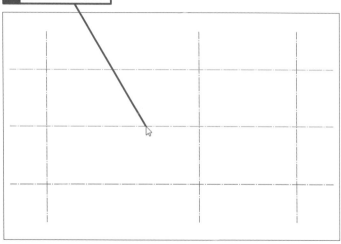

次のページに続く➡

⏱ 時短ワザ

線色・線種と書込レイヤを同時に設定できる

［属取］コマンドをクリックし、作図済みの通り芯をクリックすることで、書込線が通り芯と同じ［線色6］の［一点鎖線］になります。［属取］コマンドでは、クリックした線と同じ線色・線種を書込線色・線種にし、クリックした線が作図されているレイヤを書込レイヤにします。

［属取］コマンドを実行して通り芯の線をクリックすると同じ書込線に設定できる

💡 使いこなしのヒント

始点と終点を指示する

［複線］コマンドで作図方向を指示する前に［端点指定］をクリックし、始点と終点を指示することで、複写対象の線とは異なる長さで平行複写できます。線の始点を指示するため、操作4ではおおよその位置をクリックします。

● 終点と方向を指定する

| 5 | 終点位置として上の通り芯の右端点を右クリック |

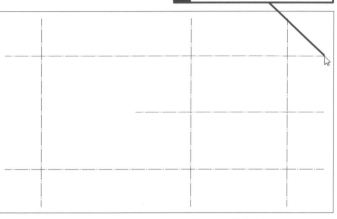

| 6 | 作図方向をクリック | 壁芯が作図される |

2 同間隔で垂直方向の壁芯を作図する

手順1を参考に中央の通り芯を1820mm右に平行複写し、右端の通り芯の上端点を始点として壁芯を作成

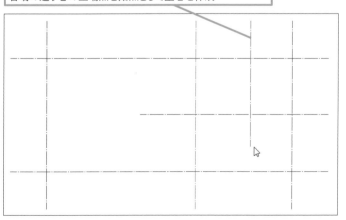

使いこなしのヒント
操作5で終点を指示する

前ページの操作4でクリックした位置からマウスポインターまで平行複写される線がプレビュー表示されます。操作5では平行複写する線の終点を指示します。ここでは、通り芯と出を揃えるため、通り芯の右端点を右クリックします。

使いこなしのヒント
作図方向を決めて確定する

始点・終点指示が完了したら、操作6で作図方向を決めるクリックをして線の平行複写を確定します。

⚠ ここに注意

手順2では、中央の通り芯を1820mm右に平行複写して、洗面室と浴室の間の壁芯を作図します。

3 複線間隔を変更して壁芯を作図する

右の［使いこなしのヒント］を参考に複線間隔を設定する

［複線間隔］を「910」
にしておく

手順1を参考に中央の通り芯を複製し、左側の
通り芯の上端点を始点として壁芯を作成

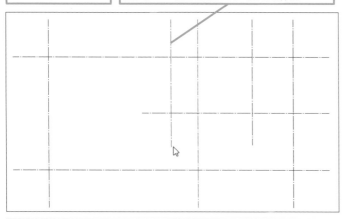

手順1を参考に右の通り芯を複製し、中央の
通り芯の下端点を始点として壁芯を作成

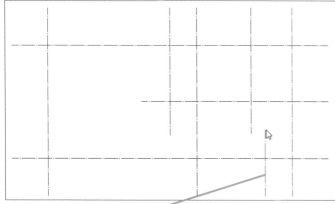

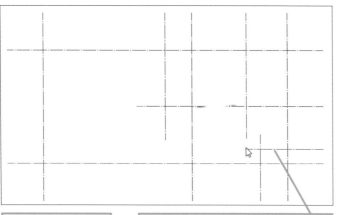

［複線間隔］を「455」
にしておく

手順1を参考に下の通り芯を複製し、上の
通り芯の右端点を基準として壁芯を作成

⚠ ここに注意

手順3では中央の通り芯を910mm左に
平行複写して、トイレと洋室の間の壁芯
を作図します。続けて、右端の通り芯を
910mm左に平行複写し、さらに下端の通
り芯を455mm上に平行複写して、部屋と
パイプスペースの間の壁芯を作図します。

💡 使いこなしのヒント

複線間隔を確認しておこう

手順3で作図する壁芯と通り芯の間隔は下
図を参考にしてください。

図面各部の寸法を参考に
［複線間隔］を決定する

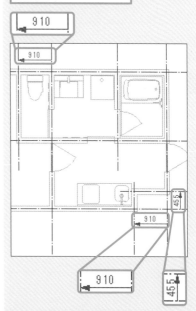

61 各部の寸法を記入するには

寸法の一括処理　　　　　　　　　　　　　　　　　　　練習用ファイル　L61_一括寸法.jww

活用編

第7章

部屋の平面図を作るには

レイヤ［7］（寸法）を書込レイヤにし、通り芯・壁芯間の寸法を記入しましょう。寸法の記入方法はレッスン35で学習していますが、ここでは、複数の線の間の寸法を一括して記入する便利な［一括処理］も学習しましょう。

効率よく寸法を記入する

Before 各部の寸法を記入したい

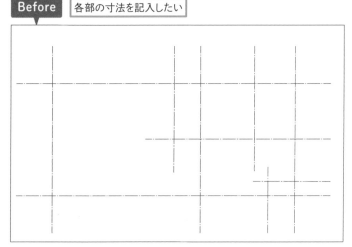

After 一括処理などを使ってすばやく寸法を記入できる

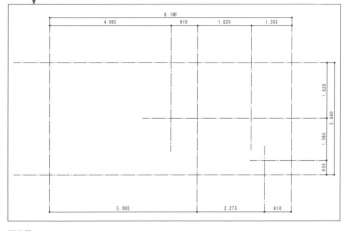

🔍 キーワード

壁芯	P.310
寸法	P.311
通り芯	P.312

💡 使いこなしのヒント

［寸法］の操作をおさらいしよう

［寸法］コマンドの基本操作については、レッスン35 〜 40をご参照ください。

［寸法］をクリックし、作図画面左上の表示を確認しながらコントロールバーの項目をクリックして設定する

💡 使いこなしのヒント

寸法を記入することで間隔を確認できる

通り芯・壁芯を作図したこの段階で、通り芯・壁芯間の寸法を記入することで、通り芯間の間隔を誤って作図していないかを早い段階で確認できます。

1 上側に壁芯間の寸法を一括記入する

レッスン59を参考に書込レイヤ
を［7］（寸法）にしておく

1 ［寸法］を
クリック

2 ここをクリックして
［-］を選択

3 ここをクリックして
［端部●］を選択

4 寸法位置として通り芯の
上端点を右クリック

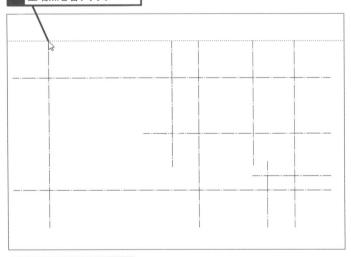

5 ［一括処理］をクリック

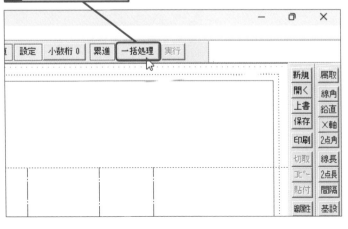

⚠ ここに注意

手順1で書込レイヤの変更を忘れないよう
にしましょう。書込レイヤはレイヤバー（凹
表示）で確認するほか、ステータスバー
の［書込レイヤ］ボタンの表示でも確認
できます。

［書込レイヤ］ボタンの表示で
書込レイヤを確認できる

| A-4 | S=1/50 | [0-7]寸法 | ∠0 |

💡 使いこなしのヒント

**引出線タイプと端部形状の
変更方法をおさらいしよう**

引出線タイプを決める［-］は、クリック
する都度、［=］［=(1)］［=(2)］に切り替
わります。寸法線の端部形状を決める［端
部●］はクリックする都度、［端部->］［端
部-<］に切り替わります。

💡 使いこなしのヒント

寸法を一括で記入できる

［一括処理］では、始めの線と終わりの線
をクリックすることで、その間の線間の寸
法を一括して記入します。

次
の
ペ
ー
ジ
に
続
く
➡

● 始線と終線を指定して実行する

6 始線として左端の通り芯
をクリック

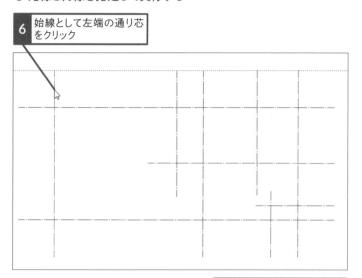

7 終線として右端の通り芯
をクリック

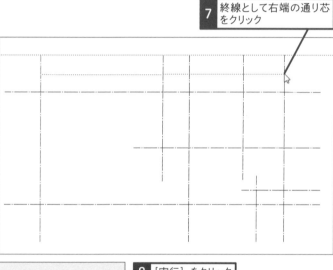

8 [実行] をクリック

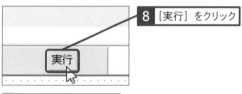

寸法が一括で記入された

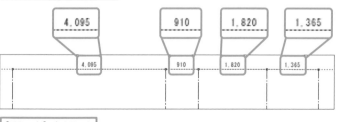

[リセット] をクリック
しておく

使いこなしのヒント

プレビュー表示を確認しながら
操作しよう

操作6で左端の通り芯を始線としてクリックすると、その位置からマウスポインターまで赤い点線がプレビュー表示されます。終線指示時に赤い点線に交差する線が、寸法一括処理の対象になります。寸法を記入する通り芯・壁芯に赤い点線が交差する位置で、操作7の終わりの線をクリックしてください。

使いこなしのヒント

一括処理の対象を追加したり
除外したりするには

操作8で寸法一括処理を実行する前に、操作6、操作7でクリックした線とその間の赤い点線に交差した線が対象として選択色表示になります。この段階で、別の線をクリックすることで、寸法記入の対象に追加したり、選択色の線をクリックすることで対象から除外したりできます。

2 外側に全体の寸法を記入する

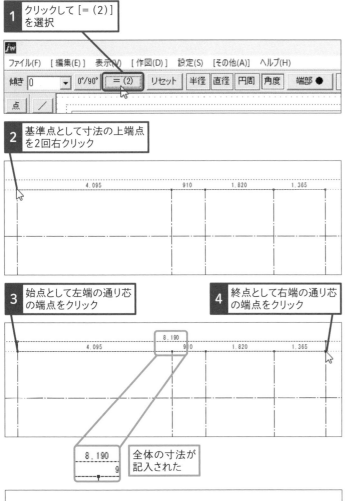

1 クリックして [＝(2)] を選択

2 基準点として寸法の上端点を2回右クリック

3 始点として左端の通り芯の端点をクリック

4 終点として右端の通り芯の端点をクリック

全体の寸法が記入された

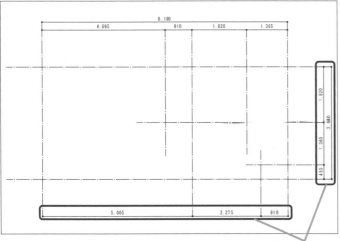

同様の手順で一括処理を利用して下側、右側の寸法も記入する

⚠ ここに注意

引出線タイプ [＝(1)] と [＝(2)] では、基準点として右クリックした点から下側（傾きが90°のときは右側）に引出線開始位置と寸法線位置のガイドラインを表示します。基準点の上側（または左側）に表示する場合には、基準点を2回右クリックします。基準点を右クリックしてマウスポインターを動かした場合には、ガイドラインは下側に表示されます。その場合は、[クリアー] ボタンをクリックして基準点指示からやり直してください。

1回めの右クリックでは寸法線の記入位置が下側に表示される

💡 使いこなしのヒント

垂直方向の寸法を記入するには

垂直方向の寸法を記入するには、[0°/90°] ボタンをクリックして [傾き] ボックスを「90」にします。

右側の寸法は [傾き] を「90」にして記入する

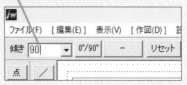

62 目盛を表示するには

目盛の表示

練習用ファイル　L62_目盛の表示.jww

壁の作図や建具の配置の際に便利に点を指示できるよう、910mm間隔で目盛を表示しましょう。ここでは、作図済みの通り芯の交点に合わせ、910mm間隔の目盛点とその1/2（455mm）の目盛点を表示します。

活用編

第7章

部屋の平面図を作るには

🔍 キーワード

ステータスバー	P.311
目盛	P.313
目盛点	P.313

🔍 用語解説

目盛（めもり）

Jw_cadでは、作図の目安として、一定間隔で点を表示する機能があります。この点は印刷されませんが、右クリックで読み取ることができます。これを「目盛」と呼びます。目盛は、図寸（mm）指定が基本ですが、実寸(mm)での指定もできます。

目盛は右クリックで読み取りができ、印刷はされない

図面に目盛を表示する

Before 作図の目安になる目盛を表示したい

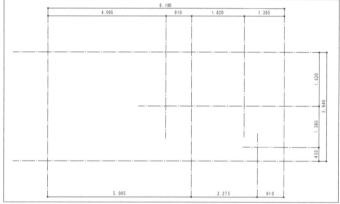

↓

After 黒と青の目盛が表示できた

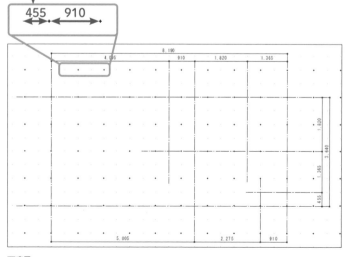

💡 使いこなしのヒント

目盛の間隔を確認しておこう

このレッスンでは、910mm間隔の目盛点（黒）と、それを2等分する目盛点（水色）を表示するように設定します。

1 目盛を設定する

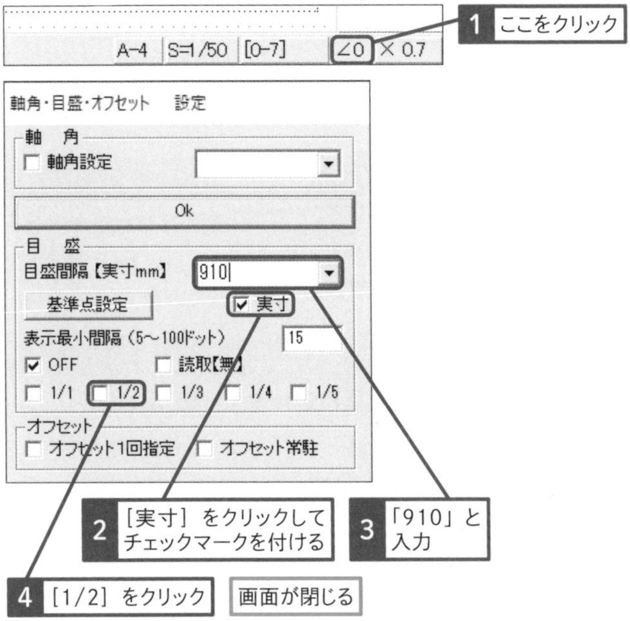

A-4
S=1/50
[0-7]
∠0
× 0.7
1 ここをクリック
軸角・目盛・オフセット　設定
軸　角
軸角設定
Ok
目　盛
目盛間隔【実寸mm】
910
基準点設定
実寸
表示最小間隔（5～100ドット）
15
OFF
読取【無】
1/1
1/2
1/3
1/4
1/5
オフセット
オフセット1回指定
オフセット常駐
2 ［実寸］をクリックしてチェックマークを付ける
3 「910」と入力
4 ［1/2］をクリック
画面が閉じる

2 基準点を設定する

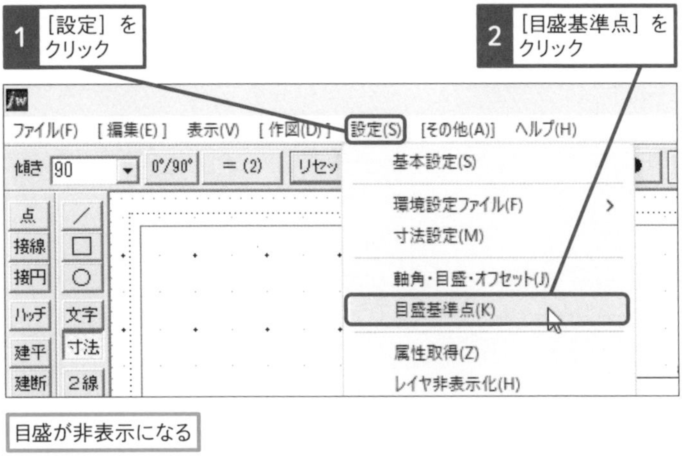

1 ［設定］をクリック
2 ［目盛基準点］をクリック
ファイル(F)
[編集(E)]
表示(V)
[作図(D)]
設定(S)
[その他(A)]
ヘルプ(H)
傾き
90
0°/90°
＝(2)
リセッ
基本設定(S)
環境設定ファイル(F)
寸法設定(M)
軸角・目盛・オフセット(J)
目盛基準点(K)
属性取得(Z)
レイヤ非表示化(H)
点
接線
接円
ハッチ
建平
建断
文字
寸法
2線
目盛が非表示になる

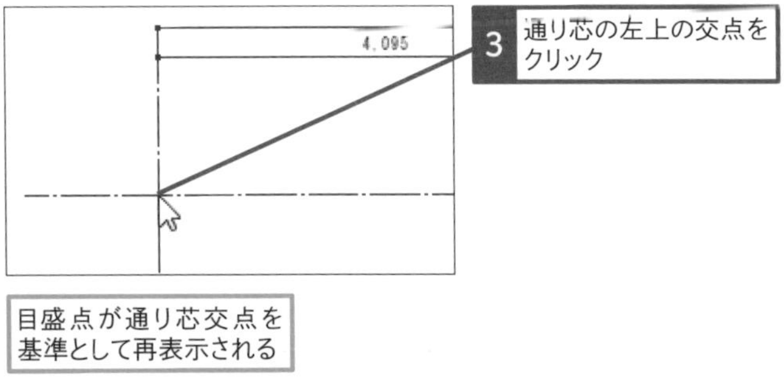

4,095
3 通り芯の左上の交点をクリック
目盛点が通り芯交点を基準として再表示される

使いこなしのヒント

目盛を実寸で指定する

実寸で目盛の間隔を指定するため、[実寸]にチェックマークを付けます。

ここに注意

目盛を設定したのに表示されないときは、まず、ステータスバーの [∠0] の後ろに「・」が付いているかを確認してください。

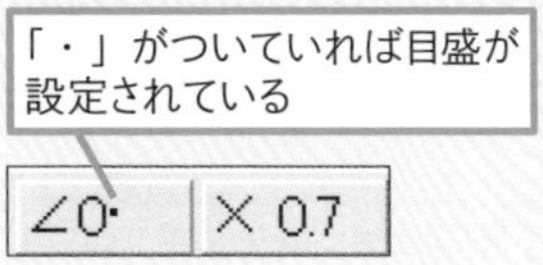

「・」がついていれば目盛が設定されている
∠0・
× 0.7

使いこなしのヒント

表示倍率などによっても目盛が表示されない場合がある

表示する設定でも、設定した目盛と画面の拡大倍率によって目盛点が表示されない場合があります。その場合は、［表示倍率］をクリックし、［画面倍率・文字表示設定］画面の［目盛表示最小倍率］をクリックしてください。画面倍率が変更され、目盛点が表示されます。

使いこなしのヒント

黒い点と水色の点の違いを確認しよう

手順1の操作4で［1/2］をクリックしたため、910mm間隔の黒い目盛点とその間を2等分割する水色の目盛点が表示されます。ここでは、便宜上、黒い点を「目盛点」、水色の点を「1/2目盛点」と呼ぶことにします。操作4で［1/3］をクリックした場合には、910mm間隔の目盛を3等分割する1/3目盛点が表示されます。

レッスン 63 壁線を作図するには

2線　　　　　　　　　　　　　　練習用ファイル　L63_2線.jww

活用編

第7章

部屋の平面図を作るには

レイヤ［2］（壁）を書込レイヤにし、［線色2］の［実線］で、通り芯・壁芯からの振分け75mmの壁を作図しましょう。ここでは、基準線の両側に指定間隔の平行線を作図する［2線］コマンドを利用して壁を作図します。

通り芯をもとに壁線を作図する

Before 芯の両側に線を手早く作図したい

After 芯振分け75mmの壁線を作図できた

🔍 キーワード

通り芯	P.312
留線	P.312
目盛	P.313

💡 使いこなしのヒント

目盛に合わせて作図しよう

［2線］コマンドは、基準線の両側に指定間隔の平行線を、始点・終点指示で作図します。ここでは、開口部分を空けて壁を作図します。その際の始点・終点として指示するための点として、レッスン62で、910mm間隔の目盛を表示しました。

💡 使いこなしのヒント

異なる間隔の2線も作図できる

ここでは、［2線］コマンドで、基準線から両側に75mm振分けの2線を作図します。［2線］コマンドでは、［2線の間隔］ボックスに「,」（カンマ）で区切って2つの数値を入力し、異なる間隔で振分けた2線を作図することも可能です。その方法については、レッスン87で紹介します。

🔍 用語解説

振分け（ふりわけ）

二分する、配分するという意味のある言葉ですが、ここでは、通り芯や壁芯などの基準線からその両側の壁線までの間隔を示すために用いています。一般に「75mm振分け」といえば、基準線を中心とした厚さ150mmの壁のことです。

1 | 2線コマンドを実行する

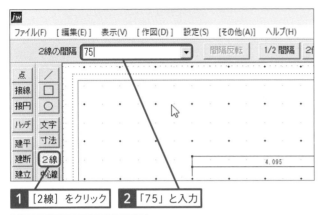

| 1 | [2線] をクリック | | 2 | 「75」と入力 |

| 3 | [留線常駐] をクリックしてチェックマークを付ける | 4 | 「75」と入力 |

2 | 基準線と始点を設定する

レイヤ [2] を書込レイヤにしておく

レッスン16を参考に書込線を [線色2] [実線] にしておく

| 1 | 基準線として左側の通り芯をダブルクリック |

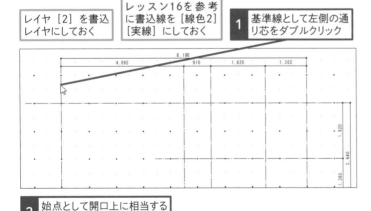

| 2 | 始点として開口上に相当する目盛点を右クリック |

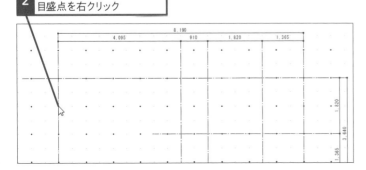

用語解説

留線常駐（とめせんじょうちゅう）・留線出（とめせんで）

Jw_cadの [2線] コマンドや [複線] コマンドで、2本の線の端部に作図される線を「留線」と呼びます。「留線出」は、本来の線端部から留線までの間隔です。「留線常駐」は、留線を作図する機能を1度だけではなく、継続して使用する指定のことを指します。

ここに注意

手順2で書込レイヤをレイヤ [2]（壁）、書込線を [線色2] の [実線] に変更することを忘れないでください。書込線は [線属性] バーを右クリックすることで、線色2の実線になります。

使いこなしのヒント

開口上部の目盛点をクリックする

手順2でクリックする点は、下図のように開口上部の目盛点です。

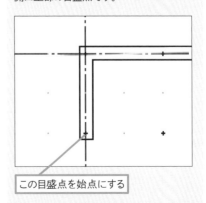

この目盛点を始点にする

63

2
線

次のページに続く ➡

3 上側の壁線を作図する

1 次の基準線として上側の
通り芯をダブルクリック

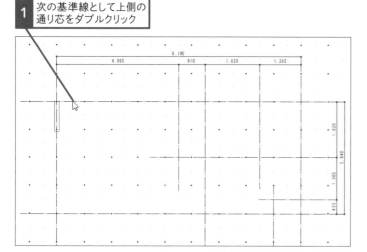

壁線が作図された

2 次の基準線として右側の
通り芯をダブルクリック

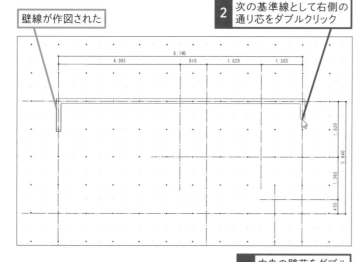

続けて壁線が作図された

3 中央の壁芯をダブル
クリック

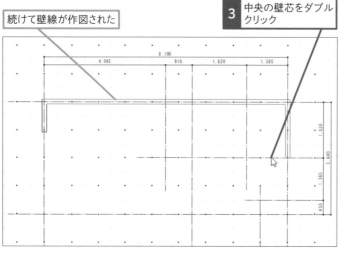

使いこなしのヒント

**基準線をダブルクリックして
つなげていく**

［2線］コマンドでは、基準線をクリック
し、始点と終点を指示することで、基準
線の両側に指定間隔で平行線を作図しま
す。手順3の操作1のように終点を指示せ
ずに、次の基準線をダブルクリックするこ
とで現在プレビュー表示されている2線に
つなげて次の2線を作図できます。

使いこなしのヒント

［複線］を使っても作図できる

このレッスンで作図する75mm振分けの
壁は、［複線］コマンドを使って作図する
ことも可能です。その方法については、レッ
スン86で紹介します。また、ここでは開
口部分を残して壁を作図しますが、基準
線の両側に壁を作図した後で、開口部を
開けるという手順で作図することもできま
す。その方法についてはレッスン64で紹
介します。このように、壁と開口部を作図
する方法は1つではありません。

---

4 終点を指定する

1 壁芯との交点を右クリック

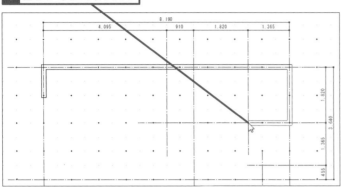

壁線が確定した

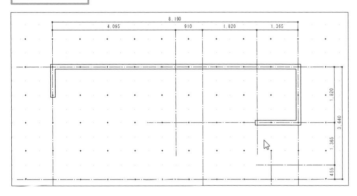

5 下側の壁線を作図する

手順2、手順3と同様の手順で右下の
ヒントを参考に下側の壁線を作図する

**1 基準線として通り芯を
ダブルクリック**

右のヒントを参考に基準線を
順にダブルクリックする

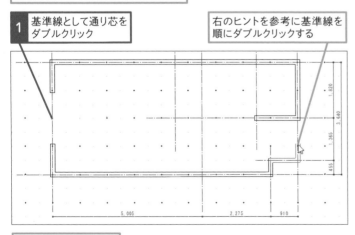

下側の壁線が確定した

使いこなしのヒント

**作図した壁線の終点部分を
確認しよう**

作図した壁線の終点部分を見てみましょ
う。手順1の操作3、操作4で指定した通り
の位置に留線が作図されています。

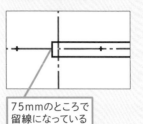

75mmのところで
留線になっている

使いこなしのヒント

**基準線をダブルクリックして
つなげる**

手順5の操作1で始点指示後、下図の順に
基準線をダブルクリックで指示し、終点
として下図の目盛点を右クリックします。

❶～❹の順にダブルクリックして
基準線に設定する

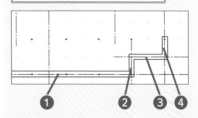

練習用ファイル　L64_指示線包絡.jww

レッスン63で作図した壁線からつなげて、内側の壁線を同じ間隔（壁芯から75mm振分け）で作図します。基準線を指示した後、始点指示時に作図済みの壁線を右ダブルクリックすることで、作図済みの壁線からつなげて壁線を作図できます。

壁線を途中から分岐させる

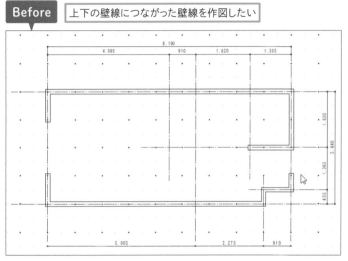

Before　上下の壁線につながった壁線を作図したい

After　壁線を分岐させて作図できた

キーワード

壁芯	P.310
線色	P.311
線種	P.311

使いこなしのヒント

このレッスンで練習用ファイルを開く場合は

レッスン63から続けて、[2線] コマンドで内側の壁線を作図します。このレッスンの練習用ファイルを開いて手順を始める場合には、[2線] コマンドをクリックし、[2線の間隔] ボックスの数値と [留線常駐] のチェックマーク、[留線出] ボックスの数値を確認してください。

用語解説

包絡処理（ほうらくしょり）

壁と壁、柱と壁の線が重なったり、交差したりした部分を、それらが一体化するように一括して処理するCADの機能です。Jw_cadの [包絡] コマンドでは、柱、壁の線に限らず、同じレイヤに同じ線色・線種で作図されている線を対象として処理を施します。ここで利用する [2線] コマンドの包絡処理は、レイヤ・線色・線種にかかわりなく、右ダブルクリックした線からつなげた2線を作図します。

1 始点を指定する

レッスン63を参考に [2線] をクリックして壁芯をクリックしておく

1 基準線として左側の壁芯をダブルクリック

2 始点として壁線を右ダブルクリック

壁線がつながった

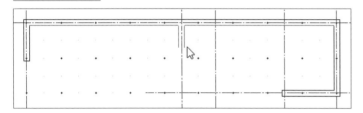

2 追加の壁線を作図する

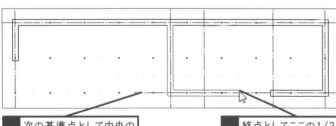

1 次の基準点として中央の壁芯をダブルクリック

2 終点としてここの1/2目盛点を右クリック

壁線が確定した

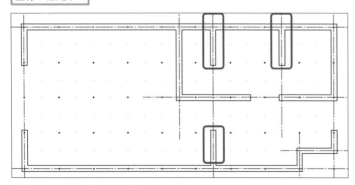

同様の手順で残り3か所の壁線も作図する

⚠ ここに注意

手順1操作2の始点指示時や終点指示時に、点ではなく、既存線を右ダブルクリックすることで既存線につなげた2線を作図します。既存の線を右ダブルクリックする位置に注意が必要です。

これから作図する2線に対し、つなげる壁線に残す側を右ダブルクリックする

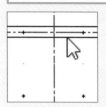

右ダブルクリックした側の壁線が残って2線につながった

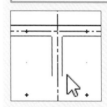

💡 使いこなしのヒント

残りの壁も作図する

基準線をダブルクリックで変更し、始点指示時に既存の壁を右ダブルクリックする位置に注意して残りの壁も作図しましょう。いずれも終点は目盛点を右クリックします。

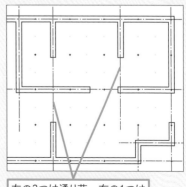

左の2つは通り芯、右の1つは壁芯を基準線に作成する

レッスン
65 建具を配置するには

建具の配置 | 練習用ファイル L65_建具の配置.jww

活用編 第7章 部屋の平面図を作るには

レイヤ [3]（建具）に、図形として用意されている窓、ドアなどの建具を配置します。ここでは、開口部中心の目盛点を指示して配置します。目盛点を指示しやすいよう、通り芯・壁芯線が作図されているレイヤ [1] を非表示にして行いましょう。

ドアや引き戸などの建具を配置する

Before | 開口部中心の目盛点に合わせて建具を配置したい

↓

After | 通り芯や壁芯を非表示にして建具を配置した

キーワード

壁芯	P.310
基準点	P.310
通り芯	P.312

使いこなしのヒント

建具の図形も曲線属性が付加されている

ここで配置する建具の図形も、レッスン47、48で行った、曲線属性を付加して図形登録したものです。配置後に消去する場合には、[消去] コマンドで、その一部を右クリックすることで、配置した建具を消去できます。

使いこなしのヒント

作業の工程を意識してレイヤを描き分けよう

通り芯、壁芯は、すべてレイヤ [1] に作図しているため、レイヤ [1] を非表示にすることで、作図画面から一時的に消すことができます。作図画面を見やすいように、そのレイヤに作図されている点を右クリックで読取らないように、あるいは、消去操作をする際にそのレイヤに作図されているものを消さないようにといった場合に、このようにレイヤを描き分けてあると便利です。

178 **できる**

1 引違戸を配置する

レッスン44を参考にレイヤ1を非表示にし、
レイヤ3を書込レイヤにしておく

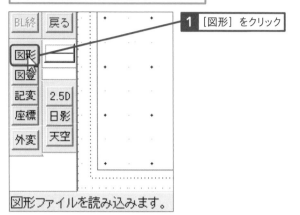

1 [図形] をクリック

図形ファイルを読み込みます。

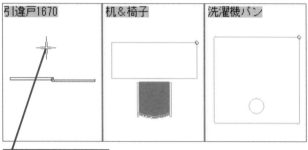

2 [引違戸1670] を
ダブルクリック

3 ここをクリックして [回転角]
を [90] にする

倍率 □ 回転角 90 □ 90°毎 マウス角

4 開口中心の目盛点を
右クリック

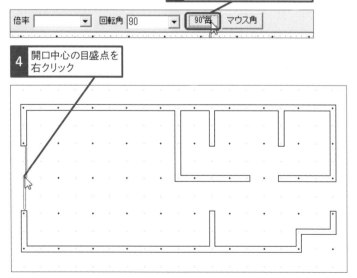

引違戸が配置された

次
の
ペ
ー
ジ
に
続
く ➡

⚠ **ここに注意**

建具を配置するレイヤ [3] を書込レイヤ
にすることと、通り芯・壁芯が作図されて
いるレイヤ [1] を非表示にすることを忘
れないようにしましょう。

レイヤ [1] を非表示レイヤ、レイヤ [3]
を書込レイヤにする

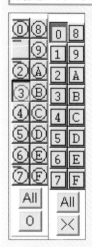

💡 **使いこなしのヒント**

[属取] でレイヤを非表示に
するには

非表示にしたい通り芯・壁芯がどのレイ
ヤに作図されているのか分からないとき
は、[属取] コマンドを2回クリックして、
作図画面左上に [レイヤ非表示化] と表
示されたら、通り芯をクリックしてくださ
い。クリックした要素が作図されているレ
イヤが非表示になります。ただし、それ
が書込レイヤの場合は、[書込レイヤです]
と表示され変化しません。

[レイヤ非表示化] と表示されたら
非表示にしたい要素をクリックする

レイヤ非表示化

2 片開戸を配置する

1 [図形選択] をクリック

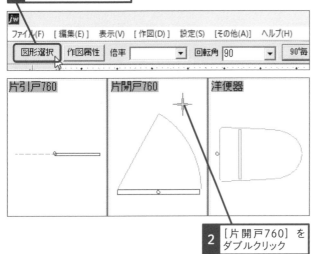

2 [片開戸760] を
ダブルクリック

3 ここをクリックして [回転角] を
[270] にする

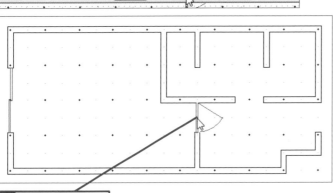

4 開口中心の目盛点を
右クリック

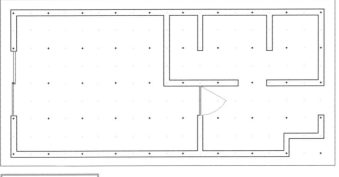

片開戸が配置された

ここで利用する図形[片開戸]は、片開戸の中心を基準点として登録されています。そのため、開口の中心点にあたる目盛点を右クリックして配置します。自分で建具図形を作成する場合には、平面図に配置する際にどこを基準点として配置するのが適正なのかを考慮して、基準点を決めてください。

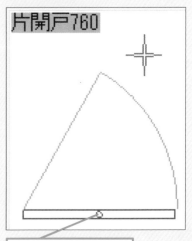

[片開戸] の基準点は戸の
中心に位置している

💡 使いこなしのヒント

図形の回転角を切り替えるには

[図形] コマンドのコントロールバー [90°毎] ボタンをクリックすると、図形の回転角が [90] [180] [270] [0] と切り替わります。右クリックでは逆回りに切り替わります。

3 片引戸を左右反転して配置する

1 ここをクリック

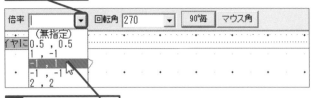

2 [-1、1] をクリック

3 開口中心の目盛点を
右クリック

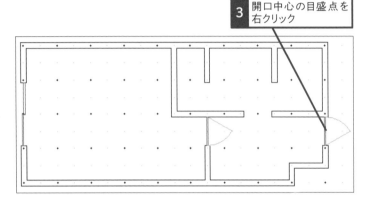

左右反転して配置された

4 片引戸を2か所に配置する

同様の手順で［片引戸760］を
2か所に配置する

左右反転した状態で回転角
「180」で配置

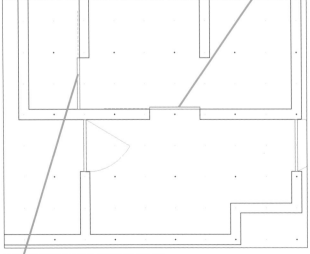

［倍率］を［無指定］に変更して
回転角「270」で配置

使いこなしのヒント

図形の倍率を変えて配置するには

［図形］コマンドのコントロールバー［倍率］ボックスに、登録時の図形の大きさを「1」とした倍率を入力することで、図形の大きさを変えて配置できます。倍率は、横方向の倍率と縦方向の倍率を「,」で区切って入力します。横方向と縦方向は、サムネイル表示の姿に対する横と縦です。［引違戸1670］で倍率「0.5,1」を指定すると、縦方向の厚みはそのままで、横幅が半分になります。手順3の操作2では、倍率として「-1,1」を指定しました。倍率はいずれも「1」なので大きさはそのままで、横方向の倍率に「-」（マイナス）が付いているので、左右を反転します。

ここに注意

［片引戸760］は、入リロ壁の角を右クリックして配置します。右クリックした付近に複数の点が存在する場合、目盛点を優先して読み取る性質があります。誤って目盛点を読み取らないよう、充分に拡大表示をして、壁の角を右クリックしてください。

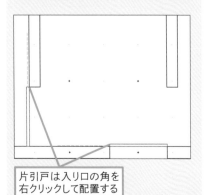

片引戸は入リロの角を
右クリックして配置する

レッスン 66 バスやトイレを配置するには

衛生機器の配置

練習用ファイル L66_衛生機器配置.jww

レイヤ［4］（設備）に、図形として用意されている洋便器、ユニットバスなどの設備機器を配置します。ここでは、壁の角などを右クリックして配置します。誤って目盛点を読み取らないよう、目盛を非表示にして行いましょう。

活用編

第7章

部屋の平面図を作るには

🔍 キーワード

基準点	P.310
目盛	P.313
レイヤ	P.313

💡 使いこなしのヒント

目盛の表示を切り替えるには

[軸角・目盛・オフセット設定] 画面の [OFF] をクリックすることで、画面が閉じ、作図画面の目盛が非表示になります。再度、同じ間隔の目盛を表示するには、[軸角・目盛・オフセット設定] 画面を開き、[1/2] をクリックしてください。

バスやトイレなどの衛生機器を配置する

Before 各部屋の衛生機器を配置したい

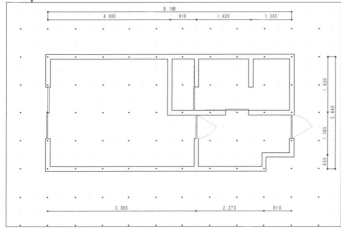

↓

After 目盛点を非表示にして衛生機器を配置した

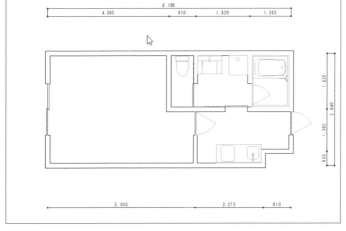

💡 使いこなしのヒント

目盛を非表示にして作業する

図形として用意されている洋便器、ユニットバスなどの設備機器をレイヤ [4] (設備) に配置します。これらの図形は、壁の角などを右クリックして配置します。誤って目盛点を読み取らないよう、目盛を非表示にして行いましょう。

1 目盛を非表示にする

レッスン62を参考に［軸角・目盛・オフ
セット　設定］画面を表示しておく

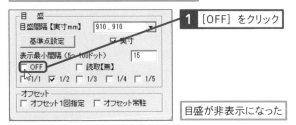

1 ［OFF］をクリック

目盛が非表示になった

レイヤ［4］を書込レイヤに
しておく

2 洋便器を壁線の中点に合わせて配置する

レッスン45を参考に［図形］を
クリックしておく

［図形選択］をクリックしてファイル
選択画面を表示しておく

1 ［洋便器］をダブル
クリック

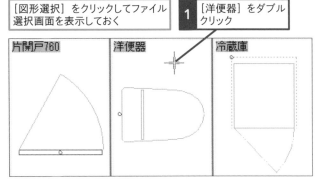

2 回転角を［270］に設定

3 ［設定］をクリック

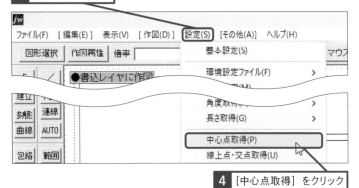

4 ［中心点取得］をクリック

⚠ ここに注意

設備はレイヤ［4］に配置します。手順1
の最後でレイヤ［4］を書込レイヤにする
ことを忘れないようにしましょう。

レイヤ［4］を右クリックして
書込レイヤにしておく

💡 使いこなしのヒント

中心点を取得して配置する

手順2では、洋便器の基準点を後ろの壁の
中心に合わせて配置します。壁線の中心
には右クリックで読取れる点はありませ
ん。［中心線取得］コマンドを利用するこ
とで、壁線の中心点（中点と呼ぶ）を読
取り、洋便器の基準点を合わせて配置で
きます。

次のページに続く ➡

● 配置場所を指定する

| 5 | 壁線をクリック | | 左右の中央に配置された |

活用編

第 7 章

部屋の平面図を作るには

3 ユニットバスを配置する

［図形選択］をクリックして［ファイル選択］画面を表示しておく

| 1 | ［ユニットバス］を
ダブルクリック |

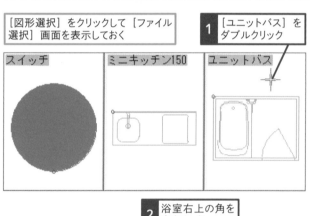

スイッチ　　ミニキッチン150　　ユニットバス

| 2 | 浴室右上の角を
右クリック |

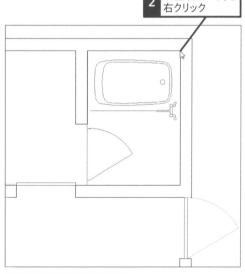

ユニットバスが配置された

💡 使いこなしのヒント

ユニットバスも同じ角度で配置する

手順2で配置した［洋便器］で［回転角］を「270」にしたため、［ユニットバス］も270°回転してプレビュー表示されます。ユニットバスの入リ口が洗面室側に向いていることを確認したうえで、浴室の右上角を右クリックして配置してください。ユニットバスの向きや入リ口の向きが左図とは違う場合は、［倍率］に「-1,1」を指定していないか、確認し、［倍率］を「（無指定）」にしてください。

4 他の衛生機器を配置する

[図形選択] をクリックして [ファイル選択]
画面で [洗濯機パン] を選択しておく

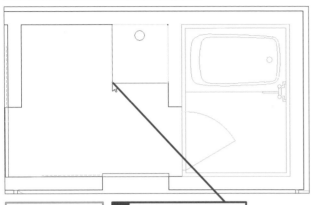

回転角を「180」に
しておく

1 プレビュー表示を目安に
このあたりで右クリック

同様の手順で [洗面台] を
回転角なしで配置する

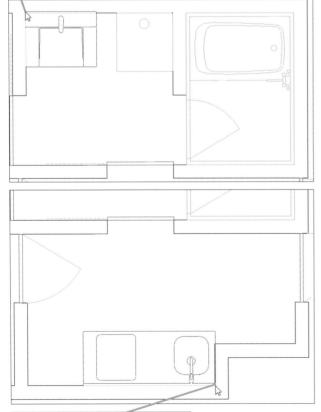

同様の手順で [ミニキッチン-150] を
回転角「180」で配置する

💡 使いこなしのヒント

排水口の位置に注意して配置しよう

[洗濯機パン] の円は、排水口を表しています。ここでは、排水口が壁側に位置するよう、回転指示をします。また、多少大きいサイズの洗濯機にも対応できるように、[洗濯機パン] を壁からやや離して配置するため、プレビュー表示を目安におおよその位置をクリックしてください。

この円が排水口に当たるので、
壁側に位置するように配置する

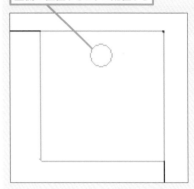

💡 使いこなしのヒント

間違えて配置した場合は [戻る] で操作を取り消す

図形を配置する際に、本来右クリックするところをクリックしてしまったり、意図とは別の点が読み取られ、違う位置に配置されてしまったりした場合には、[戻る] をクリックして図形の配置を取り消し、配置位置の指示をやり直してください。また、違う位置に配置したことを後で気付いた場合には、[消去] コマンドで図形を右クリックして消去したうえで、配置し直してください。ここで配置する図形には曲線属性が付いているため、その一部を右クリックすることで、図形全体が消去されます。

67 玄関収納と框の線を追加するには

外形線と見切線

練習用ファイル　L67_外形線.jww

レイヤ［5］（その他）に［線色1］の［実線］で、玄関収納の外形線と上がり框の線を作図しましょう。すでに学習している［線］コマンドの［水平・垂直］や［複線］コマンドの［端点指定］を利用して作図します。

玄関収納の外形線と框の線を作図する

Before 玄関収納の外形線と框の線を記入したい

↓

After 開口部を基準に玄関収納と框の線を記入できた

キーワード

外形線	P.309
書込線	P.310
端点	P.312

用語解説

上（あ）がり框（かまち）

玄関の土間とホールの段差部分に設けられる横木のことですが、単に、玄関の土間とホールの境の部分を指す言葉としても使われています。ここでは、玄関の土間と一段上がった室内部分の境の線を指しています。

この線で上がり框を表している

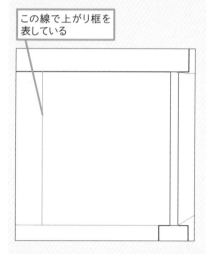

使いこなしのヒント

玄関収納の外形線の長さについて

ここで作図する玄関収納の外形線は、奥行を玄関側の壁の長さとし、ミニキッチンの右端までをその横幅として作図します。

1 [線] コマンドで収納の外形線を作図する

レッスン44を参考にレイヤ [5] を書込レイヤにしておく

レッスン16を参考に書込線を [線色1] [実線] に変更しておく

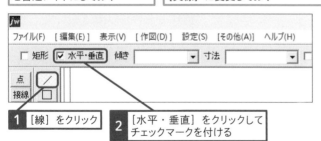

1 [線] をクリック

2 [水平・垂直] をクリックしてチェックマークを付ける

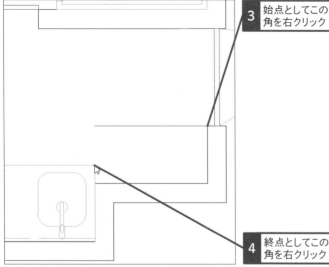

3 始点としてこの角を右クリック

4 終点としてこの角を右クリック

玄関収納の水平線が作図された

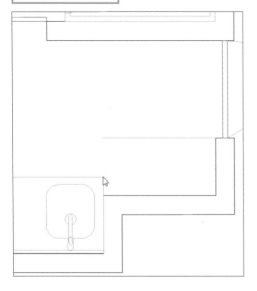

💡 使いこなしのヒント

角を右クリックして線を作図する

玄関収納の外形線は、玄関開口の角を始点として右クリックします。操作2で [水平・垂直] にチェックマークを付けているため、左にマウスポインターを移動すると水平線がプレビュー表示されます。終点はプレビュー表示された水平線上以外の点を指示することもできるので、ミニキッチンの角を右クリックします。右クリックした点からプレビュー表示された水平線に下ろした垂線との交点を終点として水平線が作図されます。

💡 使いこなしのヒント

玄関収納の外形線はミニキッチンの右端に合わせる

玄関収納の幅にあたる外形線は、玄関開口の角を始点として、ミニキッチンの右端まで作図します。

次のページに続く →

● 垂直方向の線も作図する

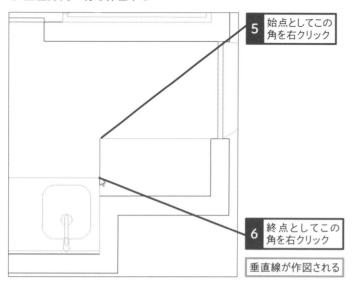

5 始点としてこの角を右クリック

6 終点としてこの角を右クリック

垂直線が作図される

2 ［複線］コマンドで上がり框の線を作図する

レッスン14を参考に［複線］コマンドを実行しておく

ファイル(F) ［編集(E)］ 表示(V) ［作図(D)］ 設定(S) ［その他(A)］ ヘルプ(H)

複線間隔 600

連続 端点指定 連続線選択 範囲選択 両側複線

点 接線 接円

1 「600」と入力

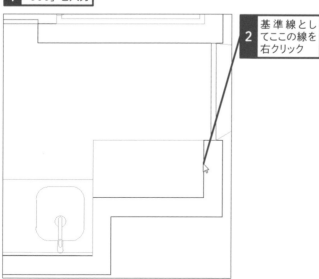

2 基準線としてここの線を右クリック

使いこなしのヒント

左端点と壁の角を基準に線を作図する

玄関収納の左端の外形線は、前ページで作図した水平線の左端点を始点として、右クリックし、ミニキッチンの角を終点として右クリックすることで作図します。

使いこなしのヒント

［複線］で玄関の壁から600mm左側に作図する

上がり框の線は、玄関の壁から600mm左側に作図します。ここでは［複線］コマンドの［端点指定］を利用して、浴室側の壁から玄関収納の外形線まで作図します。

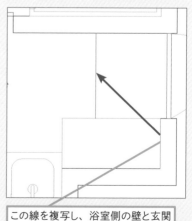

この線を複写し、浴室側の壁と玄関収納の外形線の間に作図する

● 端点を指定して作図方向を指定する

3 [端点指定] をクリック

4 始点としてこの角を右クリック

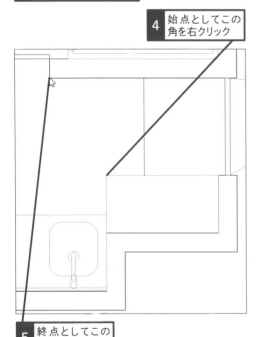

5 終点としてこの角を右クリック

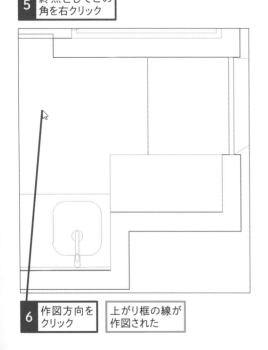

6 作図方向をクリック

上がり框の線が作図された

使いこなしのヒント

端点を指定して上がり框の線を作図する

[複線] コマンドで玄関の壁から600mm離した位置に作図することは、この段階で確定しています。玄関収納の外形線と浴室側の壁の間に作図するため、[端点指定] をクリックし、始点として玄関収納の外形線の端点を右クリック、終点として浴室側の壁の角を右クリックします。

使いこなしのヒント

平面図の作図はここまでで完了

手順2で、部屋の平面図の作図がほぼ完了しました。次のレッスンでは、この平面図の部屋名を記入したり、図面枠に対する平面図の位置を調整したりする手順を紹介します。

図面全体を表示して正しく作図できているか確認しておく

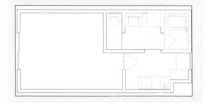

レッスン
68
平面図を完成するには

平面図の完成

練習用ファイル　L68_移動.jww

レイヤ［6］（部屋名）に［文字種4］で部屋名を記入します。部屋名が記入できたら、すべてのレイヤを編集可能にし、平面図が図面枠の中央に位置するよう、［移動］コマンドで調整しましょう。

部屋名を記入して位置を整える

Before　各部屋の名前を記入して仕上げたい

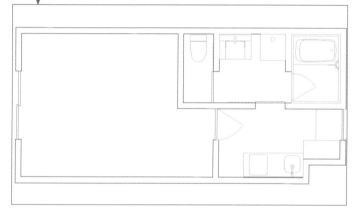

↓

After　文字を追加して平面図を中央に配置した

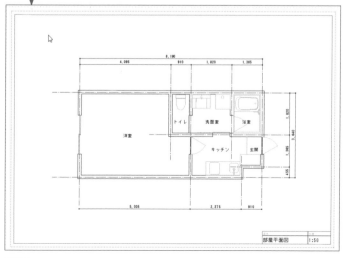

部屋平面図　1:50

🔍 キーワード

コントロールバー	P.310
平行複写	P.313
文字種	P.313

💡 使いこなしのヒント

文字種とレイヤを確認しておこう

ここで記入する部屋名は、4mm角の［文字種4］で、すべてレイヤ［6］に記入します。

レイヤと文字種の設定を忘れずに行う

💡 使いこなしのヒント

部屋名の記入と微調整を行う

このレッスンでは各部屋の部屋名を記入します。さらに、部屋平面図が図面枠の片側に寄っていたりする場合には、その位置が図面枠のほぼ中央になるように、平面図全体を移動します。

1 浴室に部屋名を記入する

レッスン44を参考に書込レイヤをレイヤ［6］にしておく

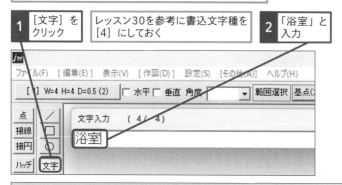

| 1 ［文字］をクリック | レッスン30を参考に書込文字種を［4］にしておく | 2 「浴室」と入力 |

3 記入位置としてここでクリック ｜ 浴室と記入される

2 位置を揃えて部屋名を書き換え複写する

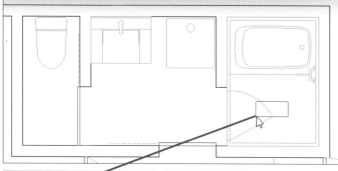

1 文字［浴室］を右クリック

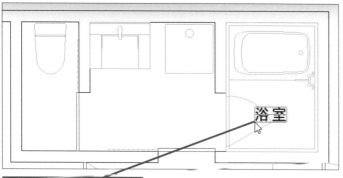

［文字変更・複写］ボックスに選択した文字が表示された

2 「洗面室」と記入

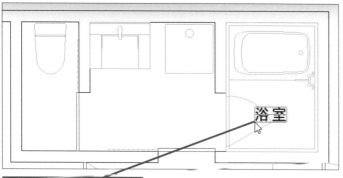

⚠ ここに注意

手順1で書込レイヤをレイヤ［6］（部屋名）に変更することを忘れないでください。

💡 使いこなしのヒント
文字を複写するには

［文字］コマンドで、［文字入力］ボックスに文字を入力せずに、図面上の文字を右クリックすると、その文字の複写になります。ここでは、この複写機能を使って、文字「浴室」と位置を揃えて文字「洗面室」を記入します。

💡 使いこなしのヒント
文字を書き換えるには

図面上の文字を右クリックすると、「文字入力」ボックスが「文字変更・複写」ボックスになり、右クリックした文字が色反転されて表示されます。この文字を書き換えることで、元の文字とは違う文字を複写できます。

次のページに続く➡

● 文字の上下の位置を揃える

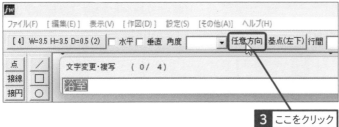

3 ここをクリック

[X方向]に変更された

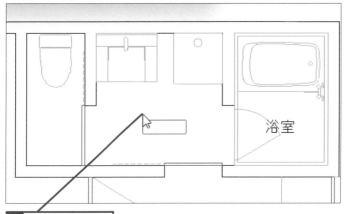

4 複写位置をクリック

[浴室]と上下の位置を揃えて
[洗面室]と記入された

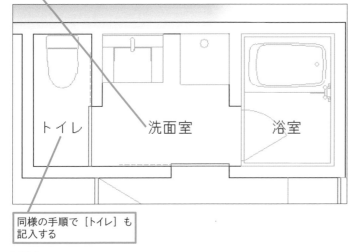

同様の手順で[トイレ]も
記入する

💡 使いこなしのヒント

文字の複写方向を水平方向に 固定するには

手順2の操作3で、文字の複写方向を水平方向に固定します。コントロールバーの[任意方向]ボタンをクリックする都度、[X方向](画面の水平方向に固定)[Y方向](画面の垂直方向に固定)[XY方向](水平または垂直方向のマウスの移動距離の長い方に固定)[任意方向](固定なし)に切り替えます。

💡 使いこなしのヒント

部屋名はほぼ中央に記入しよう

部屋名は、プレビュー表示される文字外形枠を目安に、部屋の幅のほぼ中央に記入します。

プレビュー表示を確認しながら
部屋の幅のほぼ中央に記入する

● 他の部屋名も入力する

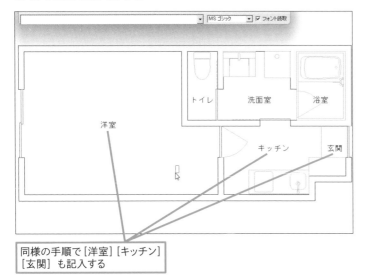

同様の手順で[洋室][キッチン]
[玄関]も記入する

使いこなしのヒント

[洋室]は部屋のほぼ中央に記入する

部屋名[玄関]と[キッチン]は、[浴室][洗面室][トイレ]と同様の手順で、上下の位置を揃えて記入します。部屋名[洋室]は、他の部屋名とは特に位置を揃えず、部屋のほぼ中央に記入します。

---

3 すべてのレイヤを編集可能にする

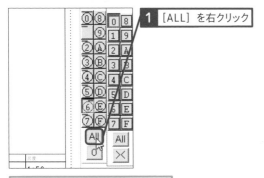

1 [ALL]を右クリック

すべてのレイヤが編集可能になった

使いこなしのヒント

すべてのレイヤを編集可能にする

手順4以降で平面図全体を移動することでレイアウトを整えます。そのため、ここですべてのレイヤを編集可能にします。レイヤバーの[All]ボタンを右クリックすると、すべてのレイヤが一括して編集可能になります。

すべてのレイヤを一括して
編集可能にする

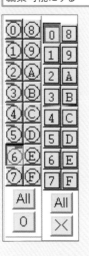

次のページに続く →

4 平面図の要素をすべて選択する

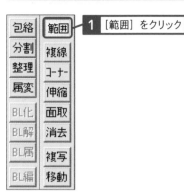

1 ［範囲］をクリック

包絡　範囲
分割　複線
整理　コーナー
属変　伸縮
BL化　面取
BL解　消去
BL属　複写
BL編　移動

2 ここをクリック

3 ここを右クリック

図面全体が選択された

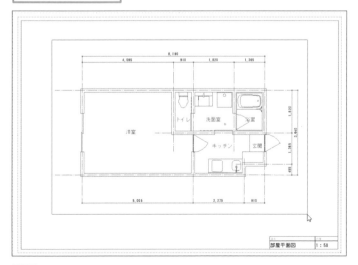

部屋平面図　1：50

使いこなしのヒント

全体を選択する

平面図全体を移動するために、手順4の操作1〜操作3では［範囲］コマンドで移動の対象を選択します。

ここに注意

文字を含む図を選択するときの選択枠の終点指示は、クリックと右クリックでは結果が異なります。手順4の操作3では必ず右クリックしてください。左クリックした場合には、選択枠内の文字が選択されません。

左クリックした場合は文字が選択されない

使いこなしのヒント

選択されている要素を追加・除外するには

終点を右クリックすると、選択枠に全体が入るすべての要素が選択され、選択色になります。この段階で、線・円をクリック、文字は右クリックすることで、追加選択したり、選択されている要素を除外することができます。

5 図面枠の中央に移動する

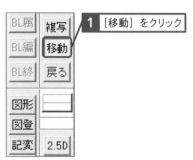

1 [移動] をクリック

◇元レイヤ・線種 ---- >【図形を移動しました】

2 プレビュー表示を参考に
平面図を移動

3 位置を決めて
クリック

位置が決定した

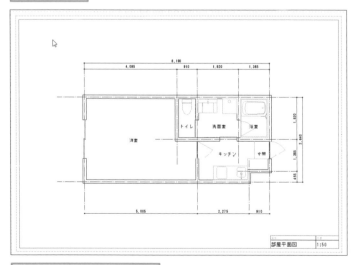

[線] コマンドを実行して [移動]
コマンドを解除する

使いこなしのヒント

**プレビュー表示を目安に
ほぼ中央に移動する**

[移動] コマンドでは、選択した要素を指
定位置に移動します。基本的な操作は [複
写] コマンドと同じです。ここでは、自動
的に決められた移動の基準点にマウスポ
インターを合わせ、移動対象の平面図が
プレビュー表示されます。プレビュー表
示を目安に、平面図が図面枠のほぼ中央
になるよう、移動先をクリックしましょう。

使いこなしのヒント

**作図が完了してからもレイアウトは
変更できる**

全て作図が完了した後でも、図面のレイ
アウトは自由に変更できます。はじめに作
図する通り芯の位置に特別注意を払わな
くともよいのは、こうした機能があるから
です。「壁はどうやって描くのだっけ？」「元
の線と違う長さで平行複写するには、ど
うするのだっけ？」という場合には、該当
するレッスンのページを開き、そのレッス
ン用の練習用ファイルを使えば、その操
作だけを再び練習できます。

この章のまとめ

レイヤと線色・線種を描き分けよう

この章では、主にこれまで学習したコマンドを利用して、部屋の平面図をレイヤ分けして作図しました。

壁の作図に利用できる［2線］コマンドや目盛表示、寸法の一括記入などを新しく学習しました。どれもよく使う操作なのでマスターしておき

ましょう。壁の作図方法のバリエーションについては、この後のレッスン86、87でも紹介します。また、レイヤ操作についてはレッスン60の「時短ワザ」で紹介した［属取］コマンドの利用を習慣づければ、線色・線種とレイヤの描き分けがスムーズにできるようになります。

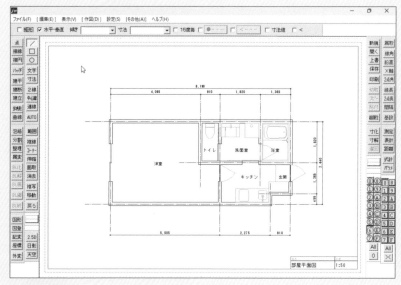

作図によく使う操作を覚えておこう

なんとかできましたー！　いろいろな操作が出てきましたけど、コツみたいなものが分かってきました！

そうそう、その調子です！　ここで紹介した操作は作図でよく使うので、今のうちにマスターしておきましょう。

目盛表示がすごく便利で気に入りました！

いいですね！　次の章では、さらに効率的な操作を紹介します。

活用編

第8章

図面を流用・編集するには

一度描いた図は、再び描かなくてよいのがCADです。作図済みの部屋平面図を反転複写してアパートの1フロアの図面を作成したり、作図済み図の一部を切り取りコピーして部分詳細図を作図したり、様々な流用ができます。この章では、こうした流用に役立つ編集操作を学習しましょう。

Introduction この章で学ぶこと

図面の流用に役立つ操作を覚えよう

[複写][コピー] ＆ [貼付] コマンドを使えば、一度描いた図を再び描く必要はありません。また、同じ形状で大きさが異なる図が欲しい場合にも [移動] や [パラメ] コマンドで大きさや幅を変更して使うことができます。そうした編集操作を学習しましょう。

操作をひと工夫してスピードアップ！

この章ではどんなことを学ぶんですか？

CADを使ううえでポイントになる、図面の流用に使う操作を紹介します。覚えると作図のスピードが格段に上がりますよ。

[複写] と [反転] を組み合わせて使おう

集合住宅の平面図などでよく使われるのが、[複写] と [反転]。左の図は左側の部屋をコピーして、右側に反転して貼り付けています。

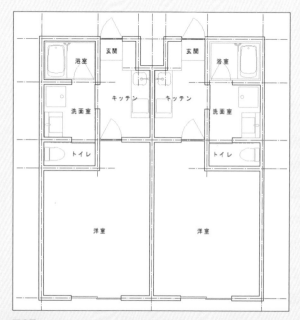

まさにこれです！簡単なやり方知りたかったんですよ！！

［コピー］と［貼付］を使いこなそう

他のファイルから図面を複写したり、図面の一部を複写して拡大図を作ったり、［コピー］と［貼付］を駆使することでいろいろな操作が効率的に行えます。

1枚の用紙で縮尺を変えることができるんですね！　すごい！

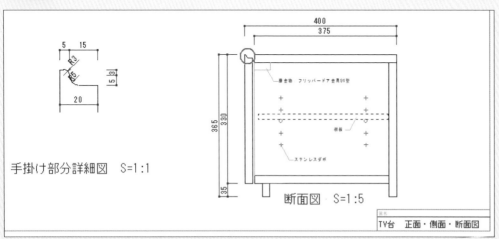

手掛け部分詳細図　S=1:1

断面図　S=1:5

TV台　正面・側面・断面図

図の大きさを変える操作を覚えよう

この章では図の大きさを手軽に変更する方法も紹介します。［移動］と［パラメ］を上手く使い分けましょう。

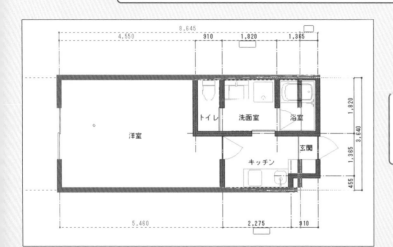

すごい、壁が伸びた！操作方法マスターしたいです！

70 図面を回転移動するには

図面の回転 | 練習用ファイル 図面の回転.jww

活用編 第8章 図面を流用・編集するには

部屋名の入った平面図を90°回転しましょう。［移動］コマンドで回転角を指定して移動します。部屋名の文字も90°回転するので、回転移動後に、［整理］コマンドを使って、全ての文字の角度を一括して水平方向（0°）に変更します。

図面を90°回転させる

Before 文字が入った図面を回転したい

After 文字の向きも正しく回転できた

キーワード

コマンド	P.310
始点	P.310
終点	P.310

使いこなしのヒント

部屋の名前も90°回転する

［移動］コマンドで文字も含めて90°回転移動するため、手順1、手順2の実行後は下図のように部屋名も90°に傾きます。

図面を回転させてから文字の向きを変更する

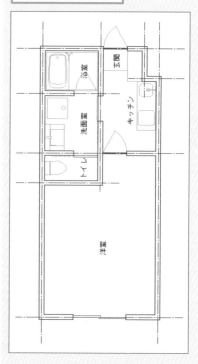

1 図面全体を選択する

レッスン68を参考に［範囲］
をクリックしておく

1 始点としてここを
クリック

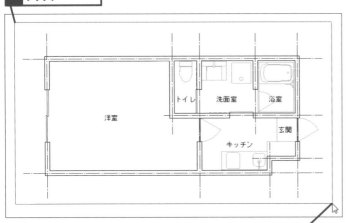

2 終点としてここを
右クリック

図面全体が選択された

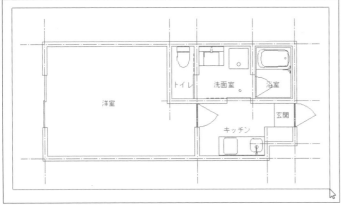

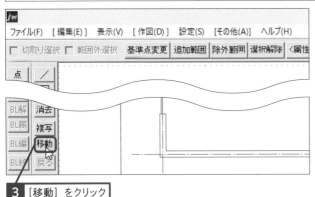

3 ［移動］をクリック

先に範囲を選択する

［複写］コマンドと同様に、移動対象を選
択した後、［移動］コマンドをクリックし
ます。［移動］コマンドをクリックすると、
自動的に決められた基準点にマウスポイ
ンターが合わされて、移動対象の平面図
がプレビュー表示されます。

ここに注意

終点を指示すると、選択枠に入るように
囲んだ要素が選択色になります。選択色
になっている要素がこの後の指示で移動
されます。このとき、部屋名が選択色に
なっていなかったら、それは終点を右ク
リックではなく、誤ってクリックしていま
す。クリックした場合、選択枠内の文字
要素は選択されません。［Esc］キーを押し
て、終点指示を取り消し、終点を右クリッ
クし直してください。

部屋名が選択色になっていない場合
は［Esc］キーを押して選択し直す

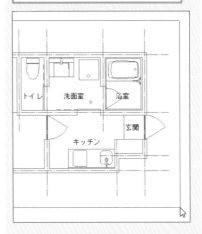

次のページに続く➡

2 回転して移動する

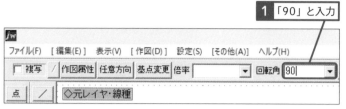

1 「90」と入力

2 移動先をクリック

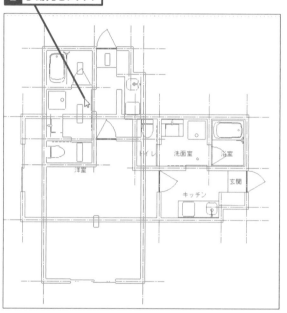

90度回転して移動した

使いこなしのヒント

移動先を確認しよう

作図画面左上の［◇元レイヤ・線種］は、移動対象と同じレイヤに同じ線色・線種で移動することを意味します。

使いこなしのヒント

移動先は大まかな位置でよい

移動先は、通常、用紙上でのレイアウトや、次に行う操作などを考慮して指定します。ここでは、手順2の操作2でクリックする移動先は、用紙枠内であれば大まかな位置で構いません。

⚠ ここに注意

移動先をクリックした後、マウスポインターを移動すると、更に90°回転（180°）した平面図がマウスポインターにプレビュー表示されます。移動先をクリック（または右クリック）すると、180°傾いた状態で移動されます。

3 文字の向きを一括変更する

レッスン68を参考に [範囲] をクリックしておく

1 [前範囲] をクリック

手順1で選択していた範囲が選択された

2 [整理] をクリック

3 [文字角度整理] をクリック

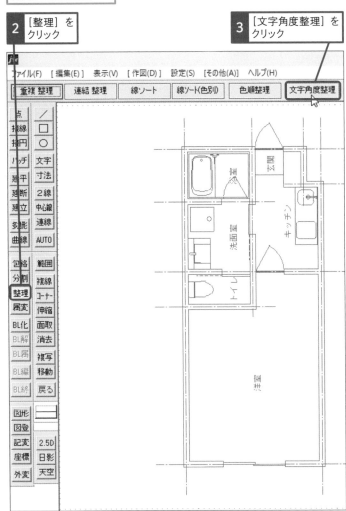

文字の向きが一括で水平方向に変更される

直近で選択した範囲が選択される

[前範囲] をクリックすると、直近に選択した対象（ここでは手順1で選択した平面図）が選択され、選択色で表示されます。

選択枠は表示されずに平面図が選択される

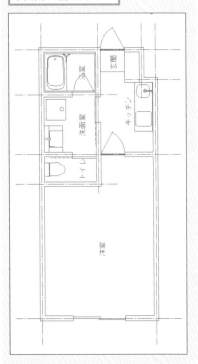

💡 **使いこなしのヒント**

文字の角度を一括で変更できる

[整理]（データ整理）コマンドの [文字角度整理] では、選択されている文字の角度を [軸角] の角度（この図では0°）に一括変更します。

[軸角] の角度はここに表示される

| A-4 | S=1/50 | [0-6]部屋名 | ∠0 | × 0.7 |

71 図面を反転複写するには

YouTube
動画で
見る

詳細は2ページへ

反転

練習用ファイル　L71_反転複写.jww

作図済みのアパートの1室の平面図を右側に反転複写しましょう。[複写] コマンドの [反転] で、基準線を指示することで、線対称に複写することができます。複写で逆向きになった引違戸は、左右反転移動をして修正します。

活用編

第8章

図面を流用・編集するには

図面を左右反転して複写する

Before

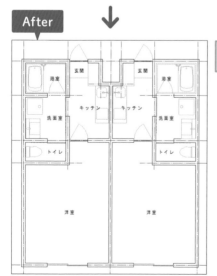

図面を反転して
隣接させたい

↓

After

反転複写して引違戸の
向きなども修正した

キーワード

曲線属性	P.310
終点	P.310
通り芯	P.312

使いこなしのヒント

壁線や建具を正しく調整する

平面図全体を [複写] コマンドの [反転] で右端の通り芯に対して反転複写します。その結果、下図のように壁線が交差したり、逆向きの引違戸になったりします。複写後に [包絡]、[移動] コマンドなどを利用して修正します。

壁線が重なっているので
[包絡] で修正する

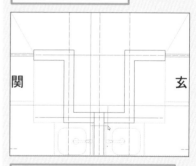

引違戸が左右逆になっているので
反転させる

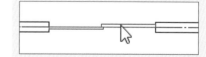

1 反転して複写する

レッスン70を参考に図面全体を選択しておく

1 [複写]をクリック

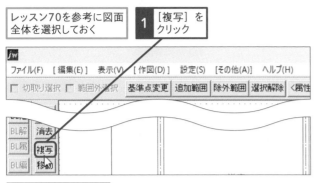

2 [反転]をクリック

数値位置 [　　　　▼] [反転] マウス倍率 角

3 基準線として右端の通り芯をクリック

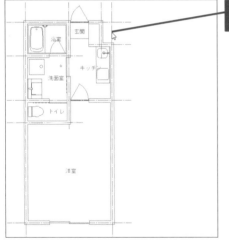

反転複写された

次のページに続く ➡

文字も含めて選択する

部屋全体を、部屋名も含めて選択するため、レッスン70と同じ操作（範囲選択の終点は右クリックで文字を含める）で、行ってください。

基準線に対して線対称に反転する

[複写]コマンドの[反転]では、基準線を指示することで、その線に対して線対称に反転複写します。

線を読み取るようにクリックする

[複写]コマンドの[反転]では、線以外の要素は読み取りません。誤って、線の無い位置でクリックして[図形がありません]と表示された場合でも、[戻る]コマンドで取り消す必要はありません。改めて、基準線にする通り芯をクリックしましょう。

[図形がありません]と表示されたら通り芯をクリックし直す

2 交差した壁線を整形する

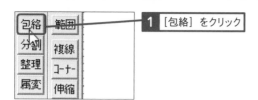

1 [包絡] をクリック

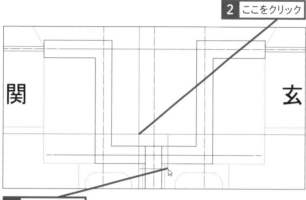

2 ここをクリック

3 ここをクリック

壁線の重複部分が整形された

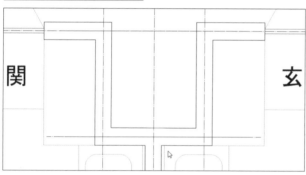

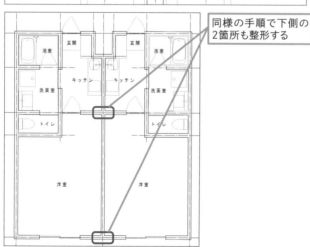

同様の手順で下側の
2箇所も整形する

使いこなしのヒント

**同じレイヤの同じ線色・線種を
一括で処理できる**

[包絡]（包絡処理）コマンドでは、対象を包絡選択枠で囲むことで、[コーナー][伸縮] コマンドなどに相当する整形処理を一括で行います。処理の対象は、同じレイヤに作図された同じ線色・線種の線どうしです。異なるレイヤに作図された線や、異なる線色・線種の線どうしは包絡処理されません。なお、[包絡] コマンドについてはレッスン88、89でも紹介します。

使いこなしのヒント

実線のみが処理の対象になる

[包絡] コマンドのコントロールバーでチェックマークを付けた線種のみが包絡処理の対象になります。ここでは下図のように初期状態のまま[実線]のみにチェックマークを付けているため、壁芯の鎖線などは対象になりません。

[実線] のみにチェックマークが付いているので実線のみが対象となる

ファイル(F)	[編集(E)]	表示(V)	[作図(D)]

☑ 実線　☐ 点線　☐ 鎖線　☐ 補助線

3 引違戸の向きを修正する

レッスン68を参考に［範囲］
をクリックしておく

1 引違戸を右
クリック

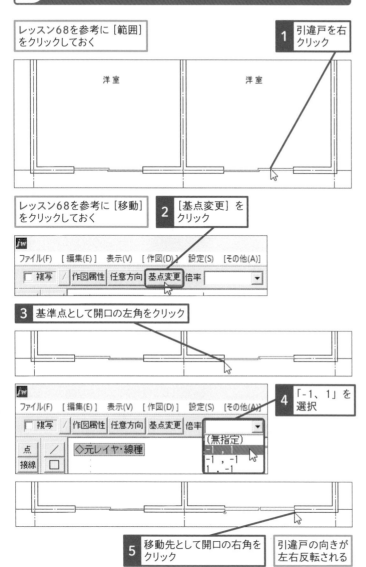

レッスン68を参考に［移動］
をクリックしておく

2 ［基点変更］を
クリック

3 基準点として開口の左角をクリック

4 「-1、1」を
選択

5 移動先として開口の右角を
クリック

引違戸の向きが
左右反転される

4 重複した線を整理する

レッスン68を参考に図面
全体を選択しておく

レッスン55を参考に［整理］
をクリックしておく

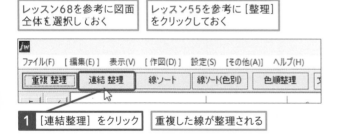

1 ［連結整理］をクリック　重複した線が整理される

使いこなしのヒント
右クリックで全体を選択できる

手順3操作1の引違戸は、レッスン48で図
形登録した図形と同じく、曲線属性が付
加されています。そのため、［範囲］コマ
ンドで、右クリックすることで引違戸全体
を選択できます。

使いこなしのヒント
マイナスを付けると反転できる

［倍率］に、現在の大きさを「1」とした「横
方向の倍率」と「縦方向の倍率」を「,」（カ
ンマ）で区切って入力することで、大きさ
を変更して移動します。ここでは、大きさ
は変更しないため、横方向、縦方向とも
に「1」ですが、左右反転するため、横方
向の倍率に「-」（マイナス）を付けて、「-1,1」
とします。縦方向に反転する場合は「1,-1」
を指定します。

時短ワザ
［全選択］で要素を全て選択する

［範囲］コマンド選択後、コントロールバー
の［全選択］をクリックすることで、編集
可能なすべての要素を選択します。

［範囲］をクリックしてから［全選択］
をクリックすると図面全体を選択できる

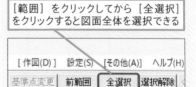

他の図面の一部を
複写するには

他図面の複写

練習用ファイル　L72_他図面複写_01～02.jww

敷地図に、別の図面ファイルに作図されている平面図を複写しましょう。別の図面ファイルに作図されている図面の任意部分を、編集中の図面に複写するには［コピー］＆［貼付］を利用します。

他の図面の一部を複写する

Before ｜ 敷地図に平面図を追加したい

↓

After ｜ 別ファイルの平面図を複写して追加できた

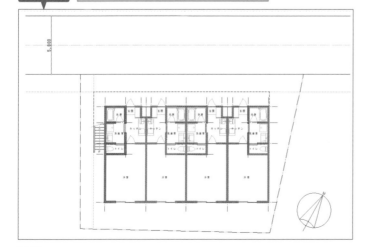

キーワード

基準点	P.310
縮尺	P.310
図寸	P.311

使いこなしのヒント

実寸法が保持される

作図中の図面に別の図面ファイルの一部を複写したい場合や別々の図面ファイルに作図されている図面を1枚の図面としてまとめたい場合は、［コピー］＆［貼付］を利用します。［コピー］＆［貼付］では、コピー元図面の実寸法を保持して貼り付けます。そのため、2つの図面の縮尺が異なっていても問題ありません。ここではS=1/100の敷地図に、S=1/50の平面図を［コピー］＆［貼付］で複写します。

● 敷地図の図面

敷地図の図面は1/100の
縮尺になっている

● 部屋の図面

部屋の図面は1/50の
縮尺になっている

1 平面図をコピーする

L72_他図面複写_02.jww

レッスン06を参考にJw_cadを起動し、「L72_他図面複写_02.jww」を開く	新しい画面でファイルが開いた

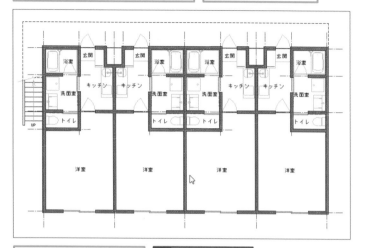

レッスン68を参考に［範囲］をクリックしておく	**1** 始点としてここをクリック

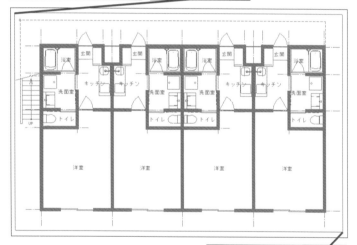

2 終点としてここを右クリック

3 ［基準点変更］をクリック	**4** 点線の左上角を右クリック

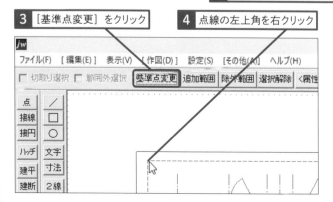

使いこなしのヒント

Jw_cadを複数起動しても作業ができる

このレッスンでは、先にコピー元の図面を開いてコピー指示をした後、コピー先の図面を開いて貼付け指示しますが、Jw_cadを一旦最小化し、2つ目のJw_cadを起動してもう1つの図面ファイルを開き、2つのJw_cad間で［コピー］＆［貼付］を行うことも可能です。

⚠ ここに注意

［コピー］＆［貼付］は、Jw_cad図面の任意要素を同一図面ファイルや別の図面ファイルに複写する機能です。Jw_cadはOLEに対応していないため、Jw_cad図面の一部を他のソフトウェアに貼付けたり、他のソフトウェアのデータをJw_cad図面に貼付けることには使用できません。

使いこなしのヒント

右クリックして文字を含める

手順1ではコピー元の図面ファイルを開き、［範囲］コマンドでコピー対象を選択します。文字が記入された平面図全体を選択するため、操作2の終点は右クリック（文字を含む）します。

使いこなしのヒント

基準点は右クリックできる場所を想定して決める

操作4の基準点は、貼付け先で右クリック指示できる点を想定して決めてください。

次のページに続く ➡

● [コピー] を実行する

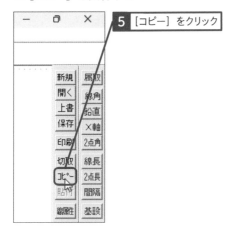

5 [コピー] をクリック

💡 使いこなしのヒント

[コピー] でクリップボードに一次保存される

操作4により、選択した要素がWindowsのクリップボードにコピーされ、作図画面左上に [コピー] と表示されます。この後、コピー先の図面を開き、[貼付] コマンドをクリックして、貼付け先を指示することで、その図面に貼り付けられます。

2 敷地図に平面図を貼り付ける

L72_他図面複写_01.jww

レッスン06を参考に「L72_他図面複写_01.jww」を開いておく

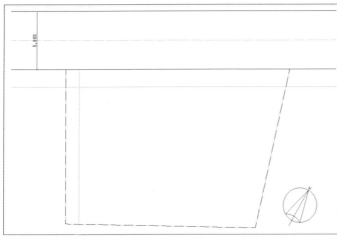

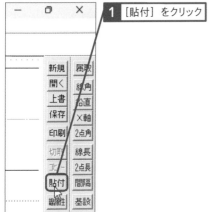

1 [貼付] をクリック

💡 使いこなしのヒント

コピー元のファイルは閉じてもよい

コピーが完了したら、コピー元の平面図は閉じて構いません。[開く] コマンドを選択し、「L72_他図面複写_02.jww」を開いてください。この練習用ファイルには、平面図の貼付け位置を右クリックで指示するための交点があらかじめ作成してあります。このような点は、コピー先の図面を開き、手順2の操作1の前に作図することも可能です。

💡 使いこなしのヒント

文字の大きさと書込レイヤを調整する

[貼付] をクリックすると、コピー元の平面図が、指定した基準点をマウスポインターに合わせ、プレビュー表示されます。プレビュー表示の平面図をよく見ると、各部屋名の外形枠が部屋からはみ出しそうに大きくなっています。また、作図画面左上の [●書込レイヤに作図] は、プレビュー表示の平面図のすべてが現在の書込レイヤに作図されることを意味します。文字の大きさを調整し、元の平面図と同じレイヤ分けで貼付けされるように [作図属性] をクリックして設定を変更します。

●［貼付］を実行する

2 ［作図属性］をクリック

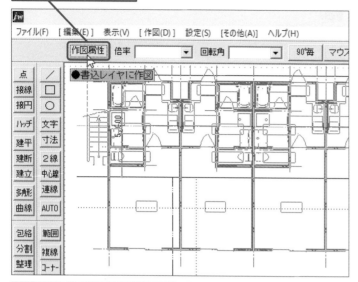

チェックマークを付ける箇所を確認しよう

［コピー］＆［貼付］では、コピー元の図面の実寸法を保持して貼付けますので、S=1/50の平面図をS=1/100の敷地図に貼り付ける場合、印刷時の平面図の大きさ（図寸）は、コピー元図面の1/2の大きさになります。しかし、図寸で管理されている文字の大きさは変わりません。図と同じ割合で文字の大きさも変更するには操作3でチェックマークを付けます。また、［◆元レイヤに作図］にチェックマークを付けることで、コピー元と同じレイヤ分けで貼付けされます。ここで指定した設定は、Jw_cadを終了するまで有効です。

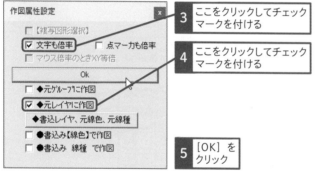

3 ここをクリックしてチェックマークを付ける

4 ここをクリックしてチェックマークを付ける

5 ［OK］をクリック

6 補助線の交点を右クリック

平面図が貼り付けられた

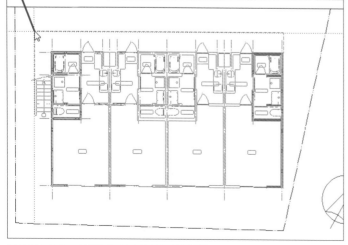

レイヤ分けを確認しよう

手順2の操作で［◆元レイヤに作図］にチェックマークを付けて貼り付けたため、コピー元と同じレイヤ分けで貼付けされました。レイヤ一覧を表示して確認しましょう。なお、コピー元のレイヤ名はコピーされません。

貼付け後にレイヤ一覧を表示して、元と同じレイヤ分けになっていることを確認する

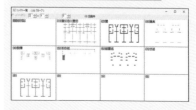

［線］をクリックして［貼付］コマンドを解除しておく

レッスン 73

図の一部を部分詳細図に流用するには

異なる縮尺の複写

S=1/5の断面図の扉上部を切取り複写し、S=1/1の縮尺の部分詳細図として、同じ用紙にレイアウトしましょう。同じ用紙に縮尺の異なる図をレイアウトするには、レイヤグループを利用します。

練習用ファイル L73_異縮尺.jww

活用編

第8章

図面を流用・編集するには

図面の一部の縮尺を変えて複写する

Before 図面の一部を使って詳細図を作図したい

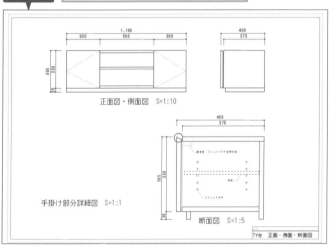

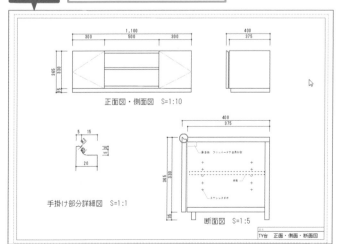

After S=1/1に複写して寸法を記入した

🔍 キーワード

基準点	P.310
縮尺	P.310
寸法	P.311

💡 使いこなしのヒント

レイヤグループバーを確認しよう

レイヤバーの右側に表示されるバーが各レイヤグループの状態を表示・変更するレイヤグループバーです。レイヤグループバーでの操作は、レイヤバーでの操作と同じです。

書込レイヤグループは凹んだ状態で表示される

🔍 用語解説

レイヤグループ

Jw_cad特有の概念で、16枚のレイヤを1セットとしたものをレイヤグループと呼びます。Jw_cadには16のレイヤグループが用意されており、レイヤグループごとに異なる縮尺を設定できます。

1 切り取り選択でコピーする

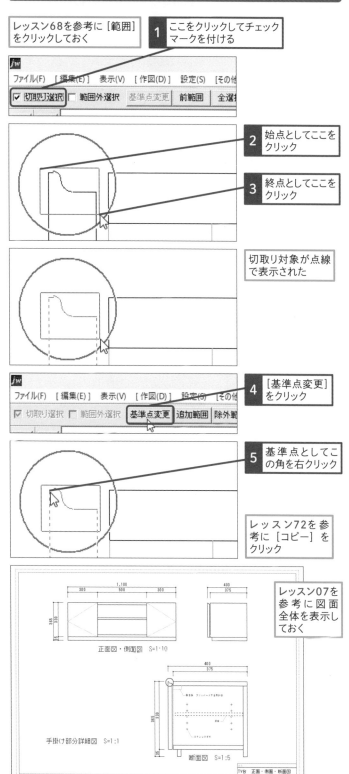

レッスン68を参考に［範囲］をクリックしておく

1 ここをクリックしてチェックマークを付ける

2 始点としてここをクリック

3 終点としてここをクリック

切取り対象が点線で表示された

4 ［基準点変更］をクリック

5 基準点としてこの角を右クリック

レッスン72を参考に［コピー］をクリック

レッスン07を参考に図面全体を表示しておく

次のページに続く →

使いこなしのヒント

［切取り選択］の特徴を学ぼう

［切取り選択］にチェックマークを付けると、選択枠で囲んだ内部を切り取って選択します。操作2の始点、操作3の終点は、クリック（free）、右クリック（Read）になり、いずれでも選択枠内の文字を含めます。終点指示後、切取り対象の線や円は点線で表示されます。切取りできるのは、線と円・円弧で、ソリッド、文字、ブロックなどは切取りの対象になりません。また、切取り指示した要素を利用できるのは、［コピー］［切取］［複写］コマンドで、［移動］コマンドでは利用できません。

使いこなしのヒント

レイヤグループの内容を確認しよう

レイヤグループバーで書込レイヤグループを右クリックすることで［レイヤグループ一覧］画面を表示できます。この練習用ファイルは、下図のようにレイヤグループを使い分けています。

レイヤグループ［0］には正面図と側面図、［1］には断面図、［2］には部分詳細図が含まれる。それぞれ縮尺が異なる

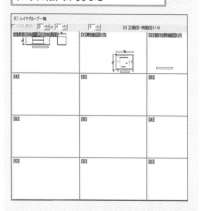

② レイヤグループを変えて貼り付ける

1 レイヤグループ2を右クリック

レイヤグループ2が書き込みレイヤグループになった

レッスン72を参考に [貼付] をクリックする

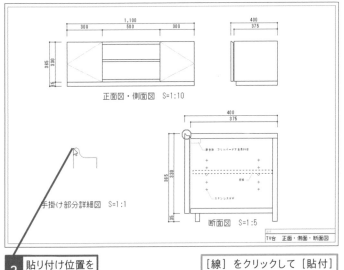

1,100
300 600 300
400
375

正面図・側面図　S=1:10

400
375

手掛け部分詳細図　S=1:1

断面図　S=1:5

TV台　正面・側面・断面図

2 貼り付け位置をクリック

[線] をクリックして [貼付] コマンドを解除しておく

---

③ 各部の寸法を記入する

1 Dレイヤを右クリック

正面・側面・断面図

💡 使いこなしのヒント

書込レイヤグループは右クリックで指示する

レイヤグループバーでの操作は、レイヤバーでの操作と同じです。レイヤグループ番号を右クリックすることで、書込レイヤグループになります。レイヤバー下の書込レイヤグループを示す番号が「2」になり、縮尺もレイヤグループ [2] にあらかじめ設定されているS=1/1になります。

💡 使いこなしのヒント

実寸法を保持したまま貼り付ける

[コピー] & [貼付] では、コピー元の図の実寸法を保持して貼り付けます。S=1/5の断面図の一部をS=1/1のレイヤグループに貼り付けるため、その用紙に対する大きさ（図寸）は、5倍の大きさになってマウスポインターの位置に仮表示されます。

縮尺に合わせて自動的に拡大される

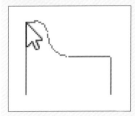

💡 使いこなしのヒント

連続して貼り付けられる

他のコマンドを選択するまでは、貼付け位置を指示することで、同じ要素を続けて貼付けできます。

● 各部の寸法を記入する

レッスン35を参考に［寸法］を
クリックしておく

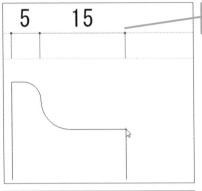

引出線［=（1）］、［端部●］
に設定して寸法を記入

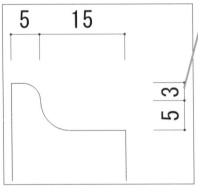

傾き［90］、引出線［=
（1）］、［端部●］に
設定して寸法を記入

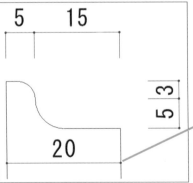

半径寸法を記入するため、
レッスン40を参考に［寸法］
をクリックしておく

引出線［-］、［端部●］に
設定して寸法を記入

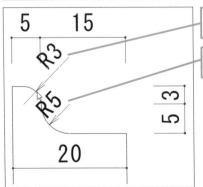

傾き［45］、［半径］、［端部
-<］に設定して寸法を記入

傾さ［45］、［半径］、［端部
->］に設定して寸法を記入

使いこなしのヒント

補助線を作図せずに寸法を記入するには

引出線の長さを揃えて記入するために、あらかじめ補助線を作図しておくことも有効ですが、［寸法］の［=（1）］を利用すると、補助線を作図する手間が省けます。［=（1）］と垂直方向の寸法記入についてはレッスン38を参考にしてください。

［=（1）］を使用すると引出線の長さを一定にして寸法を記入できる

使いこなしのヒント

半径寸法を記入するには

半径寸法については、レッスン40を参考にしてください。円弧の外側に記入する場合は右クリック、内側に記入する場合はクリックします。

下の円弧はクリック、上の円弧は右クリックで寸法を記入する

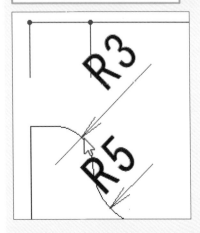

レッスン 74 大きさを変更して複写するには

倍率を変えた複写

練習用ファイル L74_倍率変更.jww

作図済みの引違戸を、幅の違う開口に収まるよう大きさを変更して複写しましょう。また、作図済の表を0.6倍の大きさに変更しましょう。それぞれ、[複写]と[移動]コマンドで倍率を指定して行います。

活用編

第8章

図面を流用・編集するには

キーワード

曲線属性	P.310
図寸	P.311
文字種	P.313

使いこなしのヒント

倍率を指定して大きさを変更する

幅1670mmの引違戸を、倍率を指定することで大きさ変更し、幅の違う他の開口に複写します。

図面の一部の倍率を変えて複写・移動する

Before 図面の一部の大きさを変えて複写・移動したい

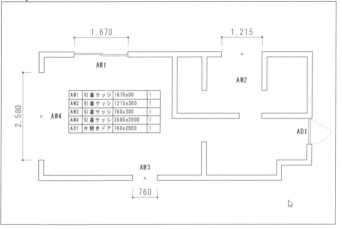

幅1670mmの引違戸を倍率を変えて他の3箇所に複写する

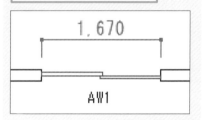

↓

After 引違戸、表の大きさを変更して複写・移動した

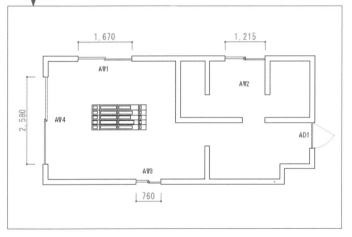

使いこなしのヒント

表の大きさを変更して移動する

作図済みの表を、[移動]コマンドで倍率を指定して、60%の大きさに変更します。文字も一緒に大きさ変更するコツを覚えましょう。

1 引違戸の幅を変更して複写する

レッスン68を参考に[範囲]をクリックしておく

1 AW1の引違戸を右クリック

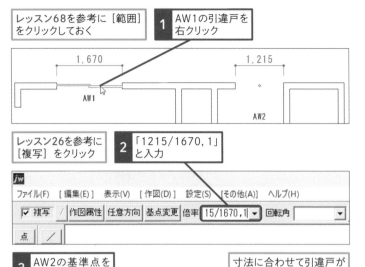

レッスン26を参考に[複写]をクリック

2 「1215/1670, 1」と入力

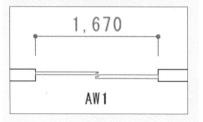

ファイル(F)　[編集(E)]　表示(V)　[作図(D)]　設定(S)　[その他(A)]　ヘルプ(H)

☑ 複写　/ 作図属性　任意方向　基点変更　倍率 [15/1670,1 ▼]　回転角 [　　　▼]

点　/

3 AW2の基準点を右クリック

寸法に合わせて引違戸が縮小できた

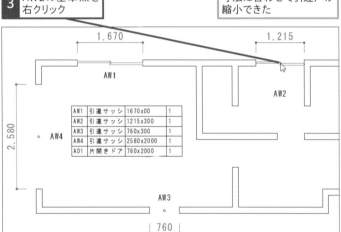

AW1	引違サッシ	1670x00	1
AW2	引違サッシ	1215x300	1
AW3	引違サッシ	760x300	1
AW4	引違サッシ	2580x2000	1
AD1	片開きドア	760x2000	1

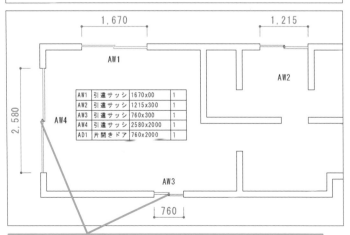

同様の手順でAW3は「760/1670, 1」、AW4は「2580/1670, 1」を倍率に入力し、回転角を90°にして複写する

使いこなしのヒント

右クリックだけで全体が選択できる

この引違戸には、レッスン47で行ったように曲線属性が付加されています。そのため、[範囲]コマンドでその一部を右クリックすることで、引違戸が選択されます。曲線属性が付加されていない場合には、選択枠で囲んで選択してください。

操作1で選択する引違戸には曲線属性が付加されているので、右クリックだけで全体を選択できる

使いこなしのヒント

[倍率]に入力した数式を確認しよう

[倍率]には、元の図の大きさを1として、「横方向の倍率」と「縦方向の倍率」を「,」(カンマ)で区切って入力します。操作2では、幅1670mmの引違戸を1215mmの開口に複写するため、横方向は「1215÷1670」倍、縦方向は変更しないため「1」となります。数値入力ボックスには計算式を入力できるので、「1215/1670, 1」と入力します。計算式の「÷」(割る)は「/」を、「×」(掛ける)は「*」を入力します。

次のページに続く ➡

2 表を0.6倍の大きさにする

レッスン68を参考に［範囲］をクリックしておく

1 始点としてここをクリック

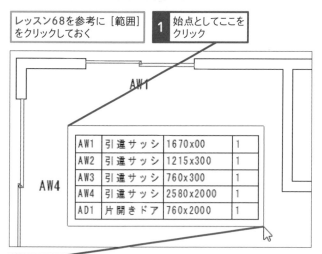

AW1	引違サッシ	1670x00	1
AW2	引違サッシ	1215x300	1
AW3	引違サッシ	760x300	1
AW4	引違サッシ	2580x2000	1
AD1	片開きドア	760x2000	1

2 終点としてここを右クリック

表が選択された

レッスン70を参考に［移動］をクリックしておく

3 「0.6」と入力

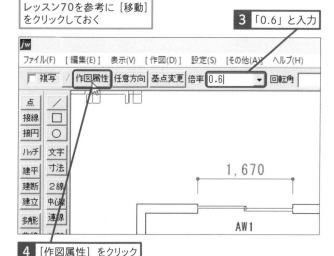

4 ［作図属性］をクリック

5 ここをクリックしてチェックマークを付ける

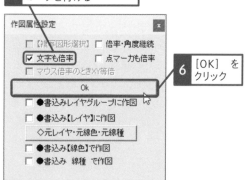

6 ［OK］をクリック

文字の外形枠が表からはみ出す

手順2の操作3の後、マウスポインターに表が下図のようにプレビュー表示され、表内の文字の外形枠が表からはみ出しています。操作3の指示で表の枠（線）は0.6倍の大きさになりますが、図寸で管理されている文字の大きさは変わりません。図と同じ割合で文字の大きさも変更するため、操作4〜6を行います。

文字の外形枠が表からはみ出している

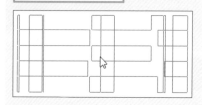

文字の大きさも変更するには

実寸管理の線や円と同じ割合で、文字の大きさも変更するには［作図属性］の［文字も倍率］にチェックマークを付けます。ここで指定した設定は、Jw_cadを終了するまで有効で、［複写］コマンドの［作図属性］にも反映されます。

活用編
第8章
図面を流用・編集するには

3 表の移動先を指示する

1 移動先として縮小前の
表の中央をクリック

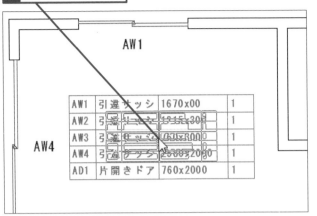

文字も含めて縮小した表に
入れ替わった

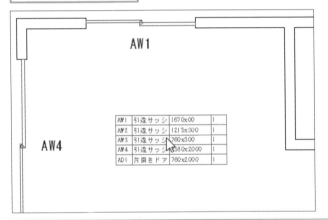

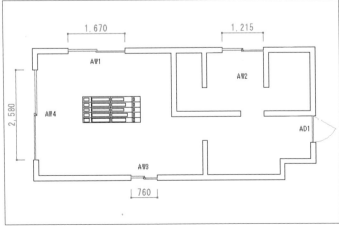

[線] をクリックして [移動]
コマンドを解除しておく

💡 **使いこなしのヒント**

文字の倍率も変更される

手順2の操作6を実行すると移動対象の表
のプレビュー表示が下図のようになり、文
字も0.6倍の大きさに変更されることが分
かります。大きさ変更された文字の文字
種は「任意サイズ」になります。

文字の外形枠が表に収まった

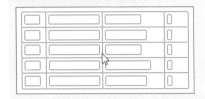

⚠️ **ここに注意**

移動先を間違えてクリックした場合は、再
度、移動先を指示することで、再移動で
きます。ただし、[倍率] を「0.6」として
いるため、次に移動先を指示した場合は、
現在の選択色で表示されている状態から、
更に0.6倍の大きさになります。

💡 **使いこなしのヒント**

移動先を変更したい場合は

[倍率] を「0.6」として移動した直後に、
移動先を変更したい場合には、[戻る] を
クリックして、移動を取り消してから、新
たに移動先をクリックしてください。また、
[線] コマンドをクリックして [移動] コ
マンドを終了した後に、移動先を変更す
る場合には、[範囲] コマンドの [前範囲]
をクリックすると、ひとつ前に範囲選択し
て移動した表が選択されるので、[移動]
コマンドをクリックして移動します。

75 図面の一部を伸縮するには

パラメトリック

作図済みの平面図の部屋の奥行を広げましょう。また、窓の位置をずらしましょう。いずれも、図の一部を伸縮することで、図全体の幅や高さを変更する［パラメ］（パラメトリック変形）コマンドで行います。

活用編
第8章
図面を流用・編集するには

キーワード

基準点	P.310
寸法線	P.311
ソリッド	P.311

図面の一部のみ伸縮したい

Before ［洋室］の奥行きを広げて窓を下に移動したい

After ［洋室］の奥行きと窓の位置を変更できた

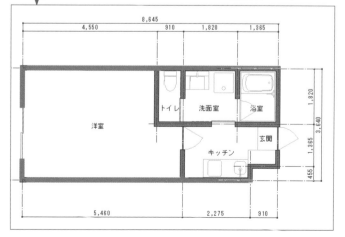

使いこなしのヒント

パラメトリック変形とは

［パラメ］（パラメトリック変形）コマンドは、図の一部の線を伸び縮みさせることで図全体の長さ（幅）を変更します。はじめに対象を範囲選択しますが、このとき、伸び縮みする線の片端点が選択枠に入るように囲みます。

スキルアップ

パラメトリック変形は様々な作図に応用できる

パラメトリック変形は、様々なシーンで利用できます。例えば、この平面図で、上側の通り芯の出を変更したい場合には、寸法部全体と通り芯の片端点が選択枠に入るように囲んでパラメトリック変形します。また、ソファやベンチの座面部分の幅だけを伸ばして、作図済みの2人掛けのソファの図から3人掛けのソファを作成するといったこともできます。

使いこなしのヒント

横以外の方向にも伸縮できる

このレッスンでは、横方向に伸ばしますが、縦方向や、斜め方向に伸縮して変形することもできます。

1 ［パラメ］コマンドを実行する

1 ［パラメ］をクリック

2 始点としてここをクリック

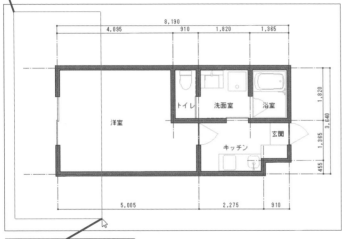

3 終点としてここをクリック

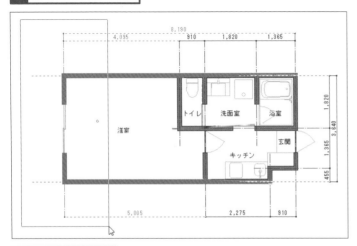

［洋室］が選択された

次のページに続く➡

使いこなしのヒント

部屋名の位置は変わらない

このレッスンでは、選択枠に部屋名を入れないため、部屋名の位置は変わりません。選択枠内に寸法図形である寸法線の片端点が入っているため、その寸法線とセットになっている寸法値は選択色になり、この後の指示で、移動します。

使いこなしのヒント

画像や文字は伸縮できない

パラメトリック変形では編集可能なレイヤに作図されているすべての要素が対象になります。ただし、伸縮するのは、線（曲線の部分を含む）とソリッド（円ソリッドは除く）のみで、円弧や画像、文字、ブロックなどは伸縮の対象にはなりません。

使いこなしのヒント

伸縮できる範囲を確認しよう

［パラメ］コマンドで範囲選択すると、選択枠に片端点が入る線が選択色の点線で表示され、全体が入る要素が選択色表示になります。この後、移動先を指示することで、選択色の選択色の点線で表示されている線が伸び縮みし、選択色の要素が移動します。

2 ［洋室］の大きさを決定する

1 ［選択確定］をクリック　選択が確定した

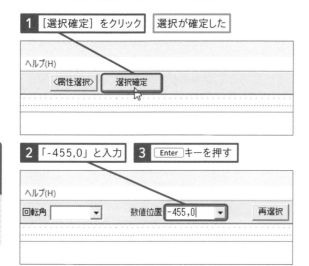

ヘルプ(H)
〈属性選択〉　選択確定

2 「-455,0」と入力　**3** Enter キーを押す

ヘルプ(H)
回転角　[　　　　▼]　数値位置 [-455,0　▼]　再選択

［洋室］が左に455mm伸びた

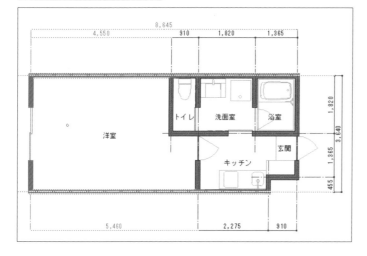

3 窓を移動する

続けて窓の位置を変更する　**1** ［再選択］をクリック

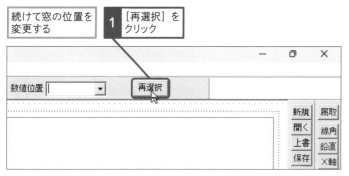

数値位置 [　　　　▼]　再選択

新規　属取
開く　線角
上書　鉛直
保存　×軸

使いこなしのヒント

変形後の移動距離を入力する

［数値位置］に、X方向（横方向）とY方向（縦方向）の移動距離を「,」（カンマ）で区切って入力します。ここでは選択色の点線で表示されている壁線を左方向に455mm伸ばし、縦方向には動かさないため、「-455,0」と入力します。XとYの数値は、右と上は＋（プラス）値で、左と下は-（マイナス）値で指示します。

使いこなしのヒント

基準点を指示して変形することもできる

ここでは、数値入力で指示しましたが、［基点変更］で、基準点を指示し、その点をどこに移動するかを指示することでも行えます。その場合、コントロールバーの［XY方向］（横または縦方向固定）を右クリックすることで、移動方向を［Y方向］（縦方向固定）、［X方向］（横方向固定）、［任意方向］（固定なし）に切り替えできます。

使いこなしのヒント

［再選択］で要素を確定する

現在、選択色で表示されている要素を確定し、他の部分をパラメトリック変形するには［再選択］をクリックします。

● 窓を下に300mm移動する

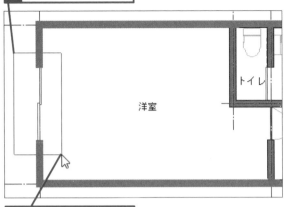

2 始点としてここをクリック

3 終点としてここをクリック

窓と上下の壁が選択された

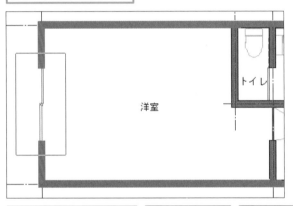

手順2を参考に［選択確定］をクリックしておく

4 「0,-300」と入力

5 Enter キーを押す

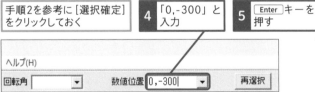

ヘルプ(H)

回転角 [　　　　　▼]　　数値位置 [0,-300|　▼]　　[再選択]

窓が300mm下に移動した

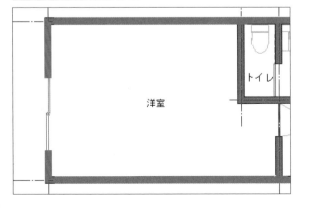

使いこなしのヒント

上下の壁線も範囲に含める

手順3の操作2、操作3では移動する対象の窓の上下の壁線と選択枠が交差するように囲んでください。

使いこなしのヒント

数値入力して窓を下に300mm移動する

手順3の操作4では選択色で表示されている窓を300mm下に移動して、左右には移動しないため、［数値位置］に、「0,-300」を入力します。

使いこなしのヒント

操作が終わったら確定させる

パラメトリック変形が完了したら、それを確定するため、コントロールバーの［再選択］をクリックするか、他のコマンドを選択してください。

この章のまとめ

便利な機能を使いこなそう

この章では、作図済みの図を利用して、他の図面を効率よく作図するための編集操作を学習しました。これらの編集操作は、複数の要素を選択して行います。文字を対象に含める場合の終点の右クリック、[パラメ] コマンドでの選択枠での囲み方などは確実に身に付けていただきたい操作です。また、大きさ変更や縮尺の異なる図面への [コピー] & [貼付] の際、図寸で管理される文字も同じ割合で大きさ変更するには、[作図属性] の設定が必要ということも覚えておいてください。

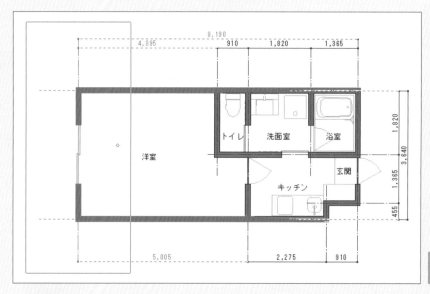

操作のコツや設定を身に付けよう

パラメトリック、すごいですね！ こんな操作ができるなんて夢にも思いませんでした！

でしょう？ 紹介してよかったです。ぜひ活用しましょう。

[作図属性設定] が使いやすかったです。

この章で学んだ内容は、いろいろと応用可能です。作図に慣れてきたら、アイディアを得るためにまた読み返してくださいね。

活用編

第 9 章

図面に加筆するには

この章では、躯体にハッチングを作図する、立面図にサイディングを作図する、図面の一部を塗りつぶす、画像を挿入する、塗りつぶしやハッチングに重なった文字を見やすくするなど、図面を見栄えよく整えるための機能を学習します。

図面を見栄えよく整えよう

図面の種類によっては、正確に作図するだけではなく、完成物のイメージを使えるため、絵的な表現をしたり、製品の写真や完成イメージの絵（画像）を貼って見せたりします。この章では、そうした際に利用する機能を学習します。

模様や色で図面の見栄えを変える

この章は…先生、ご機嫌ですね♪

ええ、私の大好きな操作なんです！　この章ではハッチングやサイディング、塗りつぶしなど、図面の見栄えを整える操作を紹介しますよ！

ハッチングとサイディングをやってみよう

まずはハッチングとサイディング。図面に模様を描き込んで、イメージを伝えやすくします。一瞬で模様を入れて、その後微調整するだけで仕上がります♪

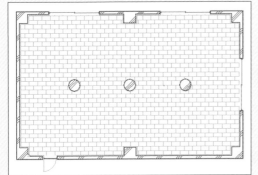

塗り絵みたいで楽しいですね！

図面の中を色で塗りつぶそう

模様だけでなく、特定の色で塗りつぶすことも可能です。
下の図は壁をグレー、水回りを薄い青で着色しました。

見た目が良くなるだけでなく、内容も分かりやすくなりますね！

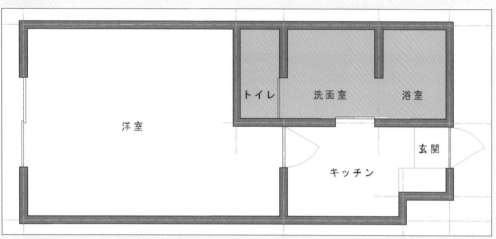

トイレ　洗面室　浴室

洋室

玄関

キッチン

画像を図面に挿入しよう

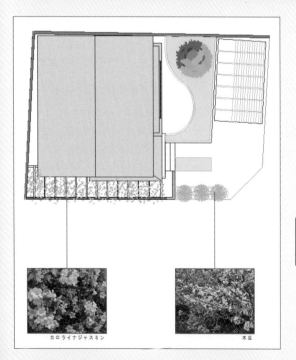

カロライナジャスミン　　　木瓜

そしてとっておきはこの機能。
BMP形式の画像を図面に貼り付
けて、枠に合わせて調整できます！

こんなことまでできるんですね！
やり方、覚えたいです！

77 躯体にハッチングするには

躯体ハッチング

練習用ファイル　L77_躯体ハッチ.jww

平面図の躯体部分に3本線のコンクリートハッチングを［線色6］の［実線］で作図しましょう。ハッチングを作図する範囲を指定し、［ハッチ］コマンドで、ハッチングの種類や間隔を指定することで作図します。

躯体部分にハッチングをしたい

Before 躯体にハッチングをしたい

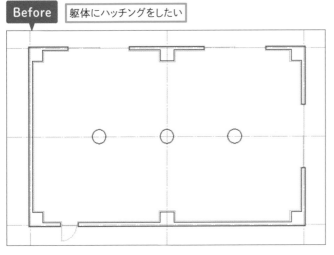

After コンクリートハッチングを施した

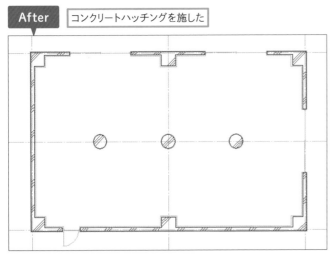

キーワード

外形線	P.309
ハッチ属性	P.312
ピッチ	P.313

用語解説

ハッチング

元々の意味は、細かく平行線を引くことですが、製図においては、指定した範囲を斜線や特定のパターンで埋めることを意味します。

使いこなしのヒント

ハッチングの種類を確認しよう

ここで学習する［ハッチ］コマンドは、ハッチングを施す範囲（「ハッチ範囲」と呼ぶ）とハッチングの種類を指定することで、書込線色・線種でハッチングを作図します。ハッチングの種類には［1線］［2線］［3線］［馬目地］［図形］の5種類が用意されています。ここでは［3線］を使ってコンクリートハッチングを作図します。

ハッチングは5種類が
用意されている

○ 1線　○ 2線　● 3線　○ ┬┬┐　○ 図形

1 レイヤと線属性を設定する

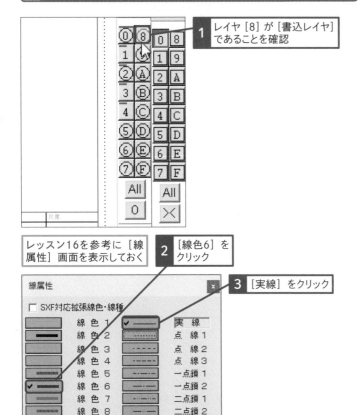

1 レイヤ[8]が[書込レイヤ]であることを確認

レッスン16を参考に[線属性]画面を表示しておく

2 [線色6]をクリック

3 [実線]をクリック

線属性

□ SXF対応拡張線色・線種

線 色 1	✓ ———	実 線
線 色 2	···········	点 線 1
線 色 3	-----	点 線 2
線 色 4	-----	点 線 3
線 色 5	-----	一点鎖 1
✓ 線 色 6	—·—·—	一点鎖 2
線 色 7	——·——	二点鎖 1
線 色 8	——··——	二点鎖 2
補助線色	···········	補助線種

線幅(1/100mm単位) 0:基本幅(18) 0

4 [OK]をクリック

Ok

①~⑤キー:ランダム線 ⑥~⑨キー:倍長線種

キャンセル

2 ハッチングする範囲を選択する

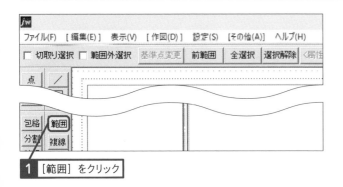

ファイル(F) [編集(E)] 表示(V) [作図(D)] 設定(S) [その他(A)] ヘルプ(H)

□ 切取り選択 □ 範囲外選択 基準点変更 前範囲 全選択 選択解除 <属性

点 / 包絡 範囲 分割 複線

1 [範囲]をクリック

使いこなしのヒント

何も作図されていないレイヤを使う

後から編集操作がしやすいよう、何も作図されていないレイヤ[8]を[書込レイヤ]にしてハッチングを作図します。レイヤバーの番号ボタンの上にバーが表示されていないレイヤが、何も作図されていないレイヤです。

使いこなしのヒント

ハッチングの線色と線種を設定する

ハッチングは書込線色・線種で作図されるため、この段階で書込線色・線種を、作図するハッチングの線色・線種に指定しておきます。

使いこなしのヒント

[範囲]で範囲指定をする

ハッチ範囲の指定は、[範囲]コマンドで行うか、あるいは[ハッチ]コマンド選択後に行います。ここでは、[範囲]コマンドで先に指定します。

次のページに続く →

● 部屋全体を選択する

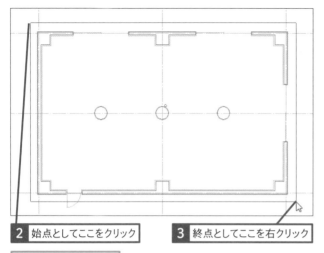

2	始点としてここをクリック

3	終点としてここを右クリック

躯体部分が選択された

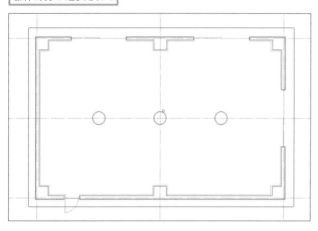

3 ハッチングの設定をする

1	[ハッチ] をクリック

2	ここをクリックしてチェックマークを付ける

3	[角度] が「45」、[ピッチ] が「10」、[線間隔] が「1」になっていることを確認

4 躯体にコンクリートハッチングする

1 [実行] をクリック

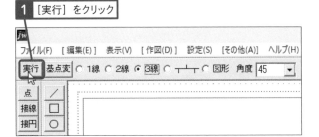

躯体部分にハッチングが
施された

2 [クリアー] を
クリック

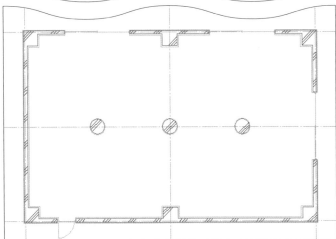

ハッチングが完成した

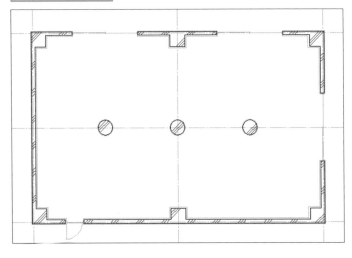

使いこなしのヒント

**[ピッチ] と [線間隔] の示す
箇所を覚えよう**

[ピッチ] [線間隔] は縮尺に関係なく印刷
したときの寸法（図寸）で指定します。こ
こで選択した [3線] の [角度] [ピッチ] [線
間隔] は下図の通りです。

ピッチと線間隔はそれぞれ
下記の箇所を指す

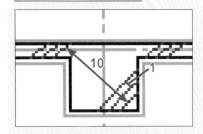

使いこなしのヒント

ハッチ範囲を解除するには

ハッチングが完成した後も、ハッチ範囲
は選択されたままとなっています。[クリ
アー] をクリックすることでハッチ範囲を
解除できます。

使いこなしのヒント

**ハッチングの線は他の線と
区別できる**

[ハッチ] コマンドで作図したハッチング
の線は、1本ごとに独立した線要素です。
通常の線要素と同様に消去や伸縮などの
編集ができます。そのため、作図済みの
ハッチングの線の種類やピッチを変更す
る機能はありません。ただし、[ハッチ]
コマンドで作図したハッチングの線には、
「ハッチ属性」という特別な性質が付加さ
れており、他の線と区別できます。

78 床面にハッチングするには

詳細は2ページへ

床面ハッチング | 練習用ファイル L78_床面ハッチ.jww

平面図の床面に、600mm×300mmのタイルを馬目地貼りで、レイヤ［9］に［線色1］の［実線］でハッチングしましょう。ハッチ範囲が閉じた連続線で囲まれていない場合には、［ハッチ］コマンドで、その外形線を1本ずつ指示します。

床面にハッチングをする

Before 床面にハッチングをしたい

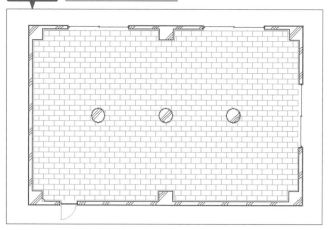

↓

After 目地ハッチングを施せた

キーワード

外形線	P.309
基準点	P.310
ハッチング	P.312

用語解説

馬目地（うまめじ）

目地は部材間の継ぎ目のことです。石やタイルを貼る際に、縦か横に1/2ずつずらす貼り方を馬目地と呼びます。［ハッチ］コマンドでは記号で表示されます。

馬目地ハッチングは記号で表される

使いこなしのヒント

馬目地の角度も変更できる

ここでは、［角度］を「0」として馬目地を横向きに作図しますが、［角度］を「90」とすることで縦向きに、［角度］に「30」「45」など任意の角度を入力することで、斜めに作図することもできます。

1 レイヤと線属性を設定する

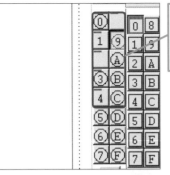

レッスン44を参考にレイヤ［9］を［書込レイヤ］、レイヤ［3］を［編集可能レイヤ］、レイヤ［2］とレイヤ［8］を［非表示レイヤ］にしておく

レッスン16を参考に［線属性］画面を表示しておく

1 ［線色1］をクリック

2 ［実線］をクリック

3 ［OK］をクリック

線属性

□ SXF対応拡張線色・線種

	線 色 1		実 線
	線 色 2		点 線 1
	線 色 3		点 線 2
	線 色 4		点 線 3
	線 色 5		一点鎖 1
	線 色 6		一点鎖 2
	線 色 7		二点鎖 1
	線 色 8		二点鎖 2
	補助線色		補助線種

線幅（1/100mm単位）0：基本幅（15）0

Ok

①～⑤キー：ランダム線 ⑥～⑨キー：倍長線種

キャンセル

2 ハッチングの設定をする

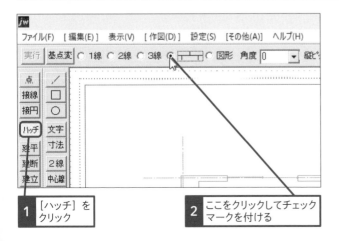

jw

ファイル(F) ［編集(E)］ 表示(V) ［作図(D)］ 設定(S) ［その他(A)］ ヘルプ(H)

実行 基点変 ○ 1線 ○ 2線 ○ 3線 ○ [____] ○ 図形 角度 0 ▼ 縦ピ

点 ／
接線 □
接円 ○
ハッチ 文字
鉛平 寸法
建断 2線
建立 中心線

1 ［ハッチ］をクリック

2 ここをクリックしてチェックマークを付ける

次のページに続く→

レイヤ［9］とレイヤ［3］を使うのはなぜ？

後から編集操作がしやすいよう、何も作図されていないレイヤ［9］を［書込レイヤ］にしてハッチングを作図します。馬目地ハッチングは、建物内部の仕上げ線の内側に作図するため、ハッチ範囲の指示に必要な仕上げ線が作図されているレイヤ［3］を［編集可能レイヤ］にします。また、ハッチ範囲を指示する際に関係ない線をクリックしてしまわないように、躯体線が作図されているレイヤ［2］とコンクリートハッチングが作図されているレイヤ［8］は［非表示レイヤ］にします。

使いこなしのヒント

書込線色と線種を設定しておく

この段階で書込線色・線種を、作図するハッチングの線色・線種に指定しておきます。

使いこなしのヒント

［ハッチ］で範囲を選択する

ここでは、ハッチ範囲が閉じた連続線になっていないため、［範囲］コマンドでは選択できません。［ハッチ］コマンドで、その範囲を指定します。

● 数値を入力する

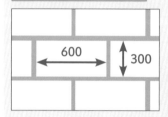

3 ここをクリックしてチェックマークを付ける

作図(D) | 設定(S) [その他(A)] ヘルプ(H)

3線 ⌒ ┬┬ ⌒ 図形 角度 0 ▼ 縦ピッチ 300 ▼ 横ピッチ 600 ▼ 実寸

4 「0」になっていることを確認

5 「300」と入力

6 「600」と入力

3 ハッチングの範囲を選択する

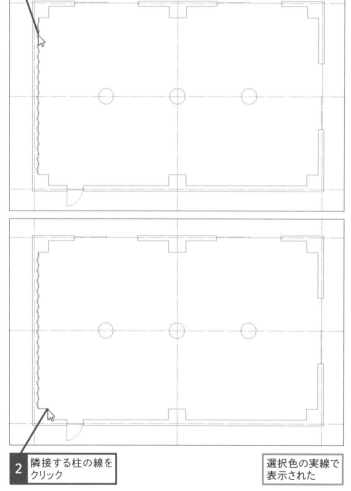

1 左の内壁をクリック

波線で表示された

2 隣接する柱の線をクリック

選択色の実線で表示された

使いこなしのヒント

実寸で数値指定をする

[ハッチ] コマンドの数値指定は、基本的に図寸で行います。ただし、[実寸]にチェックマークを付けることで、実寸での指定ができます。ここでは、タイルの横と縦の寸法を実寸で指定するため、手順2の操作3でチェックマークを付けます。ここで選択したハッチ種類の [縦ピッチ] と [横ピッチ] は下図の通りです。

縦ピッチと横ピッチは下記の部分を指している

600 300

使いこなしのヒント

最初にクリックした線は波線で表示される

ハッチ範囲の外形線が閉じた連続線でないときは外形線を1本ずつクリックすることで、その範囲を指定します。最初の線は手順3操作1のように波線で表示されます。それに続く線を順次クリックしていきます。

最初の線は波線で表示され、次の線からは直線で表示される

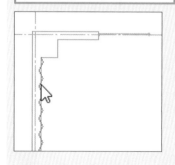

● 続けて選択する

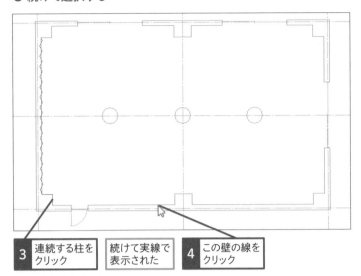

3	連続する柱を クリック

続けて実線で
表示された

4	この壁の線を クリック

柱の線まで実線で
表示された

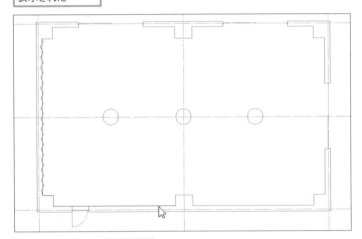

同様の手順で次の内壁の線、
柱の線をクリックして一周する

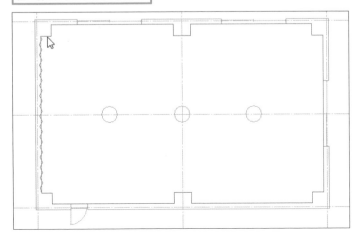

使いこなしのヒント

開口部をまたいで外形線が
つながる

手順3の操作3でクリックした柱の線と操作4でクリックする壁の線は、間に開口があり、連続していませんが、操作4の線をクリックすることで、選択色の操作3の線と操作4の線が交点位置でつながり、ハッチ範囲の外形線になります。

使いこなしのヒント

[計算できません] と表示された
場合は

開口部で離れた同一線上の線をクリックすると、[計算できません] と表示されます。このように開口部で離れている場合、次の線としてクリックするのは、同一線上の線ではなく、同一線上の線と交差する線をクリックします。

同一線上の線をクリックすると
[計算できません] と表示され、
外形線がつながらない

計算できません

● 交差する線をクリックする

この線まで続けてクリックした

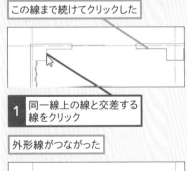

1	同一線上の線と交差する 線をクリック

外形線がつながった

次のページに続く➡

4 範囲を確定し、中抜き指示をする

1 最初の波線をクリック

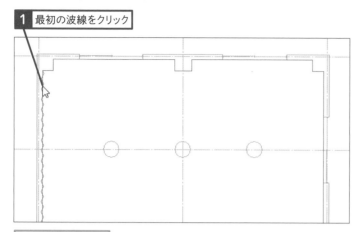

ハッチ範囲が閉じた

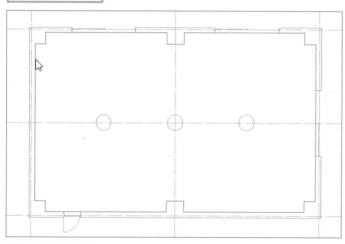

2 円を右クリック

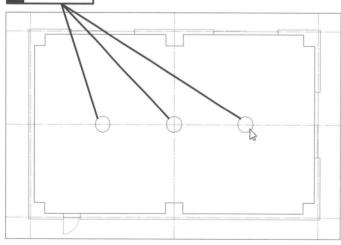

円が中抜き用に選択された

使いこなしのヒント

Esc キーで操作を戻せる

ハッチ範囲の外形線として違う線をクリックしてしまったり、途中で、いくつか前のクリック指示が間違っていることに気づいたりした場合はEsc キーを何度か押して、指示操作を間違ったところまで取り消し、そこから指示をし直してください。

使いこなしのヒント

外形線を閉じるには

最初にクリックした波線をクリックすることで、外形線が閉じ、ハッチ範囲が確定します。

使いこなしのヒント

円を選択範囲から除外する

円の中はハッチングを作図しません。ハッチ範囲に囲まれた、作図しない範囲をハッチ範囲として指定することで中抜きしてハッチングが作図されます。閉じた連続線や円は、右クリックで指定できます。

円を右クリックで選択して
ハッチ範囲から除外する

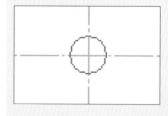

5 指定点を通る目地ハッチングを施す

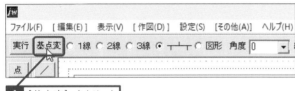

1 [基点変]をクリック

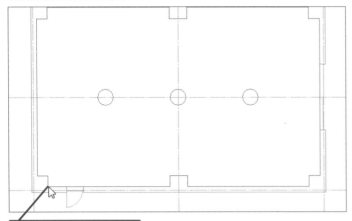

2 基準点として図の角を
右クリック

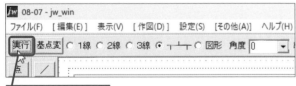

3 [実行]をクリック

ハッチングが施された

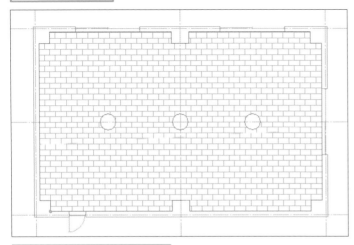

レッスン77を参考に[クリアー]
をクリックしておく

使いこなしのヒント

[基点変]で基準点を変更できる

[基点変]で、ハッチングの基準点を指定
できます。基準点は、ハッチングの線が
必ず通る点です。ここで指定した馬目地
の場合、基準点に600mm×300mmの目
地の左下角を合わせてハッチングします。

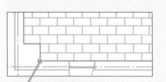

左下の角が基準点となり、ここから
馬目地の模様が始まる

ここに注意

作図してみて、中抜きの円を指定し忘れ
ていたことや、範囲の指定に間違いがあっ
たことに気が付いた場合には、[戻る]を
クリックして作図したハッチングを取り消
します。その段階でハッチ範囲が選択色
で表示されていれば、[Esc]キーを押すこ
とで、ハッチ範囲の指示操作をひとつず
つ取り消すことができます。間違った時点
まで取り消して、やり直してください。

79 立面に一定間隔の横線を引くには

サイディング

練習用ファイル　L79_サイディング.jww

立面図の屋根に横葺きの線を［線色1］の実線で作図しましょう。また、1階部分の外壁には幅160mmのサイディングの線を［線色1］の実線で作図しましょう。いずれも［分割］コマンドを利用して作図します。

活用編　第9章　図面に加筆するには

屋根葺き線やサイディングを加筆する

Before 屋根葺き線とサイディングを追加したい

After ［分割］コマンドで作図できた

キーワード

書込線	P.310
線色	P.311
レイヤ	P.313

用語解説

サイディング

建物の外壁に貼る仕上げ板材を指します。

このレッスンではサイディングを1階の外壁部分に施す

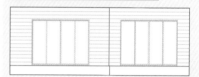

用語解説

横葺き（よこぶき）

「葺き」は、茅（かや）や瓦、板などで屋根を覆うことを指します。横葺きは葺き方のひとつで、地面に対して屋根材を平行に葺いたもので、屋根の外観が横じまに見えます。

このレッスンでは横葺きの線を1階と2階の屋根に施す

1 屋根に横葺きの線を作図する

レッスン44を参考にレイヤ[9]
を[書込レイヤ]にしておく

レッスン16を参考に書込線を
[線色1][実線]にしておく

1 [分割]をクリック

2 「20」と入力

3 屋根の線をクリック

4 屋根の頂点を右クリック

屋根に横葺きの線が作図できた

次のページに続く ➡

使いこなしのヒント

指示した要素を分割する線などを作図できる

[分割]コマンドでは、指示した2つの要素（線・円・点）の間を指定数で等分割する線・円・点を作図します。2つの要素の一方でも線を指示した場合、分割線を作図します。

使いこなしのヒント

横葺きであることが伝わるように作図する

ここでは、スレート屋根のイメージを伝えることを目的に横葺きの線を作図します。そのため、[分割数]には、結果がそれらしく見えるような数値を入力しています。

使いこなしのヒント

点と線の両端点を結んだ三角形の範囲が分割される

[分割]コマンドで線と点を指示した場合、線の両端点と点を結んだ範囲を指定数に等分割する線が作図されます。

点と線の両端点を結んだ
範囲に作図される

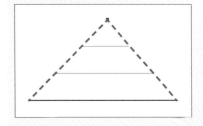

2 一階屋根の横葺きの線を作図する

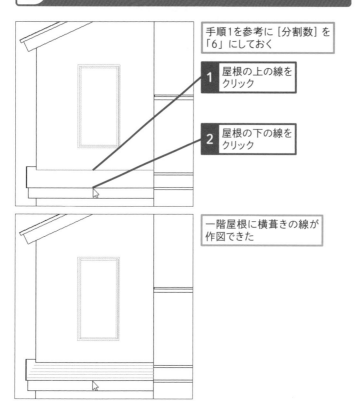

手順1を参考に[分割数]を「6」にしておく

1 屋根の上の線をクリック

2 屋根の下の線をクリック

一階屋根に横葺きの線が作図できた

使いこなしのヒント

2つの線を指示した場合は四角形の範囲が分割される

[分割]コマンドで線と線を指示した場合、両方の線の端点同士を結んだ範囲を指定数に等分割する線が作図されます。

線の端点同士を結んだ四角形の範囲に作図される

3 線の端部を揃える

レッスン15を参考に[伸縮]をクリックしておく

1 [一括処理]をクリック

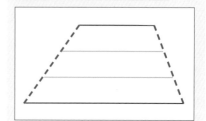

ファイル(F)　[編集(E)]　表示(V)　[作図(D)]　設定(S)　[その他(A)]　ヘルプ(H)

一括処理　　　　　　突出寸法 [0　　▼]

点　/

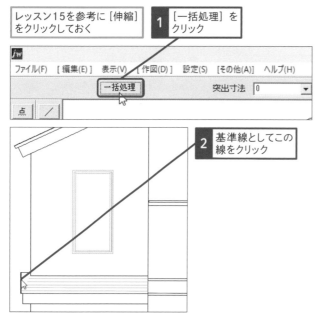

2 基準線としてこの線をクリック

時短ワザ

複数の線を一括で処理できる

作図した横葺きの線の左端を左の屋根の線まで伸ばしましょう。レッスン15で学習したように、[伸縮]コマンドで、伸縮の基準線として左の屋根の線を指示した後、横葺きの線を1本ずつクリックすることで伸縮できますが、ここでは、複数の線を一括して基準線まで伸縮する[一括処理]を使ってみましょう。[伸縮]コマンドの[一括処理]では、最初に伸縮の基準線をクリックします。

● 伸縮対象線を選択確定する

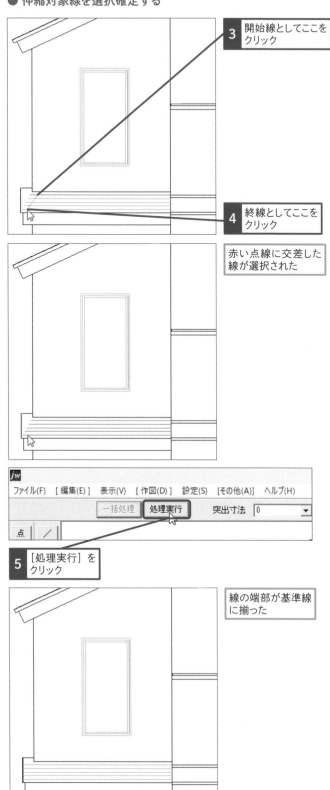

3 開始線としてここを
クリック

4 終線としてここを
クリック

赤い点線に交差した
線が選択された

_jw_

ファイル(F)　[編集(E)]　表示(V)　[作図(D)]　設定(S)　[その他(A)]　ヘルプ(H)

一括処理　処理実行　突出寸法 0 ▼

点 ／

5 [処理実行]を
クリック

線の端部が基準線
に揃った

● 使いこなしのヒント

**プレビュー表示の赤い点線で
伸縮対象を選ぶ**

[伸縮]コマンドの[一括処理]で、伸縮
の基準線を指定したら、次に一括伸縮す
る開始線をクリックします。クリックした
位置からマウスポインターまで、赤い点
線がプレビュー表示されるので、伸縮対
象のすべての線が、赤い点線に交差する
位置で終わりの線をクリックします。

赤い点線で一番下の
線まで選ぶ

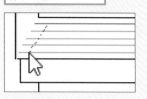

● 使いこなしのヒント

一括処理で線を縮めるには

ここでは、一括処理の対象は、伸ばす線
ばかりでしたが、基準線まで縮める線が
ある場合には、基準線に対して線の残す
側に赤い点線のプレビュー表示が交差す
るように手順3の操作3、操作4のクリック
位置を決めてください。

4 外壁部分のサイディングを作図する

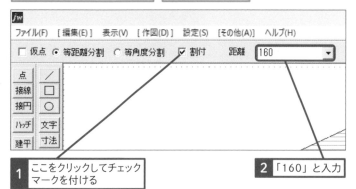

レッスン43を参考にレイヤ[8]
を[書込レイヤ]にしておく

[分割]をクリック
しておく

1 ここをクリックしてチェック
マークを付ける

2 「160」と入力

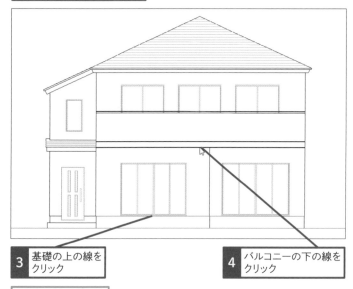

3 基礎の上の線を
クリック

4 バルコニーの下の線を
クリック

分割線が作図された

活用編

第9章

図面に加筆するには

5 窓に重なった部分を消去する

レッスン73を参考に［範囲］をクリックして［切取り選択］にチェックマークを付けておく

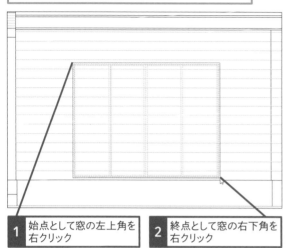

1 始点として窓の左上角を右クリック

2 終点として窓の右下角を右クリック

窓に重なった部分が選択された

レッスン10を参考に［消去］をクリック

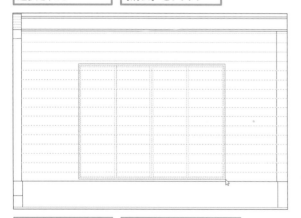

窓に重なった部分が消去された

同様の手順で右側の壁も作業する

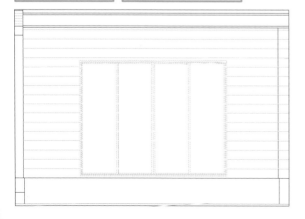

使いこなしのヒント

窓に重なった部分のみ消去する

窓に重なった部分のサイディングの線を一括消去するため、ここでは、［範囲］コマンドの［切取り選択］で、窓の枠内を切取り選択して消去します。

使いこなしのヒント

始点も終点も右クリックで選択する

［切取り選択］にチェックマークを付けた場合、範囲選択の始点と終点のクリックと右クリックの使い分けは、ともに右クリックで既存点を読み取ります。

使いこなしのヒント

**範囲選択して分割線を
作図するよりも素早く作業できる**

160mm間隔のサイディングは、［複線］コマンドの［連続］を使って作図することもできれば、［ハッチ］コマンドの［1線］で［ピッチ］を実寸で指定することでも作図できます。この図の場合、後からサイディングの線を消去する範囲が長方形になっており、手順5の方法で簡単に消去できるため、［分割］コマンドを使うのが簡便です。後から消去する範囲が複雑な形状であったり、サイディングを施す形状によっては、［ハッチ］コマンドの方が簡便な場合もあります。その時々で使い分けてください。

80 図面の一部を塗りつぶすには

ソリッド

練習用ファイル　L80_ソリッド.jww

平面図の壁をグレーで塗りつぶししましょう。また、トイレの塗りつぶし部と同じ色で、洗面室、浴室も塗りつぶししましょう。塗りつぶしは、[多角形] コマンドの [任意] を選択し、[ソリッド図形] にチェックマークを付けることで行います。Jw_cadでは、塗りつぶした部分を「ソリッド」と呼びます。

🔍 **キーワード**

書込線	P.310
曲線属性	P.310
レイヤ	P.313

💡 **使いこなしのヒント**

[表示のみレイヤ] は読み取られない

練習用ファイルでは塗りつぶしの指示が行いやすいように、壁芯の作図されているレイヤ [1]、寸法が作図されているレイヤ [7] を [表示のみレイヤ] としています。塗りつぶしの対象を指示する際、[表示のみレイヤ] の線は読取りされません。

壁や水回りを塗りつぶす

Before | 壁と水回りのエリアに色を付けたい

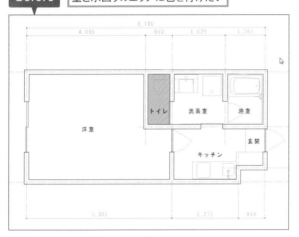

↓

After | 壁は濃いグレー、水回りは青で統一できた

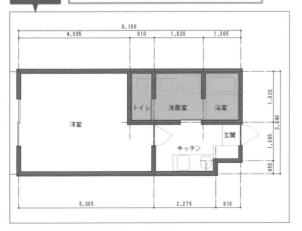

レイヤ [1] とレイヤ [7] は [表示のみレイヤ] になっている

🔍 **用語解説**

ソリッド

Solid（ソリッド）は、固体状、中身の詰まった、硬質等々の意味を持ち、ファッション、音楽など様々な分野で使われていますが、Jw_cadにおけるソリッドは、塗りつぶし部のことを指します。

活用編 第9章 図面に加筆するには

1 色を選択する

1 [多角形] をクリック

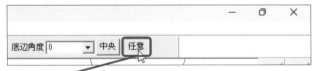

2 [任意] をクリック

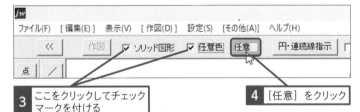

3 ここをクリックしてチェック
マークを付ける

4 [任意] をクリック

5 ここをクリック

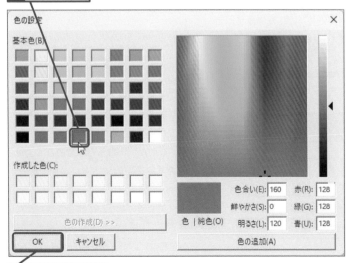

6 [OK] をクリック

次のページに続く →

使いこなしのヒント

**モノクロで印刷する場合は
画面表示が変わる**

[ソリッド図形] にチェックマークを付けることで、塗りつぶしが行えます。[任意色] にチェックマークを付けない場合、塗りつぶし色は書込線色の色になります。[任意色] にチェックマークを付けることで、[色の設定] パレットで任意の色を指定できます。書込線色で塗りつぶしたソリッドと、任意色で塗りつぶしたソリッドでは [印刷] コマンドでモノクロ印刷する場合に以下のような違いが生じます。

● [カラー印刷] にチェックマークを
　付けた場合

線色1　　　　　任意色

● [カラー印刷] のチェックマークを
　はずした場合

線色1　　　　　任意色

使いこなしのヒント

**モノクロ印刷の場合もグレーで
塗りつぶされる**

ここでは、壁を濃いグレーで塗りつぶすため、[任意色] にチェックマークを付け、[色の設定] パレットで濃いグレーを選択します。任意色で塗りつぶすため、図面のすべての線を黒で印刷するモノクロ印刷をした場合にも、壁は濃いグレーで塗りつぶされます。

2 壁を塗りつぶす

1 [円・連続線指示] をクリック

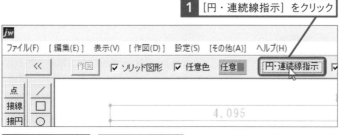

2 上側の壁線を
クリック
壁が濃いグレーで
塗られた

同様の手順で下側の壁も
グレーで塗りつぶす

3 色を取得する

1 [円・連続線指示] をクリック

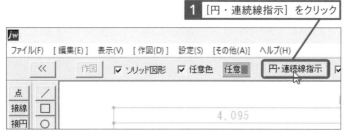

💡 使いこなしのヒント

**閉じた連続線に囲まれた内部を
塗りつぶす**

塗りつぶす範囲を指定する方法は、2通り
あります。ここでは、閉じた連続線に囲ま
れた内部を塗りつぶすため、[円・連続線
指示] をクリックし、円や閉じた連続線を
指示するモードに切り替えます。

💡 使いこなしのヒント

**1度の指示で塗りつぶした
ソリッドをまとめて1要素とするには**

手順2では指定範囲を三角形のソリッドに
分割して塗りつぶします。1度の指示で塗
りつぶしたソリッドを1要素として扱える
ようにするには、[曲線属性化] にチェッ
クマークが付いていることを確認しておき
ます。

コントロールバーの [曲線属性化]
にチェックマークが付いていることを
確認しておく

⚠ ここに注意

壁線のクリックは、誤って他の線を読み
取らないよう、確実に壁線を指示できる
位置でクリックします。クリックして [計
算できません] と表示される場合は壁線
とは違う線を読み取っています。また、
塗りつぶし範囲を示す外形線に関係ない
線が交差していたり、複雑な形状だった
りすると、[4線以上の場合や、線が交差
した図形は作図できません] と表示され、
塗りつぶせないことがあります。

● 図面から色を選択する

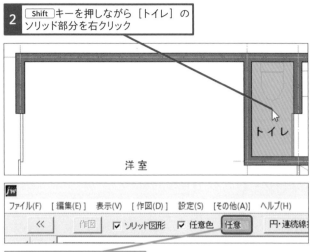

2 [Shift] キーを押しながら [トイレ] の
ソリッド部分を右クリック

トイレ

洋室

```
jw
ファイル(F)  [編集(E)]  表示(V)  [作図(D)]  設定(S)  [その他(A)]  ヘルプ(H)
  <<      作図    ☑ ソリッド図形  ☑ 任意色  [任意]    円・連続線
```

ソリッド部分の色が選択された

4　レイヤを非表示にする

1 [属取] を2回
クリック

新規 属取
開く 線角

1,365

2 洗面台をクリック

トイレ 洗面室 浴室

玄関

キッチン

洗面台が作図されたレイヤ4
が非表示になった

トイレ 洗面室 浴室

玄関

キッチン

80
ソリッド

💡 使いこなしのヒント

[トイレ] の色を取得する

洗面室、浴室をトイレと同じ色で塗りつ
ぶすため、既存のソリッド部の色をコント
ロールバーの[任意]に取得します。ソリッ
ド色の取得は [円・連続線指示] をクリッ
クして切り替える、もう1つのソリッド範
囲の指定モードで行います。

[Shift]キー+右クリックで
色を取得できる

[Shift]+(R):色取得

💡 使いこなしのヒント

色を変更するには

ステータスバーの操作メッセージに
[[Shift] + (L)：色変更] と表示されて
いるように、[Shift]キーを押しながら既
存のソリッドをクリックすると、そのソ
リッドの色を現在のコントロールバーの
[任意] の色に変更します。

[Shift]キー+左クリックで
色を変更できる

[Shift]+(L):色変更

⏱ 時短ワザ

[属取] でレイヤを非表示にできる

手順4では塗りつぶし範囲の指示がしやす
いよう、洗面器などが作図されているレイ
ヤを非表示にしました。[属取] コマンド
を2回クリックすると、作図画面左上に [レ
イヤ非表示化] と表示され、クリックした
要素が作図されているレイヤを非表示に
します。ただし、書込レイヤの要素をクリッ
クした場合には、[書込レイヤです] と表
示され、非表示にはできません。

次
の
ペ
ー
ジ
に
続
く
➡

5 水回りのエリアを塗りつぶす

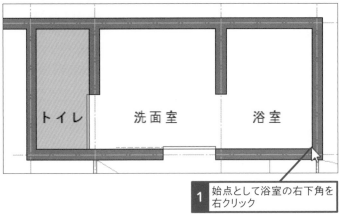

1 始点として浴室の右下角を右クリック

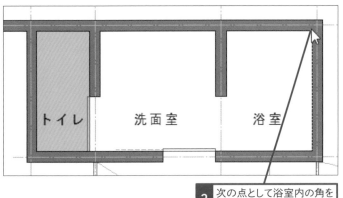

2 次の点として浴室内の角を右クリック

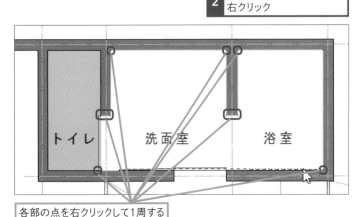

各部の点を右クリックして1周する

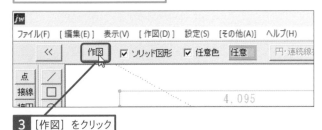

3 ［作図］をクリック

使いこなしのヒント

塗りつぶす範囲の頂点を順に右クリックする

手順5では、塗りつぶす範囲が閉じた連続線に囲まれていないため、塗りつぶす範囲の頂点を順に右クリックすることで、範囲を指定します。操作1の段階では、ステータスバーには、「始点を指示してください」と操作メッセージが表示されています。

> ステータスバーの操作メッセージを確認しておく

始点を指示してください (L)free (R)Read	

使いこなしのヒント

頂点をクリックする順序は時計回りでもよい

頂点を右クリックする順序については、ここでは反時計回りで行っていますが、時計回りに指示をしても問題ありません。

使いこなしのヒント

［作図］をクリックすると塗りつぶされる

［作図］をクリックすることで、指示した頂点に囲まれた範囲が、コントロールバー［任意］の色で塗り潰されます。

● 作図結果を確認する

指示した頂点に囲まれたエリアが
同じ色で塗りつぶされた

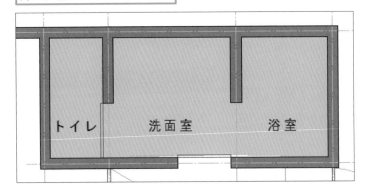

トイレ　　洗面室　　浴室

6 すべてのレイヤを編集可能にする

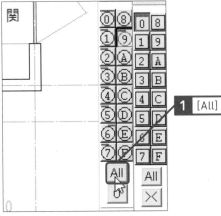

1 [All] を右クリック

すべてのレイヤが編集
可能になった

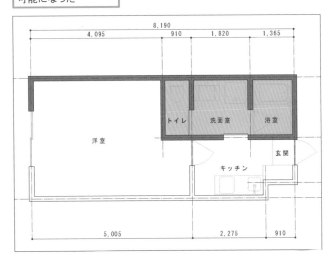

```
              8,190
   4,095        910  1,820  1,365
```

洋室

トイレ　洗面室　浴室

キッチン

玄関

```
      5,005        2,275    910
```

80
ソリッド

💡 使いこなしのヒント

部屋名がソリッドに隠れた場合は

部屋名がソリッド部に隠れてしまった場合
は、[基設] コマンドをクリックして [jw_
win] 画面の [一般(1)] タブの [画像・ソ
リッドを最初に描画] にチェックマークを
付けてください。

[画像・ソリッドを最初に描画] に
チェックマークを付ける

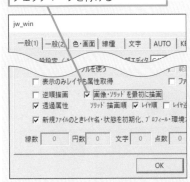

💡 使いこなしのヒント

レイヤをまとめて編集可能にできる

手順6ではレイヤバーの [All] ボタンを右
クリックし、すべてのレイヤを一括して [編
集可能レイヤ] にします。

81 画像を挿入するには

| 画像の挿入 | 練習用ファイル | L81_画像挿入.jww |

作図済みの図面に画像を挿入しましょう。Jw_cadでは、BMP形式の画像に限り、[画像編集] コマンドで挿入することができます。ここでは、画像の挿入方法と合わせて、挿入した画像の大きさ変更やトリミングなどの方法も学習します。

図面に画像を挿入する

Before

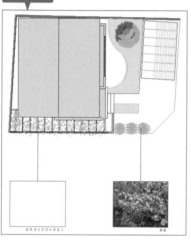

画像ファイルを挿入したい

↓

After

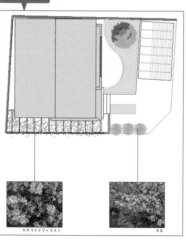

枠線に合わせて画像を挿入できた

🔍 キーワード

JWW	P.309
基準点	P.310
サムネイル	P.310

🔍 用語解説

BMP

Windows標準の画像形式またはその形式の画像ファイルを指します。

👍 スキルアップ

BMP形式以外の画像を扱うには

デジタルカメラの写真やインターネット上などで広く利用されているJPEG形式などBMP形式以外の画像ファイルは、Jw_cadでは扱えません。画像処理ソフトなどを介してBMP形式に変換したうえで、画像挿入します。あるいは、JPEG形式に対応した「Susie Plug-in」を [jww] フォルダーにインストールすることで、Jw_cadの [画像挿入] で、JPEG形式の画像の挿入が可能になります。

● Susie Plug-inのダウンロード（窓の杜）
https://forest.watch.impress.co.jp/
library/software/susie/

1 画像を選択する

1 [編集] をクリック

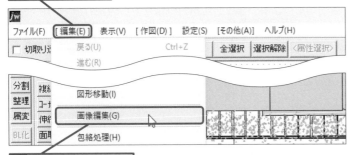

2 [画像編集] をクリック

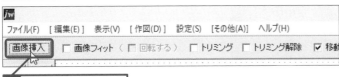

3 [画像挿入] をクリック

4 画像ファイルをクリック

5 [開く] をクリック

6 この角を右クリック | 画像ファイルが挿入された

用語解説

JPEG

デジタルカメラの写真やインターネット上などで一般に広く利用されている画像形式またはその形式の画像ファイルを指します。

使いこなしのヒント

[開く] 画面でサムネイルが表示されないときは

[開く] 画面には、BMP形式の画像ファイルが表示されます。画像ファイルの表示状態は、[その他のオプション] をクリックして表示されるリストから [中アイコン] など、「アイコン」と表示されたメニューのいずれかをクリックして切り替えることで、操作4のような画像のサムネイルが表示されます。

使いこなしのヒント

画像は一定の大きさで挿入される

操作6で右クリックした点に、画像の左下角を合わせ、横幅が図寸100mmになる大きさで画像が挿入されます。画像の表示サイズは、挿入後に変更します。

次のページに続く →

2 画像を枠に合わせて大きさ変更する

1 ここをクリックしてチェックマークを付ける

2 画像の左下を右クリック

3 画像の右上を右クリック

4 長方形の左下を右クリック　**5** 長方形の右上を右クリック

活用編　第9章　図面に加筆するには

💡 使いこなしのヒント

［画像フィット］で画像の大きさを変更する

［画像フィット］は、元の画像の2点と、それに対応する大きさ変更後の2点を指示することで、画像の大きさを変更します。

💡 使いこなしのヒント

画像上の2箇所をクリックしてもよい

手順2の操作2と操作3では、画像の左下角と右上角を右クリックすることで、フィットさせる画像の基準点2点を指示しましたが、この2点は、画像上の2箇所をクリック（画像上には点はないため右クリックはできない）して、おおよその位置を指示することも可能です。

💡 使いこなしのヒント

［倍率］を使っても画像の大きさを変更できる

手順2では、［画像編集］コマンドの［画像フィット］で大きさを変更しましたが、他の要素と同じように、レッスン74で学習した［移動］コマンドの［倍率］を指定することでも、画像の大きさを変更できます。

● 作図結果を確認する

画像の大きさが変わったが、
天地に余白ができた

カロライナジャスミン

木瓜

レッスン40を参考に
［戻る］をクリック

3 画像を移動する

1 ここをクリックしてチェック
マークを付ける

設定(S)　[その他(A)]　ヘルプ(H)
〉　□ トリミング　□ トリミング解除　☑ 移動　　画像同梱　　画像分離　　[　□

カロライナジャスミン　　　　　　　　　　木瓜

2 画像の中心にしたい箇所をクリック

カロライナジャスミン　　　　　　　　　　木瓜

3 長方形の中央をクリック

使いこなしのヒント

**縦横比が異なる場合は
余白が生じる**

元の画像とフィットさせる範囲の縦横比
が異なる場合、画像の縦横比を保ち、画
像の長い辺の方向（ここでは横）をフィッ
トさせる範囲の長さに合わせて大きさを
変更します。そのため、画像の上下に余
白ができました。ここでは、用意された枠
に画像がぴったり収まるようにするため、
［戻る］コマンドで、画像フィットを取り
消して、他の方法を使います。

画像の上下に余白部分が
生じている

カロライナジャスミン

使いこなしのヒント

**見せたい部分が中央になるように
移動する**

画像の枠からはみだした部分を図面から
消すことで調整します。そのため、手順3
の操作3では見せたい部分が枠のほぼ中央
になるように画像を移動しましょう。コン
トロールバーの［移動］にチェックマーク
を付け、画像上の位置と移動先の位置を
クリックで指示することで、おおよその位
置に移動します。

次のページに続く→

4 トリミングする

> **1** ここをクリックしてチェックマークを付ける

> **2** 長方形の左下を右クリック

> **3** 長方形の右上を右クリック

画像がトリミングされた

用語解説

トリミング

ここでの「トリミング」は、画像の不要な部分を切り落とすという意味合いです。

使いこなしのヒント

画像自体は加工されない

[トリミング]では、画像上で長方形の枠の対角2点を指示することで、指示した範囲を残し、その外側の部分を隠します。Jw_cadで行う[トリミング]は、画像の指示した範囲をJw_cad図面上で表示するもので、画像自体は加工されません。

使いこなしのヒント

トリミングを解除するには

[トリミング]では、画像自体は加工されないため、[トリミング解除]にチェックマークを付けて、トリミングされた画像をクリックすることでトリミング前の画像全体の表示に戻せます。

5 同梱して保存する

1 [画像同梱] をクリック

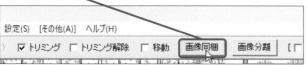

設定(S) [その他(A)] ヘルプ(H)
☑ トリミング ☐ トリミング解除 ☐ 移動 **画像同梱** 画像分離 [☐

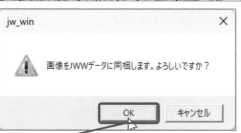

jw_win ✕

⚠ 画像をJWWデータに同梱します。よろしいですか？

OK キャンセル

2 [OK] をクリック

jw_win ✕

⚠ 1個の画像を同梱しました。

OK

3 [OK] をクリック

画像が同梱して | 図面ファイルを上書き
保存された | 保存しておく

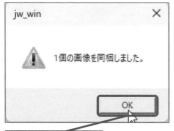

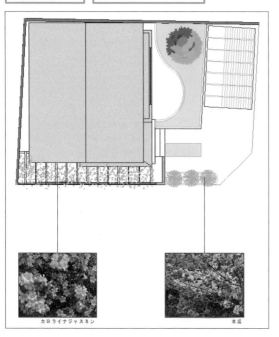

使いこなしのヒント

画像はリンク形式で挿入されている

Jw_cadで画像を挿入すると、その位置に、画像表示命令文が文字として記入されます。この画像表示命令文に、外部にある画像ファイルを、どのように表示（大きさ、トリミング範囲など）するかが記載されています。この画像表示命令文に従って、図面上に画像が表示されるしくみです。そのため、挿入元の画像を消したり、移動したりすると図面上の画像も表示されなくなります。挿入元の画像が無くても、図面上に画像が表示されるようにするには、現在、別個のファイルである画像ファイルを図面ファイルに同梱したうえで、図面ファイルを保存する必要があります。画像を挿入したら、必ず［画像同梱］を行いましょう。

⚠ ここに注意

［画像同梱］をせずに図面ファイルを保存すると、作図画面左上に［同梱されていない画像データがあります。Jwwデータを渡す場合、画像ファイルも一緒に受け渡す必要があります。］とメッセージが表示されます。画像同梱せずに、保存した図面ファイルを他のパソコンで開くと画像は表示されません。

練習用ファイル　L82_トリミング.jww

図面に挿入した画像を丸く残してトリミングしましょう。[画像編集]
コマンドの [トリミング] では、丸くトリミングすることはできません。
丸くトリミングするには、円の外の画像を白く塗りつぶします。

🔍 キーワード

コマンド	P.310
ソリッド	P.311
トリミング	P.312

💡 使いこなしのヒント

**ソリッド図形と組み合わせて
丸くトリミングする**

このレッスンでは [多角形] コマンドの [ソ
リッド図形] と [画像編集] コマンドの [ト
リミング] を利用することで、挿入済みの
画像を丸くトリミングして見せます。

活用編
第9章　図面に加筆するには

画像を丸くトリミングする

Before　円に合わせてトリミングしたい

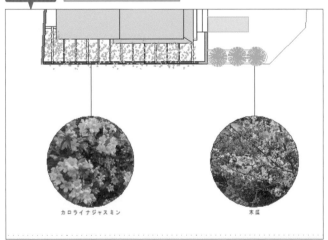

↓

After　円の形にトリミングできた

カロライナジャスミン　　　　木瓜

👍 スキルアップ

**円以外の形状でも
トリミングするには**

[画像編集] コマンドの [トリミング] で
トリミングできる範囲は、長方形（正方形
含む）に限られていますが、[多角形] コ
マンドの [ソリッド図形] を使って、画像
上の任意の範囲を白く塗りつぶすことで、
円に限らず、星形などの好きな形状に画
像を表示することもできます。

1 円の周りを白で塗りつぶす

レッスン80を参考に［多角形］を
実行しておく

1 ［任意］をクリック

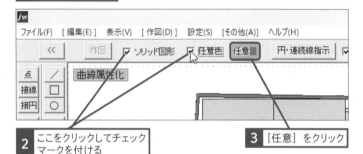

2 ここをクリックしてチェック
マークを付ける

3 ［任意］をクリック

［色の設定］画面が表示された　　**4** ここをクリック

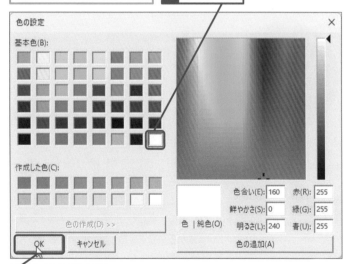

5 ［OK］をクリック

6 ［円・連続線指示］をクリック

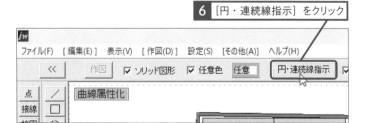

💡 使いこなしのヒント

図面と同じ「白」で画像の外側を塗りつぶす

ここでは、円の外側を白く塗りつぶすこと
で、画像を丸くトリミングしたように見え
ます。

円の外側を白で塗りつぶし、
その外側をトリミングする

💡 使いこなしのヒント

図形と色を指定する

塗りつぶしを行うため、［ソリッド図形］
にチェックマークを付けます。また、塗り
つぶし色として白を指定するため、［任意
色］にチェックマークを付け、［任意］を
クリックします。

💡 使いこなしのヒント

［円・連続線指示］で操作する

円・円弧の内側や外側を塗りつぶすには
［円・連続線指示］を指定します。

次のページに続く ➡

● 円の周りを塗りつぶす

| 7 | ここをクリックしてチェックマークを付ける |

8 円をクリック

円の周りが白く塗りつぶされた

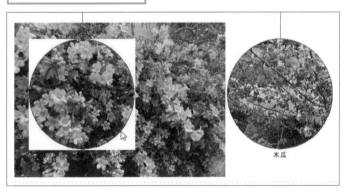

2 正方形の範囲で画像をトリミングする

レッスン81を参考に[画像編集]をクリックしておく

| 1 | ここをクリックしてチェックマークを付ける |

使いこなしのヒント

円と正方形の間が塗りつぶされる

[円外側]にチェックマークを付けて、円をクリックすると、円に外接する正方形と円の間が下図のように塗りつぶされます。また、円弧をクリックした場合には、円弧の外接線と円弧に囲まれた内部が、塗りつぶされます。

円をクリックすると正方形、円弧をクリックすると円弧の外接線を基準に塗りつぶされる

使いこなしのヒント

円の内側を塗りつぶすには

[線形・円周][弓形][円外側]のいずれにもチェックマークを付けずに円をクリックすると、その内部が塗りつぶされます。円弧をクリックした場合には、円弧の両端点から中心点を結ぶ線と円弧に囲まれた内部が塗りつぶされます。

操作7のチェックマークをはずすと円や円弧の内部が塗りつぶされる

● トリミングを実行する

```
2  トリミングの始点として
   左下角を右クリック
```

```
3  トリミングの終点として
   右上角を右クリック
```

円の形にトリミングできた

カロライナジャスミン

82

トリミング

⚠ ここに注意

[基設] コマンドで開く [jw_win] 画面の [一般(1)] の [ソリッドを先に描画] にチェックマークを付けていると、画面表示順が、「ソリッド」「画像」「線や文字」の順となり、画像に重ねたソリッドが画像の後ろに隠れてしまいます。「ズーム操作をしたら、塗りつぶした部分が消えてしまった」という場合には、この設定を確認してください。

ここのチェックマークははずしておく

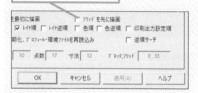

💡 使いこなしのヒント

範囲の外はトリミングで消去する

塗りつぶした範囲の外の画像は、[画像編集] コマンドのトリミングで、画面から消します。

83 文字の背景を白抜きにするには

背景白抜き

YouTube
動画で
見る
詳細は2ページへ

練習用ファイル L83_背景白抜き.jww

図面のソリッド（塗りつぶし部）や細かいハッチング線に文字が重なっていると読みにくくなってしまいます。文字に重なる部分のソリッドやハッチング線を消すことなく、白抜きにして文字を読みやすくすることが、[基本設定]画面で設定できます。

活用編

第9章 図面に加筆するには

キーワード

図面ファイル	P.311
ソリッド	P.311
ハッチング	P.312

文字の背景を白にする

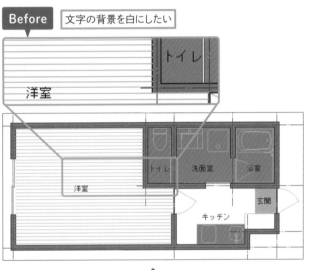

Before 文字の背景を白にしたい

After 文字の背景のみ白にできた

使いこなしのヒント

[基本設定]画面で設定できる

[基設]（基本設定）コマンドをクリックで開く[jw_win]画面の[文字]タブでの指定で、図面上の文字の背景を白く抜いて表示・印刷することができます。この設定は、図面ファイルにも保存されます。

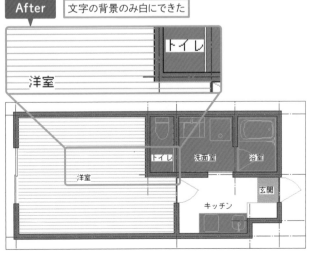

使いこなしのヒント

すべての文字要素の背景が白抜きになる

ここで紹介する設定を行うことで、図面内のすべての文字要素の背景が一律で白抜き表示されます。特定の文字の背景のみ白抜きするような設定はできません。また、寸法図形の寸法値の背景は白抜きにはなりません。

1 ［基本設定］画面の設定を変更する

1 ［基設］をクリック

2 ［文字］タブをクリック

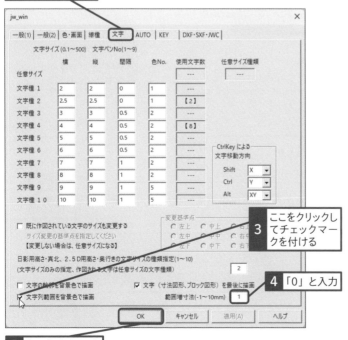

3 ここをクリックしてチェックマークを付ける

4 「0」と入力

5 ［OK］をクリック

使いこなしのヒント

背景色にそろえて描画される

操作3の［文字列範囲を背景色で描画］にチェックマークを付けることで、文字の背景を背景色（標準では白）で塗りつぶしたように表示します。画面の背景色が黒の場合は、黒で表示されますが、印刷時には、白に変換されて印刷されます。

使いこなしのヒント

白抜きされる部分の大きさは変更できる

操作4の［範囲増寸法］では、白抜きする部分の大きさを調整します。文字外形の大きさを「0」として、それより内側に小さくする数値として最大「-1」mm ～外側に大きくする最大数値「10」mmまでの数値を指定できます。

［範囲増寸法］に「1」を入力した場合は、上のような余白になる

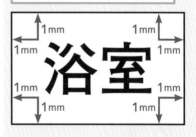

使いこなしのヒント

「白フチ」で表示することもできる

操作3で［文字列の輪郭を背景色で描画］にチェックマークを付けた場合は、文字の形に沿って白いフチを付けて表示できます。

この章のまとめ

レイヤをうまく操作しよう

この章では、作図した図面にハッチングやサイディング、塗りつぶしを加えたり、画像を挿入したりして、図面を見栄えよく整える方法をいくつか学習しました。

練習ファイルでの操作を行うなかで、感じていただけたと思いますが、ハッチングや塗りつぶしなどをスムーズに行うためには、基本編の第5章で学習した、レイヤごとの描き分けやレイヤ状態を必要に応じて変更するレイヤ操作が必須となります。図面を作図する際には、ハッチングや塗りつぶしなど後から行う加工にも考慮してレイヤを使い分けましょう。

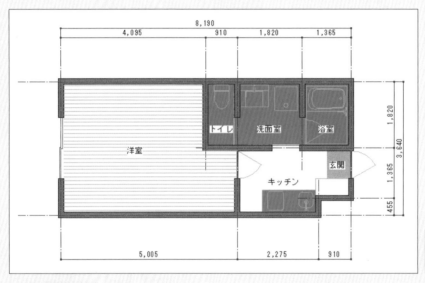

レイヤを適切に使い分けることで操作の効率化につながる

図面がカラフルになって、すごく楽しかったですー！

見栄えがするのはもちろん、イメージが伝えやすくなりますからね。一石二鳥の効果なんですよ♪

画像が入るのも良かったです！

実物のイメージを見せることができますからね。使いこなすと効果大です。さて次の章は、今までの総まとめです！

活用編

第10章

効率よく作図するには

第7章の平面図作図では、「2線」コマンドで壁を作図しましたが、それが壁を作図する唯一の方法ではありません。作図する壁の構造や形状によっても効率よく作図する方法は異なります。この章では、壁、開口部を作図する複数の方法を始めとし、様々な作図のバリエーションを体験しましょう。

84

作図のバリエーションを体験しよう

この章では、これまでに学習していない機能を中心に、壁や開口部の作図、[建平] コマンドでの建具の作図、立面図での4寸勾配の屋根の作図、照明機器の配線図の作図など、様々な作図のバリエーションを紹介します。

便利なテクニックを覚えよう

この章が最後…ちょっとさびしいですね。

Jw_cadには便利な機能がまだまだたくさんあります。最後の章になりますが、仕事に使える実践テクニックをたっぷり紹介しますよ。さあ、元気にいきましょう！

寸法値の編集が自由自在！

まずはよく使う機能から。寸法値を見やすい位置に移動したり、文字を追加したりする方法を紹介します。一見、簡単そうですがちょっとしたコツがいるんですよ♪

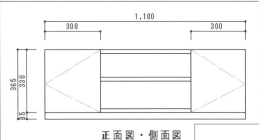

正面図・側面図

やったー！　やり方知りたかったんです！

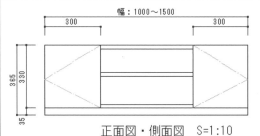

正面図・側面図　S=1:10

［包絡］でいろいろ一括処理！

お次は、何かと役立つ［包絡］の機能を紹介します。コーナーや開口部の処理に、すごく効果的なんです！

すごい、あっという間に処理できた！　これ覚えます！

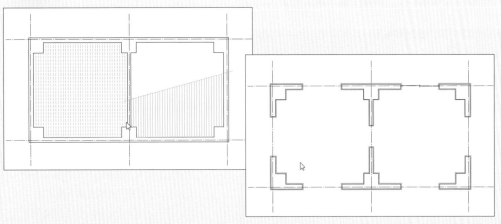

クロックメニューも使ってみよう

最後に紹介するのは、やや上級者向けの「クロックメニュー」。右クリックしたままドラッグして、メニューを選ぶ操作です。

他のアプリにはない操作ですね…使ってみたいです！

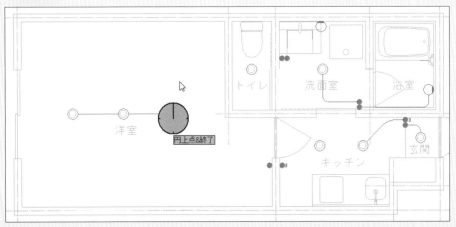

寸法値の編集 | 練習用ファイル L85_寸法値編集.jww

寸法値と寸法線が1セットになった寸法図形の寸法値は、文字として扱えないため、[文字] コマンドでの移動や書き換えはできません。[寸法] コマンドの [寸法値] で、移動や書き換えを行います。

寸法値の移動と書き換えをする

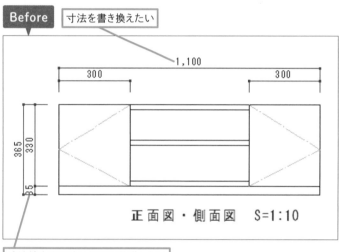

Before
寸法を書き換えたい

正面図・側面図　S=1:10

寸法値を見やすい場所に移動したい

↓

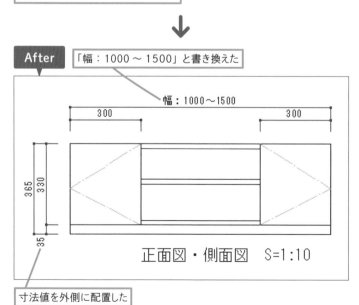

After
「幅：1000〜1500」と書き換えた

正面図・側面図　S=1:10

寸法値を外側に配置した

🔍 キーワード

ステータスバー	P.311
寸法	P.311
寸法線	P.311

💡 使いこなしのヒント

[寸法値] の使い方を覚えよう

作図済みの図面の寸法が寸法図形になっているかどうかは、見た目では分かりません。ここで紹介する [寸法] コマンドの [寸法値] での寸法値の移動、書き換えは、寸法図形になっていない寸法値にも使えるので、寸法値の移動と書き換えは、[寸法] コマンドの [寸法値] で行うと覚えてください。

💡 使いこなしのヒント

ステータスバーの操作メッセージを確認しよう

[寸法] コマンドの [寸法値] には、2点間の寸法値のみの記入、寸法値の移動、寸法値の書き換えなど、複数の機能があります。マウスのクリック、右クリック、右ダブルクリックなどでそれらの機能を使い分けます。

[寸法値] をクリックするとステータスバーに各種の操作メッセージが表示される

【寸法値】の始点指示(L)　移動寸法値指示(R)

変更寸法値指示(RR)2点間[Shift]+(RR)

1 寸法値を移動する

1 [寸法] をクリック

2 [寸法値] をクリック

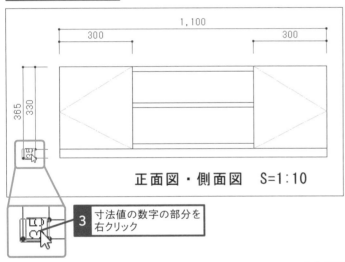

正面図・側面図　S=1:10

3 寸法値の数字の部分を右クリック

4 [任意方向] をクリック

[-横-方向] に表示が変わった

使いこなしのヒント

寸法図形の場合は線を右クリックしてもよい

[寸法] コマンドの [寸法値] で、移動対象の寸法値を右クリックします。対象が寸法図形の場合には、寸法値の代わりにその寸法線を右クリックしても同じ結果が得られます。

ここに注意

大きく拡大表示している場合には、寸法値の中央や上側を右クリックしても [図形がありません] と表示され、認識されません。この場合は寸法値の下側を右クリックしてください。

大きく表示しているときは寸法値の下側をクリックする

使いこなしのヒント

文字の方向に注意しよう

操作3で寸法値を右クリックすると、マウスポインターに寸法値の外形枠がプレビュー表示されます。ここでは、同列の寸法値「330」と位置を揃えて、寸法線の延長上に移動するため、[任意方向] をクリックし [-横-方向] として、移動方向を横方向に固定します。横方向は、画面に対する横方向ではなく、文字に対する横方向です。移動対象の寸法値は、90° 傾いているため、寸法値の移動方向は、画面上の上下方向に固定されます。

次のページに続く →

2 移動先を指定する

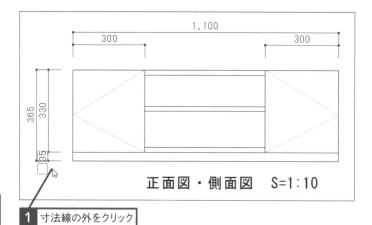

1 寸法線の外をクリック

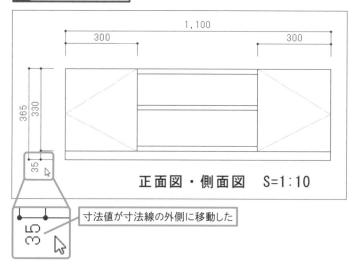

寸法値が寸法線の外側に移動した

3 寸法値を書き換える

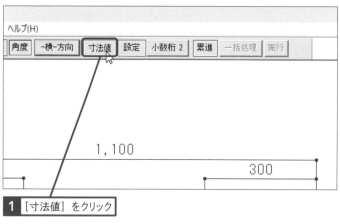

1 [寸法値] をクリック

使いこなしのヒント

**寸法線と寸法値は離れていても
セットになっている**

寸法値と寸法線の位置が離れても、寸法
図形であることには変わりありません。寸
法線（または寸法値）を消去すれば、セッ
トになっている寸法値（または寸法線）も
消去されます。

使いこなしのヒント

寸法値だけ書き換えたい場合は

作図済みの図面自体の大きさは変更せず
に寸法値だけを書き換えたい場合があり
ます。そのような場合は、[寸法] コマン
ドの [寸法値] で書き換えます。

● 寸法図形を解除して書き換える

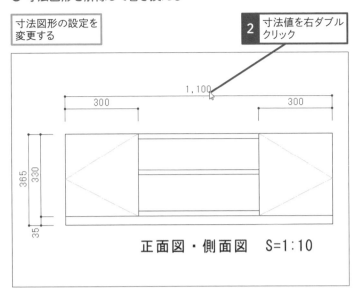

寸法図形の設定を
変更する

2 寸法値を右ダブル
クリック

[寸法値を変更してください]
画面が表示された

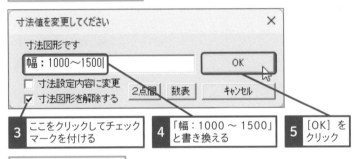

3 ここをクリックしてチェック
マークを付ける

4 「幅：1000～1500」
と書き換える

5 [OK]を
クリック

寸法値が書き換えできた

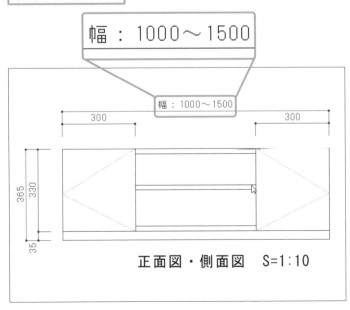

使いこなしのヒント

**寸法線を右ダブルクリックしても
よい**

手順3の操作2では[寸法値]をクリック
してから書き換え対象の寸法値を右ダブ
ルクリックします。対象が寸法図形の場
合には、寸法値の代わりにその寸法線を
右ダブルクリックしても同じ結果が得られ
ます。

使いこなしのヒント

寸法図形を忘れずに解除しよう

手順3の操作3で[寸法図形を解除する]
にチェックマークを付けずに変更した寸
法値は、移動時に寸法線の実寸法に戻っ
てしまいます。必ずチェックマークを付け
てください。操作2で右ダブルクリックし
た寸法値が文字要素の場合、「寸法図形を
解除する」はグレーアウトされ、チェック
マークを付ける必要はありません。

使いこなしのヒント

**画面左上にメッセージが
表示される**

手順3の操作5まで完了すると作図画面
左上に[幅：1000~1500　寸法図形
解除]と表示されます。これは、「幅：
1000~1500」に書き換えたとともに寸法
図形を解除したことを示すメッセージで
す。寸法図形が解除され、書き換えた寸
法値「幅：1000~1500」は文字要素に、
その寸法線は線要素になります。

画面左上のメッセージを
確認しておく

幅:1000～1500 寸法図形解除

86 壁線を一括で作図するには

一括作図　　　　　　　　　練習用ファイル　L86_一括作図.jww

基準線から両側に75mm振分けの壁線を［複線］コマンドの［留線付両側複線］を利用して一括で作図します。一括作図のためには、あらかじめ、壁芯を作図し、開口部分の壁芯を消去しておきます。

75mm振分けの壁の壁線を一括で作図したい

Before　開口部分を消した壁芯が作図されている

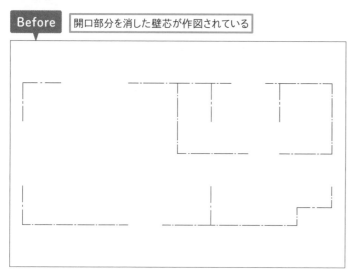

After　［複線］で一括作図できた

キーワード

壁芯	P.310
始点	P.310
終点	P.310

使いこなしのヒント

［2線］コマンドとの違いを確認しよう

第7章の平面図作図では、［2線］コマンドで、基準線から75mm振分けの壁を作図しましたが、「複線」コマンドの［留線付両側複線］を利用しても、同じ形状の壁を作図できます。その場合には、左図のようにあらかじめ、開口部分の基準線を部分消しして、壁の中心線となる線のみを残した状態にしておきます。

使いこなしのヒント

基準線に対して同間隔の壁線を作図する

［複線］コマンドの［留線付両側複線］を利用して、あらかじめ作図されている壁芯の両側に同間隔で振分けた壁線を左図のように作図します。［複線］コマンドの［留線付両側複線］で作図できる壁線は、基準線に対して同間隔で振分けられた壁線に限ります。また、左図の壁芯はすべて直線ですが、円弧が含まれる場合にも、同様に同間隔で振分けられた壁線を作図できます。

1 [複線] で作図する

レッスン26を参考に [範囲] を
クリックしておく

1 始点としてここをクリック

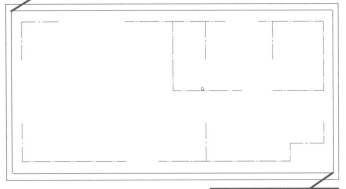

2 終点としてここをクリック

レッスン14を参考に [複線] を
クリックしておく

3 「75」と入力

4 「75」と入力

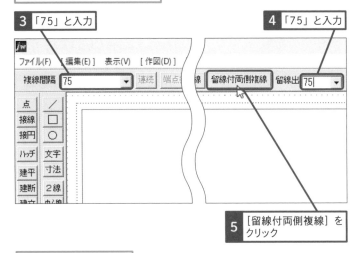

5 [留線付両側複線] を
クリック

壁線が一括で作図された

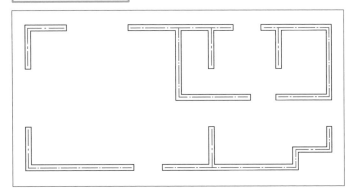

💡 使いこなしのヒント

作図されていないレイヤを選ぶ

後から編集操作がしやすいよう、何も作
図されていないレイヤ [2] を書込レイヤ
にし、書込線を [線色2] の [実線] にし
て作図します。

レイヤ [2] を書込レイヤに
しておく

86

一括作図

📖 用語解説

留線 (とめせん)

両側に作図された複線の端点同士を結ぶ
線を指します。[留線出] には、基準線端
点から留線までの間隔を指定します。

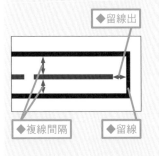

◆留線出

◆複線間隔   ◆留線

87 異なる振分けの壁線を作図するには

2線の間隔 | 練習用ファイル　L87_2線の間隔.jww

レッスン86では、[複線] コマンドで、同間隔振分けの壁を一括作図しましたが、基準線からの振分けが異なる場合には、[2線] コマンドを利用して作図します。このレッスンでは外壁75mm、内壁150mmの壁を作図しましょう。

活用編 第10章 効率よく作図するには

外側と内側の振分けが異なる壁線を作図する

Before | 外側75mm、内側150mmの壁線を作図したい

↓

After | [2線の間隔] を利用して素早く作図できた

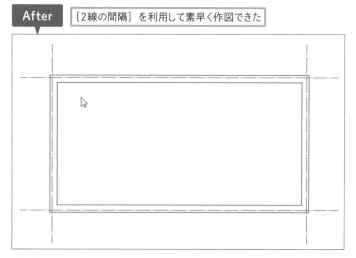

キーワード

終点	P.310
通り芯	P.312
振分け	P.313

使いこなしのヒント

外側と内側で厚みを変える

作図済みの通り芯の両側に、外側の厚みが75mm、内側の厚みが150mmになるように、2線を作図します。[2線]コマンドは、第7章の平面図作図でも利用しましたが、新しく、異なる振分け寸法の指定方法と、基準線に対する振分けの反転方法を学習します。第7章のように開口部分をよけて壁だけを作図する方法もありますが、ここでは、開口部は後から開ける前提で、通り芯の両側に連続して壁線を作図します。

壁芯の外側と内側で厚みを変えて作図する

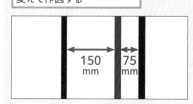

150mm　75mm

使いこなしのヒント

開口部を後から処理するには

[包絡] を使うことで開口部を素早く開けることができます。詳しくはレッスン89で紹介します。

1 2線の間隔を設定する

1 [2線] をクリック　**2** 「75,150」と入力

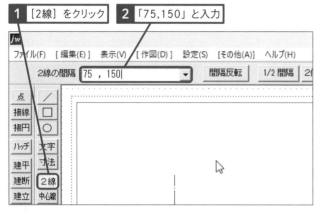

3 基準線として上の通り心をクリック

4 始点をクリック

5 [間隔反転] をクリック

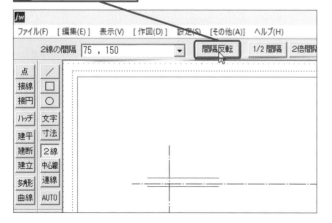

使いこなしのヒント

振分け間隔をカンマで区切って入力する

基準線に対する振分け間隔を「,」(カンマ)で区切って入力します。レッスン63のように1つの数値だけを入力した場合には、同間隔での振分けになります。

時短ワザ

カンマの代わりにドットで入力する

操作2は「75,150」と入力する代わりに「75..150」と入力することもできます。Jw_cadの数値入力では、2つの数を区切る「,」(カンマ)は「..」(ドット2つ)で代用できます。

使いこなしのヒント

振分けが異なるときはプレビューで確認しよう

基準線からの振分け間隔は、プレビュー表示で確認します。操作5では、上(外側)が150mm、下(内側)が75mmとなっており、本来作図したい振分けとは逆になっています。プレビュー表示の振分けは、[間隔反転] をクリックすることで、反転できます。

次のページに続く→

2 壁線を作図する

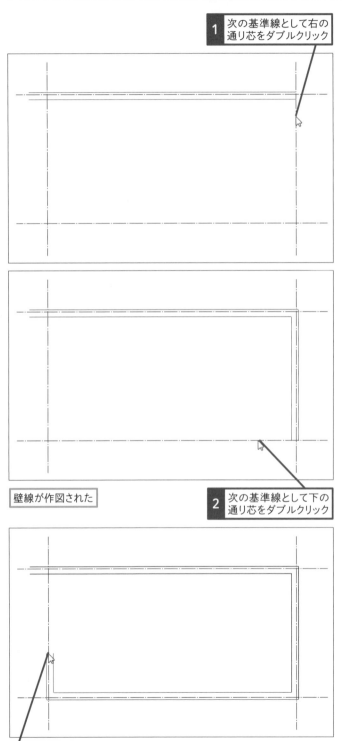

1 次の基準線として右の
通り芯をダブルクリック

壁線が作図された

2 次の基準線として下の
通り芯をダブルクリック

3 次の基準線として左の
通り芯をダブルクリック

使いこなしのヒント

基準線を次々とダブルクリックしてつなげる

終点を指示せずに、次の基準線をダブルクリックすることで、現在プレビュー表示されている2線につなげて次の2線を作図できます。

ここに注意

手順2の操作1でダブルクリックした通り芯の両側のプレビュー表示が、外側（右）が75mm、内側（左）が150mmになっていることを確認してください。逆に表示されている場合には、操作2の指示をする前にコントロールバー［間隔反転］をクリックして反転してください。操作2、操作3の指示後も同様です。

● 2線の作図を完了する

4 終点をクリック　　[複線]が終了した

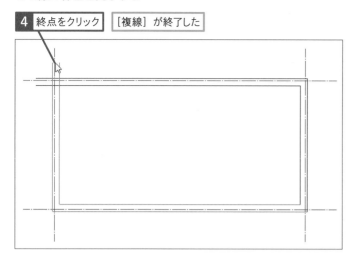

3 [包絡]で角を仕上げる

1 [包絡]をクリック

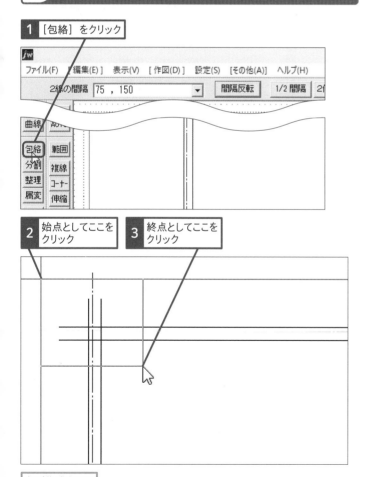

2 始点としてここを
　クリック

3 終点としてここを
　クリック

角が作成される

💡 使いこなしのヒント

水平方向の壁線よりも上でクリックする

プレビュー表示されている左側の壁線が、最初に作図した2本の壁線に交差するよう、手順2の操作4で指示する終点位置は、最初に作図した水平方向の壁線よりも上でクリックしてください。

最初の壁線よりも上でクリックする

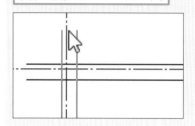

💡 使いこなしのヒント

同じレイヤで同じ線色・線種の直線を一括で整形する

角は、[コーナー]コマンドで整えることができますが、ここでは同じレイヤに同じ線色・線種で作図された直線どうしの整形を一括してできる[包絡]コマンドを使用して、手順3のように整形します。[包絡]コマンドの更なる活用法は次のレッスン88で詳しく学習します。

レッスン 88 コーナーや伸縮を一括で処理するには

包絡の活用

練習用ファイル　L88_包絡活用.jww

[包絡]（包絡処理）コマンドでは、[コーナー][伸縮]コマンドで数手間かけて整形する形に一括処理します。ここでは、同じレイヤに同一線色・線種で作図した壁と柱の重なる部分の処理や、線の伸縮や連結に相当する処理を行います。

🔍 キーワード

線色	P.311
線種	P.311
レイヤ	P.313

柱と壁の線を一括で処理したい

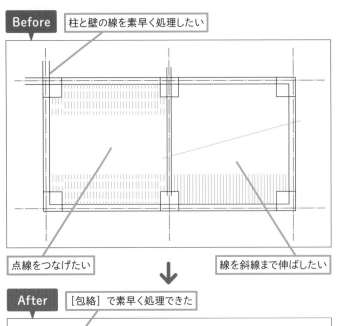

Before　柱と壁の線を素早く処理したい

点線をつなげたい

線を斜線まで伸ばしたい

After　[包絡]で素早く処理できた

一括して作図できた

一括して延長できた

💡 使いこなしのヒント

壁と柱を整える

[包絡]（包絡処理）コマンドは、同じレイヤに同じ線色・線種で作図された直線どうしを対象として、コーナー、伸縮、部分消し、連結などに相当する処理を一括して行います。ここでは、レイヤ[2]に[線色2]の[実線]で作図された壁と柱の線の重なる部分や飛び出した部分を[包絡]コマンドを利用して整えます。

💡 使いこなしのヒント

複数の線の伸縮、連結を一括で行う

コーナー、伸縮、部分消し、連結などに相当する処理を一括して行う、「包絡」コマンドは、壁と柱の整形以外にも様々なシーンでの利用ができます。ここでは、レイヤ[8]に作図されている[線色1]の[実線]や[線色1]の[点線]の一括伸縮や一括連結を行います。

活用編 第10章 効率よく作図するには

1 コーナーと柱部分を一括して処理する

使いこなしのヒント

包絡範囲枠に入れる範囲に注意しよう

包絡範囲枠に入れる範囲によって、包絡の結果が異なります。

レッスン71を参考に［包絡］
をクリックしておく

1 始点としてここをクリック **2** 終点としてここをクリック

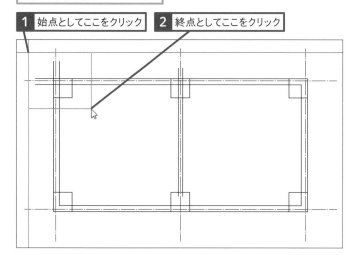

● 左と上の線端部を入れない場合

左と上の線端部を範囲に含めない

コーナーと柱部分が同時に処理できた

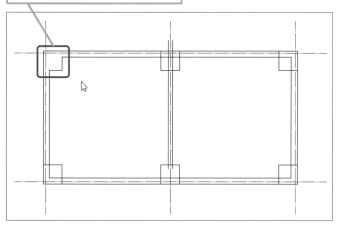

左と上の線端部が残される

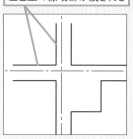

● 左の線端部を入れない場合

左の線端部を範囲に含めない

同様の手順で他の柱も処理する

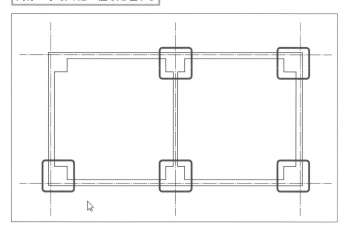

左の線端部が残される

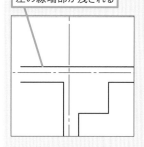

次のページに続く→

② 線を一括して延長する

レッスン43を参考にレイヤ8を
書込レイヤにしておく

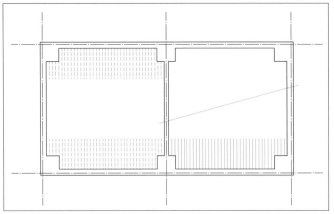

1 始点としてここを
クリック

2 終点としてここを
クリック

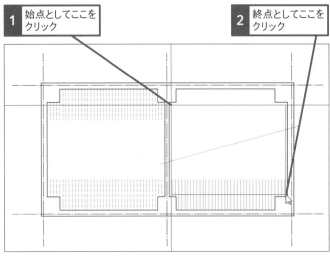

斜線まで線が延長された

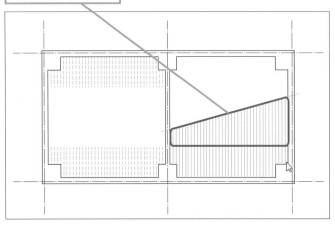

🔆 使いこなしのヒント

**線の伸縮やコーナー処理も
一括でできる**

［包絡］コマンドでは、壁と柱の処理の他
にも［伸縮］コマンドの基準線までの伸縮
に相当する処理や、［コーナー］コマンド
における角の作成や線の連結に相当する
処理を一括処理できます。いずれも、対
象とする線が同一レイヤに同一線色・線
種で作図されていることが前提です。

🔆 使いこなしのヒント

**基準線を含めて囲むだけで
処理できる**

伸縮の基準線とその線まで伸縮する線の
端部を手順2の操作1、操作2のように、包
絡範囲枠で囲むことで、一括伸縮ができ
ます。

⚠️ ここに注意

手順2では、垂直線の伸縮する端点側が
包絡範囲枠にすべて入るように、そして
伸縮の基準線とする斜線の両端点は包絡
範囲枠に入らないように囲みます。斜線
の両端点を包絡範囲枠に入れた場合には、
斜線も伸縮対象線となり、その両端点が
左端と右端の垂直線まで縮みます。

3 線を一括して連結する

1 ここをクリックしてチェックマークを付ける

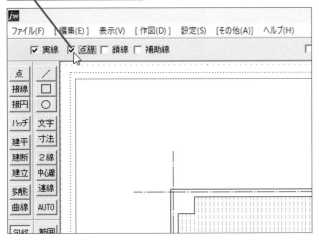

2 始点としてここをクリック

3 終点としてここをクリック

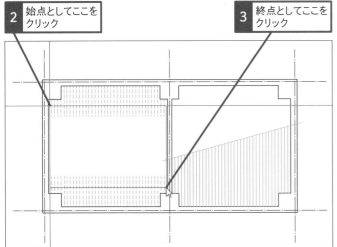

点線が連結された

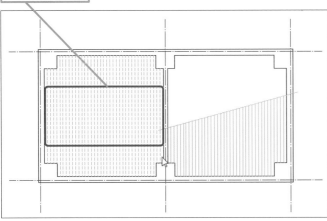

使いこなしのヒント

点線を包絡の対象にするには

包絡の対象とする線は、コントロールバーでチェックマークを付けた線種に限ります。ここでは、点線の一括連結をするため、[点線]にもチェックマークを付けます。

スキルアップ

複数の種類の線を処理することができる

手順3の操作1でチェックマークを付けることにより、実線や点線、鎖線が混在している図面でも、同じレイヤに作図されている、同じ線色・線種の線同士を一括して包絡処理できます。

使いこなしのヒント

連結する線の端点同士を範囲に含める

連結する点線それぞれの、連結する側の端点が包絡範囲枠に入るように囲むことで、同一レイヤの同一線上に作図された同一線色・線種の線どうしが一括して連結されます。

89 壁の開口を素早く処理するには

中間消去

YouTube動画で見る
詳細は2ページへ

練習用ファイル　L89_中間消去.jww

レッスン63や86では、始めから開口部分をよけて壁を作図しましたが、壁を作図してから開口部をあけることもできます。ここでは、開口部左右も含め躯体線と仕上げ線を作図済みの図で、[包絡] コマンドで開口部をあける手順を紹介します。

[包絡] コマンドで開口部をあける

Before　壁の開口部を素早く処理したい

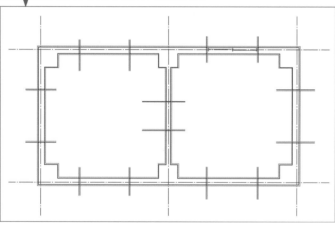

↓

After　[包絡] を使って処理できた

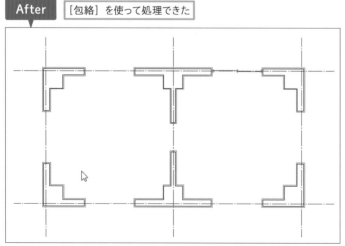

🔍 キーワード

始点	P.310
終点	P.310
レイヤ	P.313

💡 使いこなしのヒント

躯体線と仕上げ線を確認しよう

このレッスンの練習用ファイルでは、躯体線を [線色2] の [実線] でレイヤ [2] に、仕上げ線を [線色7] の [実線] でレイヤ [3] に作図しています。開口部分の左右の躯体線、仕上げ線も、それぞれレイヤ [2] とレイヤ [3] に適当な長さで作図しています。

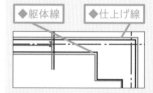

◆躯体線　◆仕上げ線

🔍 用語解説

躯体線（くたいせん）

躯体（くたい）は、基礎、柱、壁、床、梁等々、建物を構造的に支える骨組み部分（構造体）の総称です。このレッスンの図面では、構造体のコンクリート壁の外形線を「躯体線」と呼びます。

🔍 用語解説

仕上げ線（しあげせん）

仕上げは、建物の内装、外装で、直接目に触れる部分を指します。床のタイル、フローリングや壁のクロス、漆喰などです。このレッスンの図面では、外壁、内壁の仕上げ面を示す線を「仕上げ線」と呼びます。

1 中間消去で処理する

レッスン71を参考に［包絡］を
クリックしておく

| 1 | 始点としてここを
クリック |
| 2 | Shift キーを押しながら
終点をクリック |

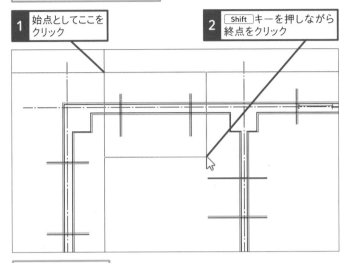

開口部が作図された

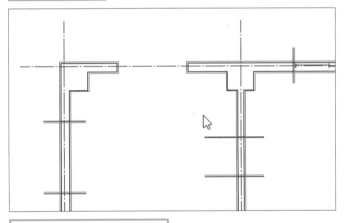

同様の手順で他の部分も作図する

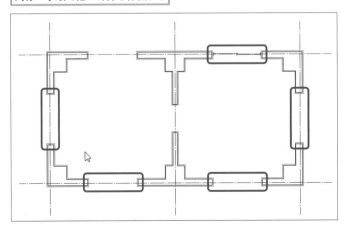

使いこなしのヒント

包絡処理と線の消去を同時に行える

包絡範囲枠で対象を囲み、 Shift キーを
押しながら包絡範囲の終点をクリックす
ると、包絡処理したうえ、その中間の線を
消去します。開口部を作成する場合に便
利な機能です。

使いこなしのヒント

「建具属性」を持つ建具は包絡の対象にならない

図面右上の作図済みの建具は、レッスン
90で学習する［建平］（建具平面）コマン
ドで作図した建具です。［建平］コマンド
で作図した建具には、「建具属性」と呼ば
れる、特別な性質が付加されます。「建具
属性」を持つ建具は、包絡の対象になり
ません。そのため、包絡範囲枠で囲んで
もその形状が包絡されて変形することは
ありません。

右上の建具がそのままの形状で
残っていることを確認する

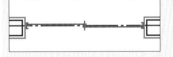

開口幅に合わせて建具を配置するには

建具平面

練習用ファイル　L90_建具平面.jww

第7章の平面図作図では、建具は［図形］コマンドで、図形として用意された建具を選択して配置しました。ここでは、建具を配置するもう1つの方法として、［建平］（建具平面）コマンドを紹介します。［建平］コマンドでは、あらかじめ用意された建具の平面の見込、枠幅、内法寸法を実寸で指定して作図できます。

使いこなしのヒント

［図形］と［建平］の違いを確認しておこう

レッスン65で学習した［図形］コマンドでの建具配置では、建具の幅を変更するには、［倍率］に元の大きさを「1」とした倍率を入力することで大きさを変更します。この場合、倍率を指定した横や縦の幅は、均等に変更されます。それに対して［建平］（建具平面）コマンドでは、見込、枠幅、内法（うちのり）ごとに、実寸でその寸法を指定することができます。ただし、［図形］コマンドの建具は、ユーザーが独自に作図した建具を図形登録することで、増やせるのに対し、［建平］コマンドの建具は、ユーザーが簡単に作成することはできません。このような違いを踏まえ、使い分けましょう。

開口部の幅に合わせて作図する

Before　開口部に合わせて引違戸を作図したい

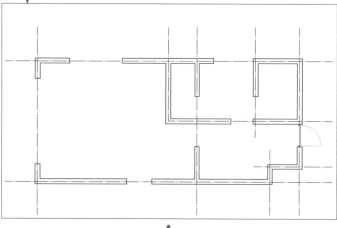

↓

After　建具平面を使って素早く作図できた

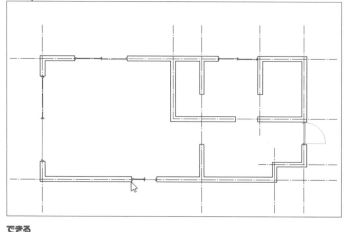

用語解説

見込み（みこみ）

建具枠、サッシ枠などを正面から見たときの奥行を指します。［建平］コマンドにおいては、作図する建具平面のサムネイル表示における垂直方向の幅を指します。

1 建具平面を選択する

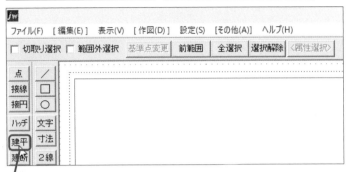

レッスン43を参考にレイヤ［3］を書き込みレイヤにしておく

レッスン16を参考に書込線を［線色5］、［実線］にしておく

1 ［建平］をクリック

［ファイル選択］画面が表示された

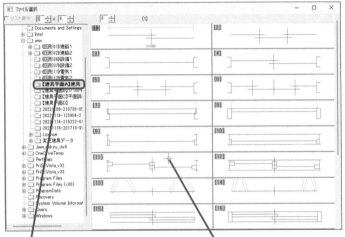

2 ［【建具平面A】建具一般平面図］をクリック

3 ［11］をダブルクリック

4 ここをクリック

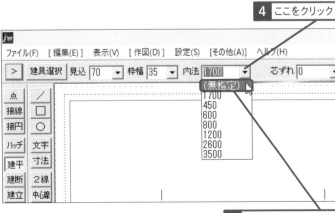

5 ［無指定］をクリック

90

建具平面

用語解説

内法（うちのり）

内側から内側までを測定した寸法を指します。建具の場合は、建具枠を除いた寸法が内法寸法です。

使いこなしのヒント

建具平面は書込線の線色・線種で作図される

操作2で［【建具平面A】建具一般平面図］をクリックすると、右側に建具平面図がサムネイル表示されます。建具平面は、基本的に書込線色・線種で作図されるため、サムネイルの建具は事前に指定した［線色5］の［実線］で表示されます。書込線色・線種以外の線色・線種で表示される要素は、線色・線種が固定されている要素で、表示の線色・線種で作図されます。

使いこなしのヒント

数値を実寸で入力する

コントロールバーの［見込］［枠幅］［内法］に、それぞれの数値を実寸で指定することで、これから作図する建具平面の大きさを決めます。

下図の各箇所の寸法を実寸で指定する

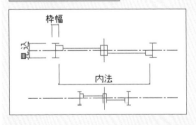

使いこなしのヒント

内法寸法を指定せずに作図できる

［内法］ボックスを［(無指定)］にすることで、内法寸法を入力せずに、指示する2点間に収まる建具を作図できます。

次のページに続く →

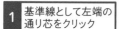

2 引違戸を作図する

1 基準線として左端の
通り芯をクリック

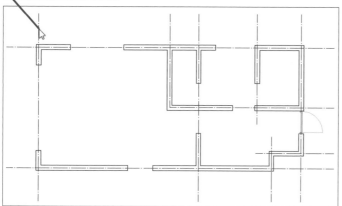

2 [基準点変更] をクリック

[基準点選択] 画面が
表示された

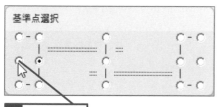

3 ここをクリック

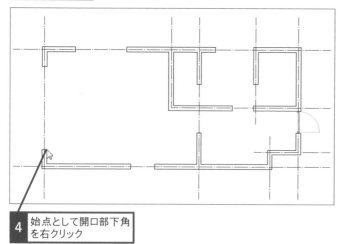

4 始点として開口部下角
を右クリック

使いこなしのヒント

最初に基準線を指示する

[建平] コマンドでは、手順2の操作1で基準線を指示します。建具は、この基準線上に作図されます。

使いこなしのヒント

基準点は15箇所に変更できる

ここでは、開口の両端部を指示して、建具の幅を決めるため、基準点を外端（そとば）の中央にします。建具平面の基準点は、[基準点選択] 画面で、15ヵ所に変更できます。

使いこなしのヒント

**開口のどの角を右クリックしても
よい**

手順2の操作1で基準線を指示しているため、操作3で指示した基準点を操作1の基準線上に合わせることが確定しています。そのため、操作4では、開口の下図3ヵ所のどの点を右クリックしても結果は同じになります。

この3点のどれを右クリック
しても同じ操作になる

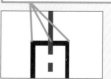

● 開口部に合わせて位置を指定する

5 終点として開口部上角を右クリック

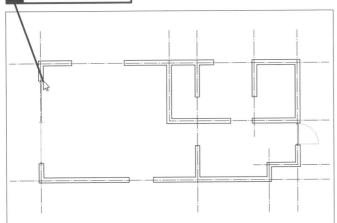

開口部に合わせて引違戸が作図された

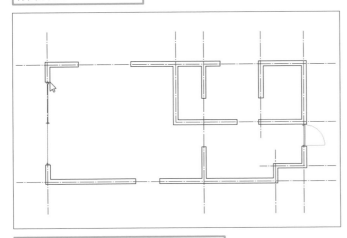

同様の手順で開口部ごとに基準線を設定し、基準点を右クリックして引違戸を作図する

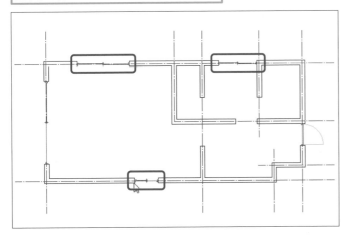

90
建具平面

💡 使いこなしのヒント

［建平］の建具は［包絡］の対象にならない

レッスン89で紹介しましたが、［建平］（建具平面）コマンドで作図した建具には、「建具属性」と呼ぶ、特別な性質（属性）が付加されており、包絡処理の対象になりません。

💡 使いこなしのヒント

【建具平面】のフォルダーは［建平］の選択時のみ表示される

［建平］コマンドの［ファイル選択］画面のフォルダーツリーに表示される［【建具平面A】建具一般平面図］、［【建具平面B】1/100平面用］、［【建具平面C】平面詳細用］などのフォルダーは、実際にはフォルダーとしては存在していません。これらは、実際には、[jww]フォルダー内にある「JW_OPT 1．DAT」「JW_OPT 1 B.DAT」「JW_OPT 1 C.DAT」「JW_OPT 1 D.DAT」という名称の建具平面データファイルで、［建平］コマンド選択時に限り、［ファイル選択］画面のフォルダーツリーにフォルダーアイコンで表示されます。

【建具平面】のフォルダーは［建平］を実行したときのみ表示される

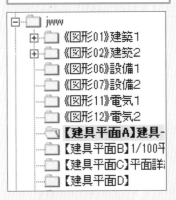

レッスン 91 向きを調整して片開戸を配置するには

内外・左右反転

練習用ファイル L91_建平反転.jww

[建平] コマンドで、レッスン90と同様に、平面図の開口の幅に合わせて片開戸を配置しましょう。片開戸の建具平面を選択して基準線を指示すると、コントロールバーに [内外反転] [左右反転] のチェックボックスが表示されるので、これによって開きの向きを調整します。

活用編

第10章 効率よく作図するには

片開戸の向きを変えて作図したい

Before → **After**

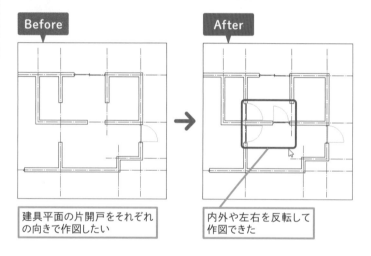

建具平面の片開戸をそれぞれの向きで作図したい

内外や左右を反転して作図できた

1 片開戸を選択する

レッスン90の手順1を参考に書き込みレイヤ、書込線を設定して [建平] をクリックしておく

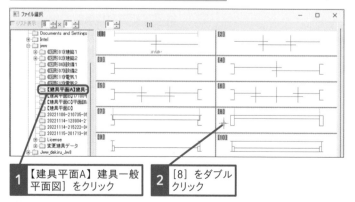

1 【建具平面A】建具一般平面図】をクリック

2 [8] をダブルクリック

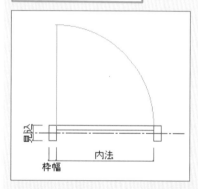

🔍 キーワード

基準点	P.310
サムネイル	P.310
図形ファイル	P.311

💡 使いこなしのヒント

片開戸の形を確認しておこう

ここでは、[建平] コマンドの [【建具平面A】建具一般平面図] に用意されている [8] の片開戸を選択します。画面のサムネイルでは一部しか表示されていませんが、下図の形状をしています。

[見込] [枠幅] [内法] を確認しておく

💡 使いこなしのヒント

サムネイルで建具の全体を表示するには

[ファイル選択] 画面の左上の [2] × [8] は、1画面に表示するサムネイルの数を指定しています。初期値は2列×8行です。この数値を、サムネイルの枠が縦長に表示されるような数値（[2] × [1] や [5] × [2] など）にすることで、片開戸の全体をサムネイル表示できます。

2 反転して作図する

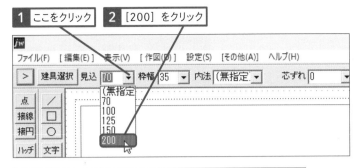

1 ここをクリック
2 [200] をクリック

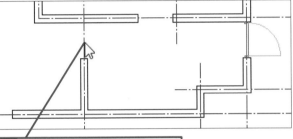

3 基準線として中央の通り芯をクリック

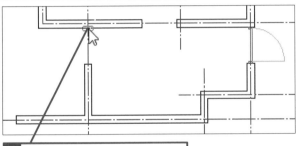

4 始点として開口部の上角を右クリック

5 ここをクリックしてチェックマークを付ける

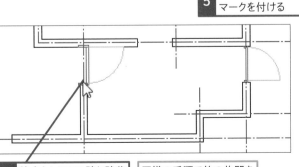

6 終点としてこの壁と壁芯交点を右クリック

同様の手順で他の片開きドアも作図する

91

内外・左右反転

使いこなしのヒント
[内法] は指定しない

レッスン90と同様に、開口の両端点を指示してその幅に合わせて片開戸を配置するため [内法] は [無指定] にします。

使いこなしのヒント
左の外端中央を基準点にしておく

レッスン90と同様に、開口の両端点を指示して配置するため、[基準点] は、左の外端中央にしておきます。

このレッスンで練習用ファイルを開いた場合はレッスン90を参考に基準点を設定しておく

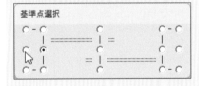

使いこなしのヒント
プレビューで開きの向きを確認しよう

操作4で始点を指示すると、プレビュー表示で片開戸の開きの向きが確認できます。この段階で、コントロールバーの [内外反転] にチェックマークを付けると、開きの内と外が反転します。さらに [左右反転] にチェックマークを付けると開きの左右が反転します。

4寸勾配の切妻屋根を妻側から見た立面図を作図する前提で、その屋根部分を作図しましょう。ここでは、屋根勾配の傾きの入力方法と、参照のために上部にコピーしてある屋根伏図の利用の仕方などを学習しましょう。

キーワード

書込線	P.310
通り芯	P.312
平行複写	P.313

用語解説

切妻屋根（きりづまやね）

屋根形状のひとつで、コピー用紙を2つに折って伏せたような山形の屋根のことを指します。

用語解説

棟（むね）

屋根の頂部を指します。

用語解説

妻側（つまがわ）

屋根の棟と直角な面を指します。

用語解説

平側（ひらがわ）

屋根の棟に平行な面を指します。

4寸勾配の屋根を作図したい

Before　平面図から立面図の屋根を作図したい

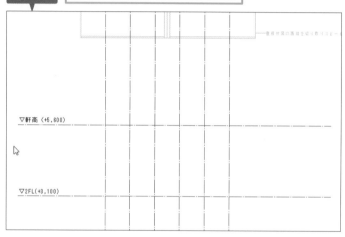

↓

After　4寸勾配の屋根を作図できた

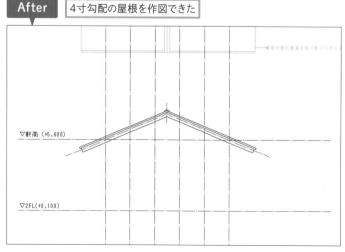

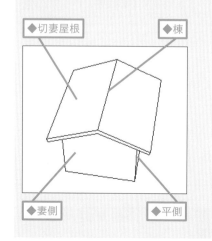

◆切妻屋根　◆棟　◆妻側　◆平側

1 4寸勾配の基準線を作図する

レッスン43を参考にレイヤ [1] を書き込みレイヤにしておく

レッスン16を参考に書込線を [線色6]、[一点鎖2] にしておく

1 [線] をクリック

2 「//0.4」と入力

3 始点として左端の基準線と軒高線の交点を右クリック

▽軒高（+5,600）

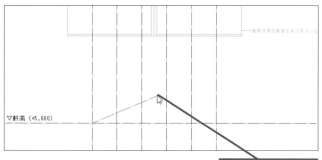

4 終点としてここをクリック

▽軒高（+5,600）

レッスン15を参考に [伸縮] をクリックしておく

5 始点としてこの線をクリック

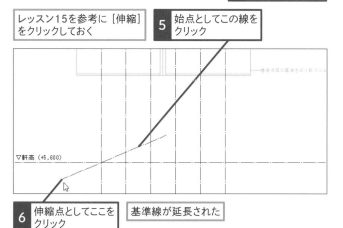

▽軒高（+5,600）

6 伸縮点としてここをクリック

基準線が延長された

使いこなしのヒント
図面の内容を確認しておこう

練習用ファイルの図面には、あらかじめ、GL、1FL、2FL、軒高を示す基準線と通り芯が作図されています。

上部には、レッスン72で学習した [コピー] & [貼付] を使って、屋根伏図の妻側の端部分がレイヤ[F]にコピーしてあります。このレイヤは誤って編集することのないよう [表示のみレイヤ] としています。また、2階平面図の一部もレイヤ [E] にコピーしてあり、屋根作図には使用しないため、非表示レイヤにしてあります。

それぞれの線の役割を確認しておく

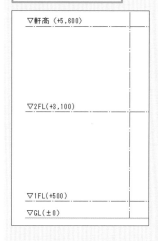

▽軒高（+5,600）

▽2FL(+3,100)

▽1FL(+500)

▽GL(±0)

使いこなしのヒント
屋根勾配を指定するには

通常、[傾き] には、°（度）単位の角度を入力しますが、[傾き] に「//」に続けて勾配を入力することで屋根勾配を指定できます。[傾き] に「//0.4」を入力すると右上がりの4寸勾配の線を作図できます。右下がりの4寸勾配を作図するには「-」（マイナス）を付けて「-//0.4」を入力します。

次のページに続く →

2 屋根中心の基準線を作図する

1 [中心線] をクリック

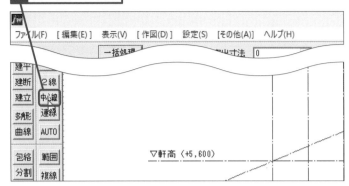

2 屋根伏図の棟線を
クリック

3 同じ棟線を再度
クリック

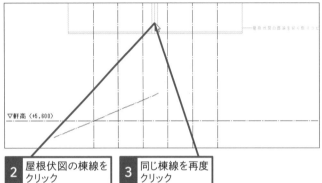

4 始点としてここを
クリック

5 終点としてここを
クリック

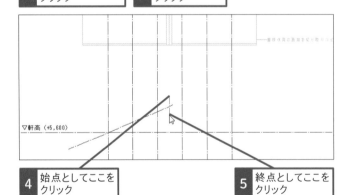

中心線が作図された

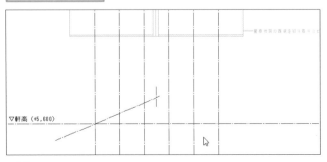

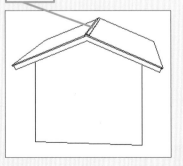

3 屋根と棟包みの外形線を作図する

レッスン43を参考にレイヤ2を書き込みレイヤにしておく

レッスン16を参考に書込線を[線色2]、[実線]にしておく

レッスン14を参考に[複線]をクリックしておく

1 「100」と入力

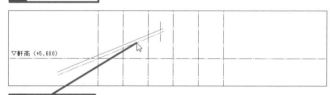

▽軒高（＋5,600）

2 勾配基準線を右クリック

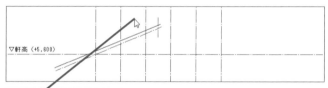

▽軒高（＋5,600）

3 勾配基準線の上側をクリック

屋根外形線が作図された

同様の手順で屋根外形線の20mm上に端点指定を使って棟包の外形線を作図する

同様の手順で屋根外形線の50mm下に複線を作図する

上の操作で作図した複線の150mm下に更に複線を作図する

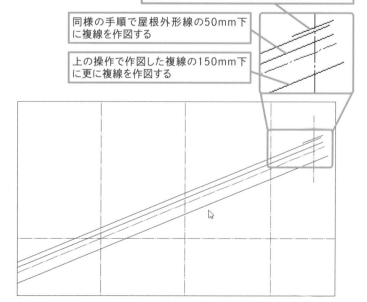

使いこなしのヒント

[端点指定]で長さを変更して平行複写する

[複線]コマンドでは、通常、元の線と同じ長さで線を平行複写します。作図する方向を指示する前にコントロールバー[端点指定]をクリックすることで、始点と終点を指示して、元の線とは違う長さで線を平行複写できます。詳しい操作についてはレッスン60を参照してください。

使いこなしのヒント

屋根の内部を横から見た形で作図する

ここでは、屋根外形線から屋根材＋野地板（のじいた）の厚みを50mmとして、複線を作図します。そこから垂木（たるき）の下端までを150mmとして、複線を作図します。

用語解説

野地板（のじいた）

屋根の下地材で、垂木の上に貼る板状の材料を指します。

用語解説

垂木（たるき）

小屋組の一部で、屋根の一番高い位置にある棟木（むなぎ）から桁（けた）にかけて、斜めに取り付けられる部材を指します。

次のページに続く➡

4 外形線を整える

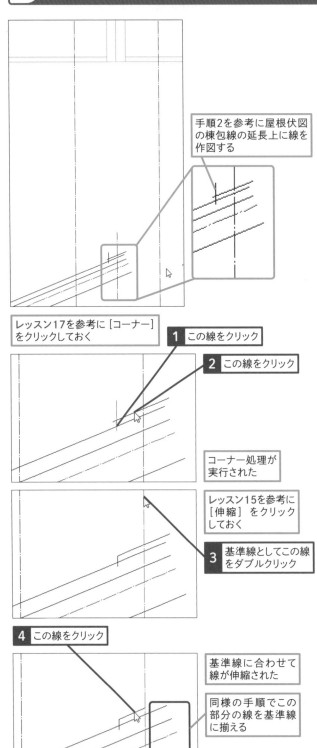

手順2を参考に屋根伏図の棟包線の延長上に線を作図する

レッスン17を参考に[コーナー]をクリックしておく

1 この線をクリック

2 この線をクリック

コーナー処理が実行された

レッスン15を参考に[伸縮]をクリックしておく

3 基準線としてこの線をダブルクリック

4 この線をクリック

基準線に合わせて線が伸縮された

同様の手順でこの部分の線を基準線に揃える

💡 使いこなしのヒント

屋根伏図から延長上に作図する

棟包の線は、[中心線]コマンドで、屋根伏図の棟包の線を2つの要素としてクリックして、その延長上に作図します。

この線の延長線上に棟包の線を作図する

⚠ ここに注意

[コーナー]コマンドで線をクリックする際には、角を作成する2つの線の交点に対して、残す側でクリックしてください。

⚠ ここに注意

[伸縮]コマンドで、基準線を指定して、線を縮める場合は、基準線に対して残す側で線をクリックしてください。

● 外形線を仕上げる

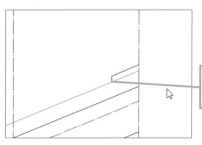

> 同様の手順で屋根外形線
> を基準線にして垂直線を
> 調整する

5 軒先を作図する

手順2を参考に屋根伏図
の軒先線の延長上に線を
作図する

(+5,600)

レッスン08を参考に［線］
をクリックしておく

1 ［鉛直］をクリック

新規　属取
開く　線角
上書　鉛直
保存　×軸
印刷　2点角
切取　線長

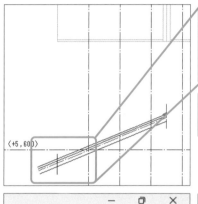

2 基準線として勾配基準線
をクリック

次のページに続く →

使いこなしのヒント

屋根外形線に対して鉛直な線を作図する

手順5では、屋根外形線に鉛直な線を作図するため、操作1、操作2を行います。［鉛直］コマンドで線をクリックすると、コントロールバーの角度入力ボックス（ここでは［傾き］）に、クリックした線に鉛直な角度を取得します。

用語解説

鉛直（えんちょく）

ある線に対して、もう一方の線が垂直であることを指します。

ここに注意

図面の上方にコピーしてある屋根伏図の線端点を読み取ったり、作図途中の屋根の両端部に作図したりと、図面のあちらこちらを拡大表示する必要があります。レッスン07を参考に、マウスの両ボタンドラッグによる画面の拡大と全体表示の切り替え操作や、キーボードからの指示による上下左右へのスクロール操作を駆使しましょう。

● 屋根に垂直な線を作図する

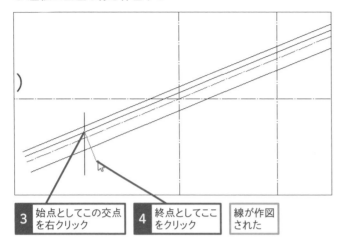

| 3 | 始点としてこの交点を右クリック | 4 | 終点としてここをクリック | 線が作図された |

6 不要な線を消去する

レッスン10を参考に[消去]をクリックしておく

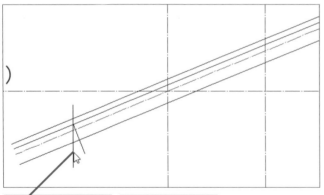

| 1 | 垂直線を右クリック | 垂直線が消去された |

レッスン14を参考に[複線]をクリックしておく

| 2 | 手順5で作図した線を50mm左に適当な長さで複写する |

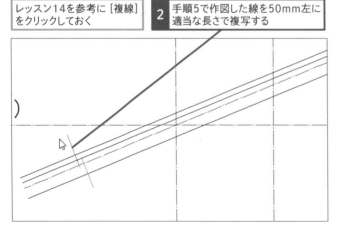

☀ 使いこなしのヒント

[端点指定]で平行複写するには

[複線]コマンドで、元の線とは違う長さで線を平行複写するには、作図方向指示前に[端点指定]をクリックし、複写する平行線の始点と終点を指示します。詳しい操作手順については、レッスン60を参照してください。

☀ 使いこなしのヒント

屋根に垂直な線の作図方法を覚えておこう

作図済みの斜線に垂直な線を作図するには、手順5で紹介した[鉛直]コマンドを利用して、その斜線に垂直な角度をコントロールバーの角度入力ボックスに取得します。この[鉛直]コマンドは、[図形]コマンドで作図済みの斜線に垂直に図形を配置したい場合など、[線]コマンド選択時に限らず、共通して利用できます。

☀ 使いこなしのヒント

[線長]も使ってみよう

手順5では[鉛直]コマンドで、作図済みの線に鉛直な角度をコントロールバーの角度入力ボックスに取得しましたが、作図済みの線の長さや2点の距離、間隔をコントロールバーの寸法入力ボックスに取得するコマンドもあります。[線長]コマンドでは、クリックした線の長さやクリックした円・円弧の半径を、[2点長]コマンドでは指示した2点間の距離を、[間隔]コマンドでは、指示した2つの線（または線と点）の間隔をコントロールバーの寸法入力ボックスに取得します。

7 軒先を整える

レッスン17を参考に［コーナー］
をクリックしておく

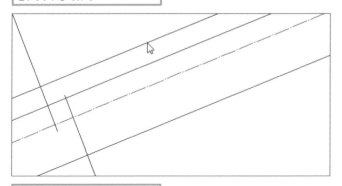

手順4と同様の手順でコーナー
を整える

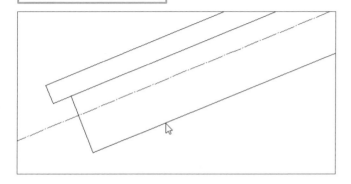

8 屋根を反転複写する

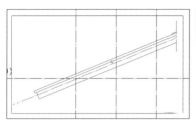

レッスン26を参考に
屋根全体を選択する

レッスン71を参考に屋根中心線を
基準に反転複写する

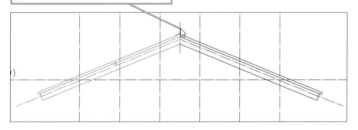

使いこなしのヒント
残す線を意識しながら作業する

ここでは、妻側から見た屋根の軒先の形状に整えます。［コーナー］コマンドを使うと、2本の線の交点に対し、クリックした側を残して角を作成できます。線のどちら側を残すかを意識して線をクリックしてください。間違えて残すべき線が消えてしまった場合には［戻る］をクリックして操作を取り消し、やり直してください。

使いこなしのヒント
基準線も含めて反転複写する

屋根の左半分が作図できたら、それを右側に反転複写して完成です。［範囲］コマンドで、基準線も含めて屋根全体を選択し、［複写］コマンドの［反転］で基準線として屋根中心線をクリックすることで、反転複写します。詳しい操作手順については、レッスン71を参照してください。

使いこなしのヒント
重複は気にしなくてよい

屋根の中心線も含めて反転複写したため、屋根の中心線は重複して作図されています。複写後に、［整理］（データ整理）コマンドを利用して［連結整理］をすることで、重複した線は1本に整理されるため、複写対象を指示する際に線の重複を気にする必要はありません。

93 照明機器の配線を作図するには

連線

練習用ファイル　L93_連線.jww

照明器具の配線を作図しましょう。ここでは、配線図などで多用する［連線］コマンドの使い方と、右クリックで読取りできる点がない円上の1/4位置や線上の任意位置を点指示するためのクロックメニューを新しく学びます。

照明機器のスイッチと配線を作図する

Before 照明機器の配線を作図したい

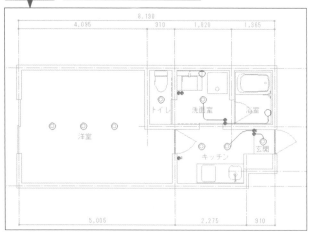

↓

After ［連線］を使って素早く作図できた

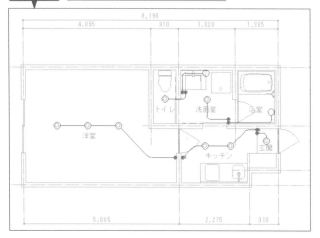

キーワード

基準点	P.310
コマンド	P.310
始点	P.310

用語解説

クロックメニュー

Jw_cad独自のコマンド選択方法で、マウスの左または右ボタンを押したまま移動（ドラッグ）することで表示されます。時計の文字盤を模していることからクロックメニューと呼びます。

ドラッグの方向でメニューが変化する

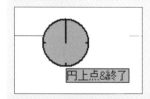

円上点&終了

使いこなしのヒント

左右上下への右ドラッグは常に有効になっている

クロックメニューは、Jw_cadのマウス操作に熟練すると、たいへん便利に使える機能ですが、マウス操作に慣れていない方には誤操作するデメリットの方が大きいため、本書では基本設定で「クロックメニューを使用しない」設定にしています。その状態でも、左右上下への右ドラッグは有効で、主に点指示時に使える機能が割り当てられています。このレッスンでは、そのうちの上方向への右ドラッグと左方向への右ドラッグを使って、配線を作図します。

1 図形のスイッチを選択する

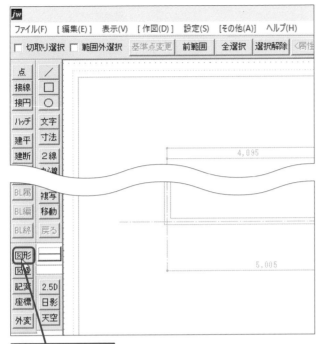

1 [図形] をクリック

2 [《図形》練習用] を
クリック

3 [スイッチ] をダブル
クリック

4 ここをクリック

[作図(D)] 設定(S) [その他(A)] ヘルプ(H)

回転角 90 ▼ 90° マウス角

次のページに続く ➡

🔆 使いこなしのヒント

[スイッチ] の基準点を確認する

[図形] コマンドで、あらかじめ用意され
ている図形の[スイッチ]を選択します。[ス
イッチ]は、その円の下を基準点としてい
ます。この基準点を洋室の入口左側の壁
の線上に合わせて配置します。

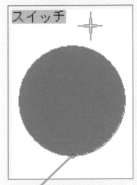

基準点は円の下にある

🔆 使いこなしのヒント

壁の向きに合わせて傾ける

配置する壁の向きに合わせるため、操作4
で90°傾けます。

2 スイッチを配置する

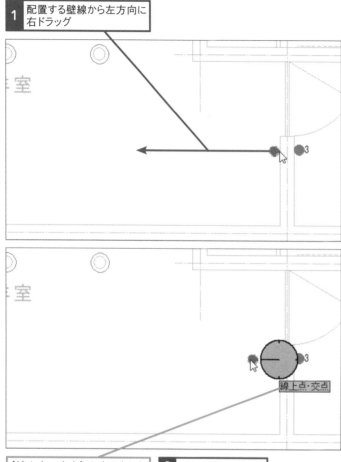

1 配置する壁線から左方向に右ドラッグ

[線上点・交点] と表示された

2 マウスボタンを離す

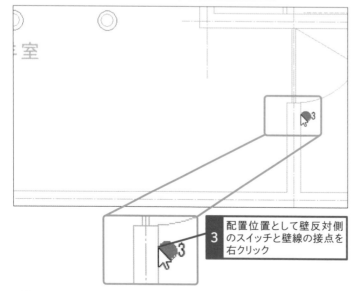

3 配置位置として壁反対側のスイッチと壁線の接点を右クリック

右ドラッグの操作を覚えよう

手順2の操作1は、壁線にマウスポインターを合わせ、マウスの右ボタンを押したまま、左方向にマウスを移動してください（右ドラッグ）。操作2の画面のように、時計の文字盤を模したクロックメニューと[線上点・交点]が表示されたらマウスのボタンを離します。

💡 使いこなしのヒント

メニューからも操作できる

手順2の操作1の代わりにメニューバーの[設定]をクリックして[線上点・交点取得]を選択し、壁線をクリックすることでも、同じ結果になります。ただし、クロックメニューであれば、「メニューを選択」と「線をクリック」という2つの指示が1回のドラッグ操作で行えます。

💡 使いこなしのヒント

壁線上のどの位置になるかを指示する

手順2の操作1、操作2で、図形[スイッチ]の配置位置が操作1の壁線上になることは確定しました。ステータスバーには、[線上点指示]とメッセージが表示されます。次に、壁線上のどの位置かを指示します。ここでは、キッチン側の壁のスイッチと位置を揃えるため、操作3の位置で右クリックします。線上のおおよその位置を指示する場合は、その位置をクリックします。

ステータスバーの表示を確認しておく

■■線上点指示■■ (L)free (R)Read

● スイッチが配置された

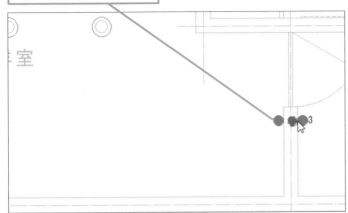

スイッチが壁に接して配置された

次のページに続く →

使いこなしのヒント

[線上点・交点]の使い方を覚えよう

線から左方向へ右ドラッグして表示されるクロックメニュー[線上点・交点]では、右クリックで読取りできる点のない線上（または円周上）の任意の位置を点指示できます。このクロックメニューは、[図形]コマンドに限らず、他のコマンドでも点指示時に共通して利用できます。

使いこなしのヒント

仮想の交点も指示できる

クロックメニュー[線上点・交点]では、作図済みの線上の点の存在しない位置を点指示できるほか、画面上では交差していない2本の線の仮想交点（それぞれの線を延長することでできる交点）を点指示することも可能です。その場合は、手順2の操作1、操作2の後でもう一方の線をクリックします。

---

3 配線の属性を取得する

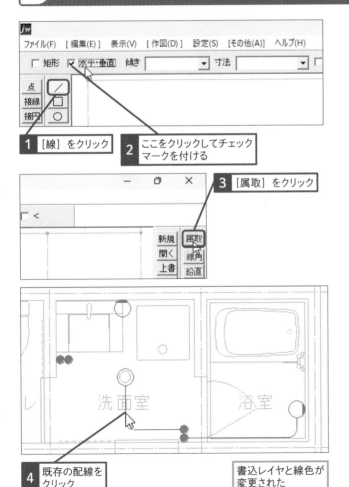

1 [線]をクリック

2 ここをクリックしてチェックマークを付ける

3 [属取]をクリック

4 既存の配線をクリック

書込レイヤと線色が変更された

使いこなしのヒント

[属取]で配線の属性を取得する

作図済みの配線と同じレイヤに、同じ線色・線種の線を作図するため、[属取]コマンドで、既存の配線をクリックします。

4 洋室の配線を作図する

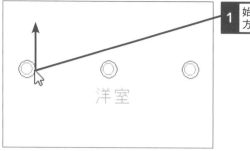

> 1 始点としてここを上方向に右ドラッグ

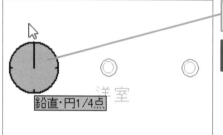

> [鉛直・円1/4点] と表示された

> 2 マウスボタンを離す

鉛直・円1/4点

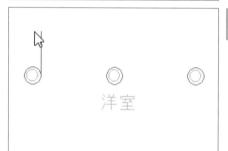

> 円の右を始点とする線がプレビューされた

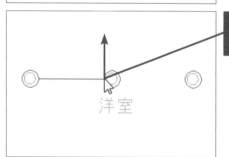

> 3 終点としてここを上方向に右ドラッグ

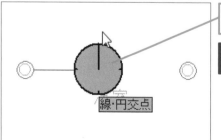

> [線・円交点] と表示された

> 4 マウスボタンを離す

線・円交点

💡 **使いこなしのヒント**

円の1/4位置をクロックメニューで読み取る

手順4では円の右端から線を作図します。円上には右クリックで読取りできる点はないため、円の1/4位置を読み取るためのクロックメニューを利用します。操作1は、円の右（線の始点にしたい位置）にマウスポインターを合わせ、マウスの右ボタンを押したまま、上方向にマウスを移動してください。操作2の画面のように、時計の文字盤を模したクロックメニューと［鉛直・円1/4点］が表示されたらマウスのボタンを離します。

💡 **使いこなしのヒント**

円周上の1/4位置を点指示する

円から上方向に右ドラッグして表示される［鉛直・円1/4点］では、右ドラッグ位置に近い円周上の1/4位置（円中心から見た0°、90°、180°、270°）を点指示します。

> 右ドラッグ位置に近い点を指示する

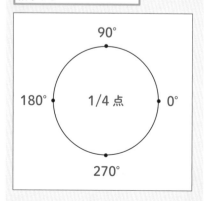

● 続けて作図する

配線が作図された

同様の手順で1つ右の
ダウンライトにも配線を
つなげる

93
連線

5 [連線] の設定をする

1 [連線] をクリック

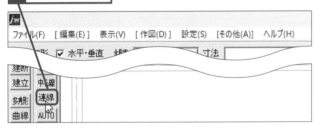

2 [基準角度] をクリックして [角度45度毎] に設定

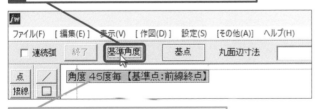

[角度45度毎] と表示されたことを確認しておく

3 [基点] をクリック

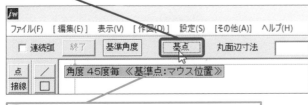

[基準点：マウス位置] と表示されたことを確認しておく

使いこなしのヒント

**角度が固定した線の終点のみ
[線・円交点] が表示される**

[線] コマンドで、角度が固定した線の
終点を指示するときに限り、上方向への
右ドラッグで表示されるクロックメニュー
が [線・円交点] になります。クロックメ
ニュー [線・円交点] では、プレビュー表
示されている線と右ドラッグした線・円と
の交点を終点にします。

使いこなしのヒント

連続線を作図する

[連線] コマンドは、連続線を作図するコ
マンドです。[基準角度] をクリックする
ことで、「無指定」「15度毎」「45度毎」に
切り替わり、作図する線の角度を15度毎
または45度毎に固定できます。

使いこなしのヒント

連続した線同士の接続部を決める

[基点] は、連続した線と線の接続部を
どこで決めるかの指定で、クリックするこ
とで、「前線終点」と「マウス位置」に切
り替わります。ただし [基準角度] を「無
指定」にした場合は、自動的に「前線終点」
に切り替わります。

次
の
ペ
ー
ジ
に
続
く
➡

● 丸面辺寸法を設定する

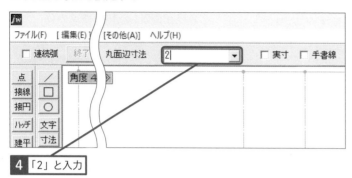

4 「2」と入力

6 スイッチまでの配線を作図する

1 始点として右端のダウンライトの
下から右ドラッグ

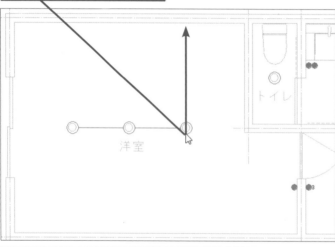

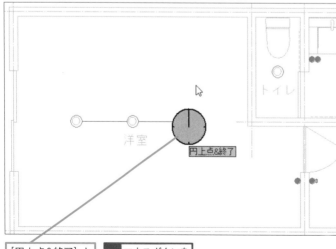

円上点&終了

[円上点&終了] と
表示された

2 マウスボタンを
離す

ショートカットキー

[基準角度] を切り替える　space

[基点] を切り替える
Shift + space

使いこなしのヒント

指定寸法の丸面を作図する

[丸面辺寸法] に半径寸法を図寸（mm）
で入力することで、連続線の接続部に指
定寸法の丸面を作図します。

用語解説

丸面（まるめん）

[丸面辺寸法] など、ここでの丸面は、線
と線をつなぐ円弧部を指します。[丸面辺
寸法] は、その円弧の半径寸法を指します。

使いこなしのヒント

**[連線] コマンドの場合は上方向へ
の右ドラッグが異なる**

[連線] コマンドでの始点・終点指示に限
り、円からの上方向への右ドラッグは [円
上点&終了] になります。

● 右下のスイッチまでの配線を作図する

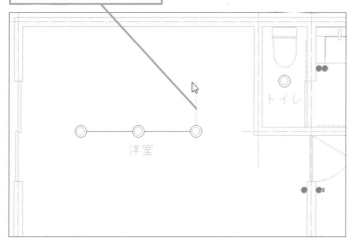

円周上から線がプレビューされた

次
の
ペ
ー
ジ
に
続
く
➡

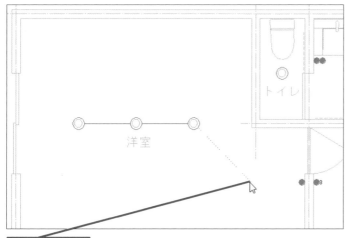

3 ここをクリック

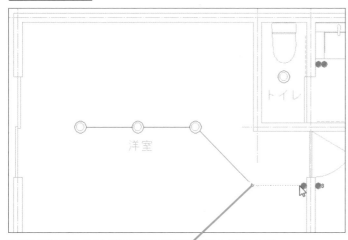

連続線の接続部には半径2mmの丸面が表示され、マウス
ポインターを移動すると、接続部も移動する

使いこなしのヒント

プレビュー表示される線の角度はマウスポインターの位置で変わる

手順6操作2の結果、操作1の円周上を始点とした、円に鉛直な線がマウスポインターまでプレビュー表示されます。円周上の始点位置は、マウスポインターの位置によって変化します。プレビュー表示される線の角度もマウスポインターの位置によって、[基準角度]で指定した45度毎に切り替わります。

使いこなしのヒント

半径2mmの丸面がプレビュー表示される

手順5の操作4で[丸面辺寸法]に「2」を指定したため、手順6の操作3で指示した連続線の接続部には、半径2mm（図寸）の丸面がプレビュー表示されます。また、[基点]を「マウス位置」に設定しているため、マウスポインターを移動すると、プレビュー表示の操作3で指示した接続部の位置も動きます。

半径2mmの丸面がプレビュー表示され、接続部の位置も変化する

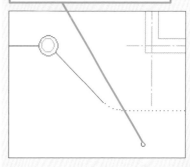

7 配線をスイッチにつなげる

[連線] コマンドでの始点・終点指示に限り、円からの上方向への右ドラッグは [円上点＆終了] になります。終点指示では、円上の右ドラッグ位置を終点として、連続線の作図を終了します。

1 終点としてスイッチの左を
上方向に右ドラッグ

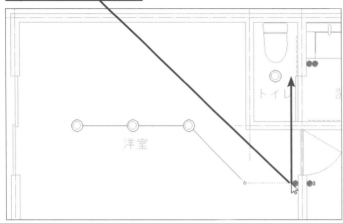

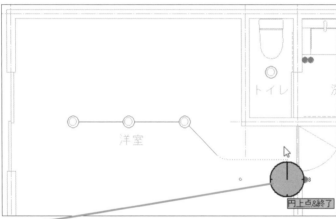

[円上点＆終了] と
表示された

2 マウスボタンを
離す

スイッチへの配線が完成した

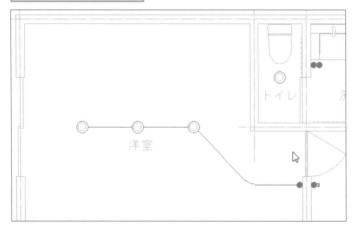

手順7の結果が左の画面と同じにならない場合は、[戻る] を何度かクリックし、操作を取り消して、手順6の操作3のクリック位置に注意してやり直してください。

8 他の配線を作図する

同様の手順でキッチンの
配線を作図する

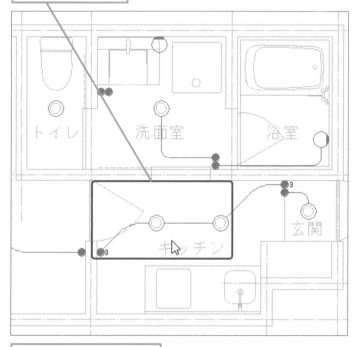

同様の手順で洗面室、トイレの
配線を作図する

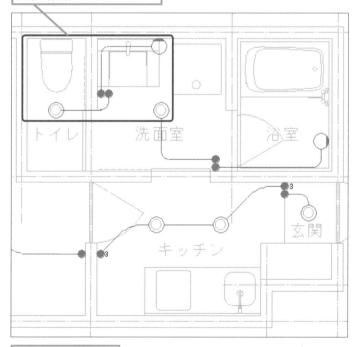

配線の作図が完成した

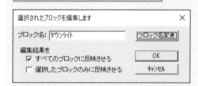

使いこなしのヒント

上方向に右ドラッグして作図する

キッチンのダウンライトどうしの配線は
［線］コマンドで、上方向への右ドラッグ
を利用して作図します。

スキルアップ

ブロックという属性がある

練習用ファイルで作図されているダウン
ライトやスイッチは、複数の要素を1要素
として扱う「ブロック」になっています。
二重の円で構成されているダウンライト
の外側の円を［消去］コマンドで右クリッ
クすると、内側の円もともに消えます。ま
た、［属取］コマンドでクリックすると、
下図の画面が表示されます。クリックし
た段階で属性取得は完了しているので、
［キャンセル］をクリックしてください。

［属取］でダウンライトの外側の
円を右クリックすると下のような
画面になる

使いこなしのヒント

ブロックと曲線属性の違い

ブロックは、複数の要素をひとまとめとし
て扱う点では、レッスン47で学習した曲
線属性と同じですが、名前と基準点情報
を持っていて、図面上のブロック数が名
前ごとに集計できることや、線色変更な
どの編集操作ができないことなどが異な
ります。本書では、ブロックについて詳し
い解説はしませんが、そのような概念が
あることを記憶しておいてください。

この章のまとめ

いろいろな操作にチャレンジしよう

この章では、第7章の部屋の平面図作図とは違うパターンでの壁の作図や開口部の作成、建具平面の作図などを体験しました。平面図の壁や建具だけでも、いくつもの異なる作図方法があり、その手順に決まった正解はありません。各自が、自分のペースで、馴染みやすい、そして確実に作図できる方法で進めていくことが最良と思います。そして、操作に慣れてきた頃に、最終レッスンに出てきたクロックメニューなどにチャレンジすれば、より効率のよい作図ができることでしょう。

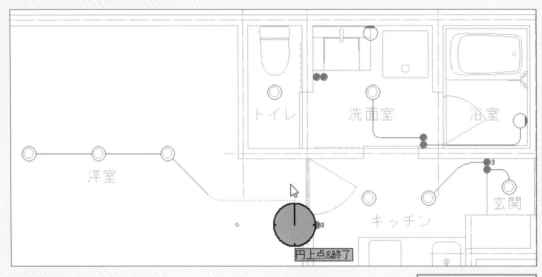

手順の幅を広げて自分に
あったものを見つけよう

盛りだくさんの内容で、すごく楽しかったです！

CADの作図にはいろいろな手順がありますからね。
ぜひ自分にあったものを見つけてください。

クロックメニューも役立ちそうです♪

独特な操作方法ですが、メニューやボタンをクリックする
手間が省けます。ぜひ挑戦してみてくださいね。

付録

マウスの操作方法

Jw_cadの独特なマウス操作について、本書での操作を元に説明します。それぞれの役割について確認しておきましょう。

◆クリック（→P.38）
基準点、始点、基準線、終点などを
任意に指示する

[線] をクリック
しておく

1 ここをクリック

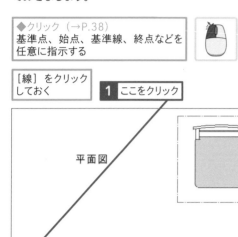

線の始点が指示された

◆右クリック（→P.39）
基準点、始点、基準線、終点などを
読み取る

左の画面を参考に線の
始点を指示しておく

1 この角を右クリック

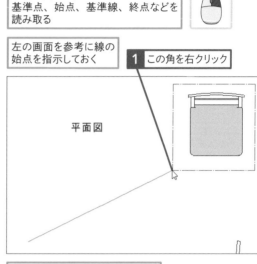

角の点が読み取られ、終点として
線が引かれた

◆ダブルクリック（→P.274）
[2線] で基準線を選択する

[2線] をクリックして
始点を指定しておく

1 基準線としてここを
ダブルクリック

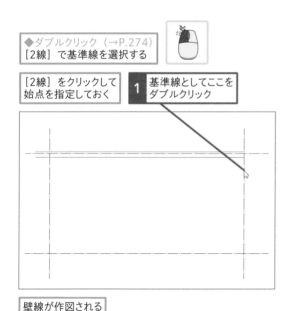

壁線が作図される

◆右ダブルクリック（→P.54）
基準線を選択する

[伸縮] をクリック
しておく

1 基準線としてここを
右ダブルクリック

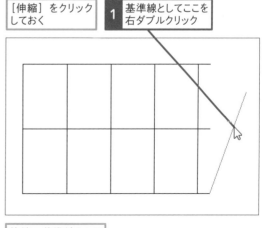

伸縮の基準線として
選択された

◆両ボタンドラッグ（右下）（→P.36）
指定範囲を拡大表示する

1 ここを両ボタンでクリック
したままにする

2 右下にドラッグ

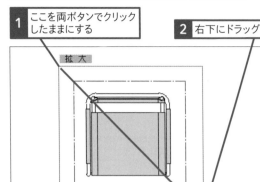

[拡大] と表示され、ドラッグした
範囲が拡大表示される

◆両ボタンドラッグ（右上）（→P.37）
画面全体を表示する

1 ここを両ボタンでクリック
したままにする

2 右上にドラッグ

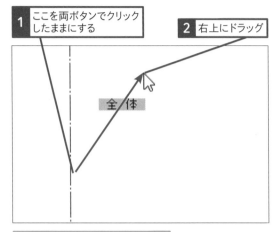

[全体] と表示され、画面全体が
表示される

◆右ドラッグ（上）（→P.300）
鉛直・円周点を取得する

1 ここを右ボタンでクリック
したままにする

2 上にドラッグ

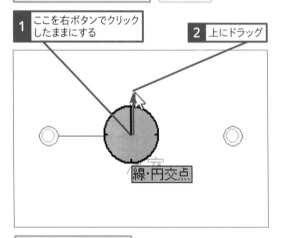

円周上の点が取得される

右ドラッグ（左）（→P.298）
線上点・交点を取得する

1 ここを右ボタンでクリック
したままにする

2 左にドラッグ

線上の点が取得される

👍 スキルアップ

キーと組み合わせてクリックする操作もある

P.280で紹介した［包絡］コマンドでは、 Shift キーを押し
ながらクリックすることで終点を指示します。また、P.244
で紹介した［多角形］コマンドでは、 Shift キーを押しなが

ら図面のソリッドをクリックすると［任意］の色を選択でき
ます。

用語集

4寸勾配

「○寸勾配」は屋根の傾き（勾配）を示す表現で、直角三角形の水平方向を「10」としたときの、垂直方向の数値で表す。三角形の斜線が屋根の傾きと一致する。垂直方向の数値が「4」のものを4寸勾配と呼ぶ。

→傾き

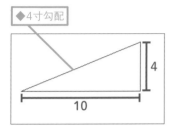

BMP（ビットマップ）

Windows標準の画像形式またはその形式の画像ファイルのこと。[画像編集] コマンドでJw_cad図面に挿入できる。

→コマンド

CAD（キャド）

「Computer aided design」の略で、コンピューターを使ってデザイン・設計をすること、またはそのためのソフトウェアなどのツールを指す。

JPEG（ジェイペグ）

デジタルカメラの写真やインターネットなどで一般に広く利用されている、画像形式またはその形式の画像ファイルのこと。

JWS（ジェイダブリュエス）

Jw_cadの図形ファイルの形式またはその拡張子のこと。ダウンロード提供の [Jww_dekiru_Jw8] フォルダー内の [フリー素材] フォルダーに収録されている一部のファイルは拡張子「.jws」の図形ファイルとなっている。

→図形ファイル

JWW（ジェイダブリュダブリュ）

Jw_cadの図面ファイル形式またはその拡張子のこと。本書の練習用ファイルは拡張子が「.jww」の図面ファイルとなっている。

→図面ファイル

一点鎖線

線種の一種で、下図の形状のもの。通り芯や壁芯など、基準線の作図に使用する。Jw_cadの標準線種では、ピッチ別に [一点鎖1] と [一点鎖2] の一点鎖線が用意されている。

→壁芯、線種、通り芯、ピッチ

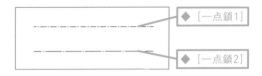

印刷線幅

印刷される線の太さのこと。Jw_cadの作図画面上では、基本的に線の太さは同じまま表示し、標準線色の違いで区別する。[基設]（基本設定）で、標準線色ごとの印刷時の線の太さ（印刷線幅）を設定する。

→線色

印刷枠

大部分のプリンターには、上下左右の印刷できない範囲（マージン）があり、機種によって異なるため、印刷可能な範囲も異なる。Jw_cadの [印刷] コマンドを実行すると、印刷可能な範囲の大きさを赤枠でプレビュー表示する。この赤枠を「印刷枠」と呼ぶ。

→コマンド

エクスプローラー

Windowsに標準装備された、ファイルを表示・管理するためのプログラムのこと。

外形線

製図において、対象とするものの見える部分の形状を表す線のことで、実線で作図される。また、本書では、ハッチングや塗りつぶしの範囲を囲む線のことも便宜上、外形線と呼ぶ。

→ハッチング

書込線

これから作図する線・円などの線色と線種を合わせて「書込線」と呼ぶ。書込線は［線属性］画面で指定する。また、ツールバーの［線属性］バーにその線色と線種が表示される。
→線色、線種、ツールバー

隠れ線

製図において、対象とするものの見えない部分の形状を表す線のこと。破線（Jw_cadでは点線）で作図される。
→破線

傾き

傾斜を示す数値のこと。Jw_cadでは、通常、水平方向を「0°」として反時計回りに1°単位で指定する。

壁芯

ここでいう壁芯（かべしん）は、壁の中心を通る基準線のこと。分譲マンションの販売図面や戸建ての建物の登記簿などで、建物面積を表示する方法として使われている壁芯（へきしん：壁の中心線に囲まれた部分の面積）とは異なる。

仮点

印刷や編集の対象にならない点のこと。点指示の際に右クリックで読取りできるが、［消去］コマンドで消すことはできない。仮点の消去は［点］コマンドの［仮点消去］または［全仮点消去］で行う。
→コマンド

基準点

移動、複写、図形の配置などの際に、基準となる点のこと。

曲線属性

複数の線・円・文字・ソリッドなどの要素をひとまとまりとする属性のこと。Jw_cadの曲線属性は、［曲線］コマンドで作図した曲線（細かい線分の集まり）などに付くほか、任意の複数の要素に付けることもできる。
→コマンド、ソリッド

矩形

長方形のこと。Jw_cadでは［矩形］コマンドで長方形を作図する。
→コマンド

交点

2つの線・円・円弧が交差する位置のことで「X，Y」の座標を持った点を指す。

コマンド

命令、指令などの意味。本書では、「線を描く」「消す」などの目的別の道具（機能）をコマンドと呼ぶ。

コントロールバー

Jw_cadの画面で、メニューバーの下に表示され、選択コマンドのサブコマンドや指定項目などを表示するバーのこと。
→コマンド、メニューバー

サムネイル

親指（サム）の爪（ネイル）を意味する言葉で、ファイルを開かなくとも、その内容が分かるように縮小して見せる画像のこと。［ファイル選択］画面の右側には、図面ファイルなどがサムネイル表示される。
→図面ファイル

実寸

図面上に作図している製品や建築物などの実際の寸法のこと。Jw_cadでは、実寸を指定して作図する。
→寸法

始点

線や円弧を作図する際の始まりの点のこと。

終点

線や円弧を作図する際の終わりの点のこと。

縮尺

作図する対象物の、実際の長さの何分の1の長さで作図するかを決めたもの。Jw_cadにおける縮尺は、尺度、スケールと同じ意味。

図形ファイル

Jw_cad独自の形式のデータファイルで、拡張子は「.jws」または「.jwk」。[図形] コマンドで編集中の図面に配置できる。

→JWS、コマンド

図寸

縮尺によって実際に印刷される大きさが変化する実寸に対し、文字のサイズ指定のような縮尺に左右されない寸法のこと。図面寸法とも呼ぶ。

→実寸、縮尺、寸法

ステータスバー

ウィンドウ画面の底辺部に表示されるバーのこと。Jw_cadでは、選択コマンドの説明や操作説明のためのメッセージなどが表示される。なお、[表示] メニューの [ステータスバー] にチェックマークが付いていないと表示されない。

→コマンド

図面ファイル

CADで作図して保存した図面のデータファイルのこと。本書の練習用ファイルや、作業後に保存したファイルはすべて拡張子が「.jww」のJw_cad形式の図面ファイルとなる。多くのCAD間でのデータの受け渡しに利用されているDXFファイルも図面ファイルのひとつ。

→CAD、JWW

図面枠

図面を作図する枠のこと。一般に、図面名や縮尺などを記入する表題欄が設けられている。

→縮尺

寸法

製図における寸法とは、製品や建築物などの大きさを示し、一般にmm単位で記入される。Jw_cadでは、[寸法] コマンドで記入する。

→コマンド

寸法線

Jw_cadでは、寸法部において、寸法を記入する2点間の長さと同じ長さの線を指す。

→寸法

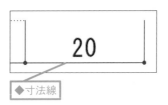

◆寸法線

線色

Jw_cadには8色の標準線色が用意されており、基本的に線の印刷線幅やカラーで印刷する際の印刷色を区別するために使い分ける。

→印刷線幅

線種

図面上で表現するものの種別により使い分ける線の種類のこと。実線、破線、一点鎖線、二点鎖線などがある。Jw_cadには8種類の標準線種が用意されている。

→一点鎖線、二点鎖線、破線

選択枠

[範囲] コマンドなどで、複数の要素を選択する際に表示される赤い枠のこと。選択する要素全体がこの枠内に入るように囲む。

→コマンド

想像線

そこには存在しないものを参考的に図示したり、可動部の動く範囲を示したりするための線。二点鎖線で作図する。

→二点鎖線

ソリッド

ソリッドは、固体や密で固いことを意味する言葉だが、Jw_cadにおいては塗りつぶした部分をソリッド、またはソリッド図形と呼ぶ。

端点

線の端部のこと。2次元CADの線は、「X，Y」の座標を持つ両端点により成り立つ。Jw_cadの右クリックで読取りできるのは、「X，Y」の座標を持っている点となる。
→CAD

重複線

一般には、同じ位置に重なって作図されている線だが、Jw_cadでは、同一レイヤの同一線上に作図された同一線色・線種の線を指す。
→線種、線色、レイヤ

ツールバー

利用頻度の高いコマンドをボタン表示にして、帯状に配置したもののこと。Jw_cadの初期設定では、画面の左右両側に配置されている。
→コマンド

通り芯

建設する建物の設計、施工において基準となる平面上の線で、一般にX方向（水平方向）とY方向（垂直方向）に一点鎖線で作図する。柱や壁は通り芯を基準に配置するため、一般に柱や壁の中心を通る線となる。内部を仕切る間仕切り壁や各建具なども通り芯からの寸法で設置位置を指定する。
→一点鎖線、寸法

留線

[2線]コマンドや[複線]コマンドで、2本の線の端部に作図される線のこと。
→コマンド

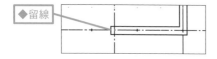

トリミング

縁取り、刈り込んで整えるといった意味だが、画像を対象とした場合は、画像の一部を切り出す（不要な部分を切り落とす）加工のこと。Jw_cadの[画像挿入]コマンドのサブコマンドの[トリミング]も画像の不要な部分を隠すために使用する。
→コマンド

二点鎖線

線種の1種で、下図の形状のもの。想像線の作図に使用する。Jw_cadの標準線種では、ピッチ別に[二点鎖1]と[二点鎖2]の二点鎖線が用意されている。
→線種、想像線、ピッチ

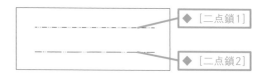

バージョン

ソフトウェアなどに改良などを施した際、それ以前のものと区別するために付ける番号のこと。数字および末尾のアルファベットが後ろのものほど、ソフトウェアなどが新しいことを示す。Jw_cadのバージョンは[ヘルプ]メニューの[バージョン情報]を選択して表示される[バージョン情報]で確認できる。

破線

一定間隔で隙間を作った線のこと。Jw_cadにおいては標準線種の[点線1][点線2][点線3]の3種類の点線が破線に該当する。
→線種

ハッチ属性

[ハッチ]コマンドで作図した線に付随する特別な性質のこと。[範囲]コマンドの[属性選択]で、ハッチ属性を持つ線のみを選択できる。
→コマンド

ハッチング

元々の意味は、細かく平行線を引くこと。製図においては、指定した範囲を斜線や特定のパターンで埋めることを意味する。

ピッチ

Jw_cadでは、点線（破線）、鎖線の線部分と空白部分の最小パターンの幅をピッチと呼ぶ。印刷される線種ごとのピッチは、[基設]（基本設定）画面で[線種]タブを表示し、[プリンター出力]欄の[ピッチ]のボックスの数値で調整できる。

→線種、破線

振分け

二分する、配分するという意味。本書では、通り芯や壁芯などの基準線から、その両側の壁線までの間隔を示す。

→壁芯、通り芯

平行複写

元の線や円・円弧と平行に線・円・円弧を複写すること。

補助線種

画面上表示され、他の線種と同様に扱えるが、印刷はされない線のこと。作図補助のための線（捨て線）として使う。

→線種

補助線色

補助線種と同様に、画面上は表示されるが、印刷はされない線色のこと。実点や文字の線色として指定すると、印刷されない点や文字を図面に記入できる。

→線色、補助線種

メニューバー

ソフトウェアのウィンドウ上部、タイトルバーの下に表示される[ファイル][編集]「表示」などのこと。それぞれの項目をクリックし、表示されるプルダウンメニューから機能（コマンド）を選択する。

→コマンド

目盛

右クリックで読取りができるが、印刷はされない点のこと。Jw_cadでは目盛を指定した間隔で作図画面に表示できる。指定する単位は図寸（mm）指定が基本だが、実寸（mm）での指定もできる。

→実寸、図寸

目盛点

本書では便宜上、目盛の機能によって画面上に表示される点を目盛点と呼ぶ。

→目盛

文字種

Jw_cadで扱う文字の大きさと色を決める種別を、文字種類または文字種と呼ぶ。あらかじめ用意された文字種類1〜10と、大きさを指定できる任意サイズがある。

文字色

文字の色のこと。線色と同じく、基本的には番号で指定する。ただし、文字色は、画面表示上の色とカラー印刷時の色を区別するためのもので、印刷時の文字の太さには影響しない。

→線色

文字列

[文字]コマンドで記入した1行の文字のこと。文字の移動や書き換えの際の最小単位となる。

→コマンド

レイヤ

CADでは、複数の透明なシートに各部を描き分けてそれらを重ねて1枚の図面にできる。そのシートに該当するのがレイヤである。Jw_cadでは、画面右のツールバーに配置されたレイヤバーで、各レイヤの表示状態などのコントロールを行う。

→CAD、ツールバー

レイヤグループ

Jw_cad特有の概念で、16枚のレイヤを1セットとしたものをレイヤグループと呼ぶ。Jw_cadには16のレイヤグループが用意されており、それぞれに異なる縮尺を設定できる。作図画面では、画面右のツールバーに配置されたレイヤグループバーで各レイヤグループの表示状態などを変更する。

→縮尺、ツールバー、レイヤ

用語集

索引

できるサポートのご案内

無料サービス！

できるシリーズの書籍の記載内容に関する質問を下記の方法で受け付けております。

電話　**FAX**　**インターネット**　**封書によるお問い合わせ**

質問の際は以下の情報をお知らせください

① 書籍名・ページ
② 書籍の裏表紙にある書籍サポート番号
③ お名前　④ 電話番号
⑤ 質問内容（なるべく詳細に）
⑥ ご使用のパソコンメーカー、機種名、使用OS
⑦ ご住所　⑧ FAX番号　⑨ メールアドレス

※電話の場合、上記の①〜⑤をお聞きします。
　FAXやインターネット、封書での問い合わせに
　ついては、各サポートの欄をご覧ください。

裏表紙

■書籍サポート番号

書籍サポート番号
000000

定価 0,000円
（本体0,000円＋税10%）

書籍サポート番号
000000

9784295012801

ISBN978-4-295-01280-1
C3055 ¥1000E

1923055010000

※1 ■→ Windows 11をはじめよう
※2 ■→ Windows 11を使えるようにしよう
※3 ■→ Windows 11の基本操作をマスターしよう

※裏表紙にサポート番号が記載されていない書籍は、サポート対象外です。なにとぞご了承ください。

回答ができないケースについて（下記のような質問にはお答えしかねますので、あらかじめご了承ください。）

● 書籍の記載内容の範囲を超える質問
　書籍に記載していない操作や機能、ご自分で作成されたデータの扱いなどについてはお答えできない場合があります。

● できるサポート対象外書籍に対する質問

● ハードウェアやソフトウェアの不具合に対する質問
　書籍に記載している動作環境と異なる場合、適切なサポートができない場合があります。

● インターネットやメールの接続設定に関する質問
　プロバイダーや通信事業者、サービスを提供している団体に問い合わせください。

サービスの範囲と内容の変更について

● 該当書籍の奥付に記載されている初版発行日から3年が経過した場合、もしくは該当書籍で紹介している製品やサービスについて提供会社によるサポートが終了した場合は、ご質問にお答えしかねる場合があります。

● なお、都合により「できるサポート」のサービス内容の変更や「できるサポート」のサービスを終了させていただく場合があります。あらかじめご了承ください。

電話サポート 0570-000-078 （月〜金 10:00〜18:00、土・日・祝休み）

・**対象書籍をお手元に用意いただき、書籍名と書籍サポート番号、ページ数、レッスン番号**をオペレーターにお知らせください。確認のため、お客さまのお名前と電話番号も確認させていただく場合があります
・サポートセンターの対応品質向上のため、通話を録音させていただくことをご了承ください
・多くの方からの質問を受け付けられるよう、1回の質問受付時間はおよそ15分までとさせていただきます
・質問内容によっては、その場ですぐに回答できない場合があることをご了承ください
　※本サービスは無料ですが、**通話料はお客さま負担**となります。あらかじめご了承ください
　※午前中や休日明けは、お問い合わせが混み合う場合があります　※一部の携帯電話やIP電話からはご利用いただけません

FAXサポート 0570-000-079 （24時間受付・回答は2営業日以内）

・必ず上記①〜⑧までの情報をご記入ください。メールアドレスをお持ちの場合は、メールアドレスも記入してください
　（A4の用紙サイズを推奨いたします。記入漏れがある場合、お答えしかねる場合がありますので、ご注意ください）
・質問の内容によっては、折り返しオペレーターからご連絡をする場合もございます。あらかじめご了承ください
・FAX用質問用紙を用意しております。下記のWebページからダウンロードしてお使いください
　https://book.impress.co.jp/support/dekiru/

インターネットサポート https://book.impress.co.jp/support/dekiru/ （24時間受付・回答は2営業日以内）

・上記のWebページにある「できるサポートお問い合わせフォーム」に項目をご記入ください
・お問い合わせの返信メールが届かない場合、迷惑メールフォルダーに仕分けされていないかをご確認ください

封書によるお問い合わせ （郵便事情によって、回答に数日かかる場合があります）

〒101-0051
東京都千代田区神田神保町一丁目105番地
株式会社インプレス できるサポート質問受付係

・必ず上記①〜⑦までの情報をご記入ください。FAXやメールアドレスをお持ちの場合は、ご記入をお願いいたします
　（記入漏れがある場合、お答えしかねる場合がありますので、ご注意ください）
・質問の内容によっては、折り返しオペレーターからご連絡をする場合もございます。あらかじめご了承ください

本書を読み終えた方へ
できるシリーズのご案内

シリーズ累計7500万部突破 ※1
ベストセラー 売上 No.1 ※2
※1：当社調べ　※2：大手書店チェーン調べ

Jw_cad関連書籍

できるゼロからはじめる Jw_cad 8超入門

ObraClub＆
できるシリーズ編集部
定価：2,640円
（本体2,400円＋税10%）

見やすい紙面とやさしい解説が特徴の Jw_cadのいちばんやさしい入門書！ 書籍専用のサポート窓口「できるサポート」に対応しているから安心。

できるイラストで学ぶ Jw_cad

Obra Club＆
できるシリーズ編集部
定価：2,640円
（本体2,400円＋税10%）

初学者の思考の流れに沿って進行する 掛け合い形式の解説と、概念理解を助ける豊富なイラストで、Jw_cadの機能や 仕組みを効率的に身に付けられる。

できるポケット Jw_cad ハンドブック

稲葉幸行＆
できるシリーズ編集部
定価：2,178円
（本体1,980円＋税10%）

持ち運びに便利なポケットサイズで「文字が大きい」「画面が大きい」「開きやすい」解説書。ダウンロードして無料で使える練習用ファイル付き。

読者アンケートにご協力ください！

ご意見・ご感想を
お聞かせください！

https://book.impress.co.jp/books/1122101118

「できるシリーズ」では皆さまのご意見、ご感想を今後の企画に生かしていきたいと考えています。 お手数ですが以下の方法で読者アンケートにご協力ください。 ご協力いただいた方には抽選で毎月プレゼントをお送りします！

※プレゼントの内容については「CLUB Impress」のWebサイト（https://book.impress.co.jp/）をご確認ください。

1 URLを入力して Enter キーを押す

2 ［アンケートに答える］ をクリック

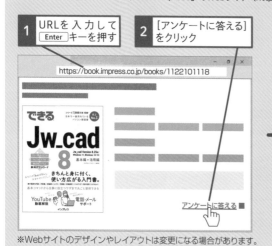

※Webサイトのデザインやレイアウトは変更になる場合があります。

◆会員登録がお済みの方
会員IDと会員パスワードを入力して、［ログインする］をクリックする

◆会員登録をされていない方
［こちら］をクリックして会員規約に同意してから メールアドレスや希望のパスワードを入力し、登録確認メールのURLをクリックする

■著者
ObraClub（オブラクラブ）

設計業務におけるパソコンの有効利用をテーマとして活動。Jw_
cadやSketchUpなどの解説書を執筆する傍ら、会員を対象にJw_
cadに関するサポートや情報提供などを行っている。主な著作に『で
きる イラストで学ぶJw_cad』『できるゼロからはじめるJw_cad 8
超入門』（インプレス刊）『はじめて学ぶJw_cad 8』『やさしく学ぶ
Jw_cad 8』『CADを使って機械や木工や製品の図面をかきたい人
のためのJw_cad8製図入門』『Jw_cadの「コレがしたい！」「アレ
ができない！」をスッキリ解決する本』『Jw_cad 8 逆引きハンド
ブック』（エクスナレッジ刊）などがある。

素材提供　　　株式会社LIXIL・有限会社ワカスギ
Special Thanks　清水治郎・田中善文

STAFF
シリーズロゴデザイン　山岡デザイン事務所＜yamaoka@mail.yama.co.jp＞
カバー・本文デザイン　伊藤忠インタラクティブ株式会社
カバーイラスト　　こつじゆい
本文イラスト　　　ケン・サイトー
DTP制作　　　　町田有美・田中麻衣子

編集協力　　　小野孝行
デザイン制作室　今津幸弘＜imazu@impress.co.jp＞
　　　　　　　　鈴木　薫＜suzu-kao@impress.co.jp＞
制作担当デスク　柏倉真理子＜kasiwa-m@impress.co.jp＞

デスク　　　　荻上　徹＜ogiue@impress.co.jp＞
編集長　　　　藤原泰之＜fujiwara@impress.co.jp＞

オリジナルコンセプト　山下憲治

■商品に関する問い合わせ先

このたびは弊社商品をご購入いただきありがとうございます。本書の内容などに関するお問い
合わせは、下記のURLまたは二次元バーコードにある問い合わせフォームからお送りください。

https://book.impress.co.jp/info/

上記フォームがご利用いただけない場合のメールでの問い合わせ先
info@impress.co.jp

※お問い合わせの際は、書名、ISBN、お名前、お電話番号、メールアドレス に加えて、「該当するペー
ジ」と「具体的なご質問内容」「お使いの動作環境」を必ずご明記ください。なお、本書の範囲を超え
るご質問にはお答えできないのでご了承ください。

●電話やFAXでのご質問は、317ページの「できるサポートのご案内」をご確認ください。また、封書での
お問い合わせは回答までに日数をいただく場合があります。あらかじめご了承ください。
●インプレスブックスの本書情報ページ https://book.impress.co.jp/books/1122101118 では、本書
のサポート情報や正誤表・訂正情報などを提供しています。あわせてご確認ください。
●本書の奥付に記載されている初版発行日から3年が経過した場合、もしくは本書で紹介している製品や
サービスについて提供会社によるサポートが終了した場合はご質問にお答えできない場合があります。

■落丁・乱丁本などの問い合わせ先
FAX　03-6837-5023
service@impress.co.jp
※古書店で購入された商品はお取り替えできません。

できるJw_cad 8
（ジェイダブリューキャド）

2023年1月11日　初版発行

著　者　ObraClub &できるシリーズ編集部
（オブラクラブアンド）（へんしゅうぶ）

発行人　小川 亨

編集人　高橋隆志

発行所　株式会社インプレス
　　　　〒101-0051　東京都千代田区神田神保町一丁目105番地
　　　　ホームページ　https://book.impress.co.jp/

印刷所　図書印刷株式会社
ISBN978-4-295-01575-8 C3004

Printed in Japan